人类的没落

王东岳 著

天无以清，将恐裂；地无以宁，将恐废；
谷无以盈，将恐竭；万物无以生，将恐灭。

老子

我们就像田野上的羔羊，在屠夫的注视下姿情欢娱。

叔本华

我只担心一件事，就是怕我配不上我所受的苦难。

陀思妥耶夫斯基

这个世界多么轻易的抛弃我们，使我们无助、孤独；
它总像太阳、月亮和诸神那样，继续走它的路途。

歌德

无论对你发生了什么事，那都是终古就为你准备好了的，
其中的因果蕴涵关系终古都在织就着你的生命之线。

马尔库斯·奥勒留

人类的没落

王东岳 著

ISBN: 978-1-955779-07-4（精装 / Hardcover）
ISBN: 978-1-955779-08-1（平装 / Paperback）
ISBN: 978-1-955779-09-8（电子书 / eBook）

心通知易协助出版
www.Bridge-Minds.com

美国印刷
Printed in the United States of America

作者与作品简介

王东岳，曾用笔名"子非鱼"，独立学者。著作有《物演通论》、《知鱼之乐》、《哲思讲演录》等。

本书收集了作者的几篇零散文章，汇编在一起恰好可以较为轻松地窥见作者的系统观点，而又能避开其艰涩烦难的哲学论证。

全书的要旨，惟在对人类现行的"进步论"与"发展观"提出质疑，并为人类社会的系统性危机、灾难化前景及其加速度趋势敲响警钟。

至于作者逻辑建构的下一期文明蓝图，是否合理？是否可行？是否真正有利于人类持续生存？作者本人似乎并不自信，尚需读者再行琢磨。

这就是本书的意趣所在：请你加入一局被规约于"人文危存法则"之下的终极性思想博弈。

前言

这是一个摘编于我的其他著作之附录文章的单行本。

其中《人类的没落与自我拯救的限度》一文，原本主要是为了回应《物演通论》的部分读者，动辄提出如下问题：你所搞的那一套哲学体系何用之有？把世"道"说得如此不堪，总该拿出某种挽狂澜于既倒的方略吧？或者，那怕是一条逃路也罢？为此，我勉强写下此文，结果好像愈发证明了哲学的无用，以及前途之渺茫。

《哲学史与〈物演通论〉述略》一文，是我的几位好友多年来一直催促我写一本哲学史，而我又慵懒怠惰的无可救药，情急之下，草成简章，以慰友人期待之笔墨。在我，窃以为哲学史之不可写，还有两重原因：一则，有独到之见者，如黑格尔或罗素之辈，作哲学史如作自家思想之余绪，笔锋所至，"史"已不史；二则，无自主之见者，如书铺里充斥的附会文本，编者恐怕自己都未曾真正读懂过哲学，还谈何史论？我既不肯委身于后流，又恐怕逃不出前类的窠臼，于是干脆直接写明本人之观念与哲学史的纠葛，且笔下寥寥，未敢烦言，以免误人。

至于那篇看似论文的《递弱演化的自然律纲要》，其实一开始就没有循着一般论文的格式落墨，起初是想将《物演通论》

中深入论证的递弱代偿原理，归整成一篇可以译成外文的简明提纲，结果我力不逮，借力也终于无成，不伦不类的东西，加上不合时宜的观点，投稿于多家刊物自然只能碰一鼻子灰回来，而自养的畸形儿，总不忍心自己下手淹了它，想想刚好可以附在《知鱼之乐》后面作为散乱随笔的纲领充数，于是，它就这样摇摇晃晃地苟活下来了。现在拿来补在这个单行本里，又起到阐述原理的轴心作用，也就顾不得它的丑陋难看了。

惟有《人体哲理：生物畸变与进化衰变的极致》一文，可以说是专为此书而著，它原先只是我替西安交大准备的一个系列讲座提纲，从未将它看作是具有成书价值的东西，不料出版社方面对于这本小册子的装帧单薄表示忧虑，认为它的体量不足很有可能会影响其市场营销，无奈之余，只好将那个讲演提纲用最简略的文字填充起来，以渡饥荒。不过，写完后再一看，觉得它也不全是一个"打肿充胖"的无聊角色，其中既体现着我的哲学观对人体的别样透视，也成为本书中唯一一篇稍具实用价值的现代保健杂谈，回想当年老聃诺大的宇宙观竟被后世之道教庸俗化成了一系列"保真养生"的道行，谁还敢断言这篇奇文将来不是我所有文字中唯一可供传世的"真经"？

最后，为《〈物演通论〉导读》说几句话，它是我十余年前撰草《物演通论》之初稿时的一篇收笔之作，也是初版《物演通论》时未被采用的一纸弃文。二版时编成附录面世，已时隔五载；今日再看，更显老朽沧桑。然而唯有它还能透露出一丝昔时隐居于山野世外、专注于纯粹哲思的虚静和飘逸，对比之下，前列那几篇应时媚世的文章，简直就是不堪卒读的硌牙残渣了。放在里面，作为参照，以便未览该书的读者略微体验或沾染一丁点儿超绝尘寰的仙气。

总而言之，将它们汇集在一起，大约刚好可以用最少的阅读量，以窥得我的哲学系统之全豹，但也毕竟只是其花色斑驳的皮毛而已。

以上算是我对此书的构成做了一番简单的交代。

下面谈谈书名问题。一望而知，这个骇人的书名只不过是我的一篇附录文章的半截题目而已，但我深心里也并非全然没有从另一个角度回应斯宾格勒的《西方的没落》一书的意图。

德国人奥斯瓦尔德·斯宾格勒，一战前即开始着手写作《西方的没落》，发表时正值一战结束，其对西方文明必趋衰微的预言，恰好与空前惨烈的西方列强之自杀式对决相印证，结果在欧洲引起的震撼连斯宾格勒本人也颇感意外。实际上，斯氏所用的写作方法完全是粗浅的生物生长形态对照或曰"外部观相式"描述，虽然后来被溢美为"文化形态学"或"历史形态学"的开山之作，但在当时被人讥评为"历史的占卜术"却不能不说是中肯之至。这个事件仅仅表明，欧洲人对"西方中心论"是何等的执迷、以及包括斯氏本人对"文化与文明发生学的内在机制"何其缺乏了解。

不过，无须斯宾格勒用他那肤浅而凌乱的生花之笔来证明，"西方的没落"早已被资本主义的汗渍和世界大战的血污明晃晃地写在了一片狼藉的欧洲大地上。

有趣的是，当时的中国适逢新文化运动和五四运动的狂飙骤起之际，"新文化运动"其实就是"文化西化运动"的别称，而所谓反帝反封建的"五四运动"也没见得怎样触动了"帝国"（实乃"宪政"）主义列强的毫毛或"封建"（实乃"君主"）专制主义的筋骨，它所抡起的大锤反倒进一步只把东方别具的传统文化砸了个粉碎。说来好笑，那时推崇西学与西风的知识界也将《西方的没落》视为异端和芒刺，某些立于潮头的学者还唯恐它给正处在

"启蒙"（其实是"洗脑"或"换魂"）中的国人带来负面影响，建议最好不要译介。

此时此刻，东西方文化第一次展现出了某种奇怪的默契：原本极端稳定的一方由于骤临冲击，而决定无条件地把自身移位到那个特别动荡且行将衰丧的一方之最高危的滑坡顶端上去。自此以降，我们跳出了油锅，又堕入了火坑，而且只剩下了一条出路，那就是：跟着业已发展到高峰期的西方一起顺势溜向近现代文明的深渊。

这个过程并不仅仅表现在中国与西方的关系上，而是一种世界现象，也就是由西方主导的重商主义、科学主义、民主主义和殖民主义推动下的世界潮流。这表明，即便当时的中国未曾跟进，它也成不了抵制西方的中流砥柱或挽救世界的可借用力量——它的衰败早在"西方的没落"之前已成定局。

那么，文明的分层剥落或系统没落，其根本原因到底是什么呢？

更重要的是，文明的继续更替或继续运行，将把人类引向何方？

而文明化的社会运动未尝不是自然人性的展开过程，文明化的社会败落未尝不是人类本身衰落过程的综合体现。

从深层看，它与东方或西方、亚洲或欧洲、某国或某人全无任何直接关系；相反的，倒是各国之间、各阶级或各社团之间、乃至各人之间的竞夺和倾轧，构成了文明发展与社会运动的表观驱动力。问题的实质在于，究竟是什么"力量"驱使着生物种系和灵长人类不得不进行无休止的内部竞存？再深问一层，究竟是什么"道法"缔造了人类本身及其人世文明，且毫不怜惜地偏要将他们导向"追求发展与进步"的灯蛾之火？

　　总之，斯宾格勒丝毫也没有看出来"西方的没落"之根本原因。他甚至都没有意识到，就在他身边不远处，达尔文推出"进化论"、尼采呼唤"超人"、马克思号召"同传统的观念实行最彻底的决裂"、爱因斯坦也祭起了足以调动核能与微观物理效能的科学"相对论"、等等，这一切正标志着一场更激烈的"进步主义"思潮和更危险的"文明进化"浪潮行将席卷全球。而"进步"缔造"衰落"，犹如"增长"促成"衰老"一样，这等昭彰的启示，何需那般花哨的笔墨再去作表面上的涂抹？

　　实话说，我原本著书立说，还没有打算与斯宾格勒对话，而是一心谋求拆解东方思想史与西方哲学史所遗留下来的最根本的疑难问题，也就是说，我更有兴趣去研究人类本性的终极源头和人类命运的终极归宿。然而，过后回头看，却发现它能以最具有针对性的锐力直接回应"文明的进步与衰落"之课题，也就是与斯宾格勒在不同视角上面临了同一个话题。

　　故而才有了这类文章的汇编和这个书名的对应。

作者 2009.5.17.

人类的没落与自我拯救的限度

——答《物演通论》读者诸君

本书冠名《物演通论》，是我贪求于终极追询以及迷恋于哲学思辨的自娱产物。如果当初朴实一点的话，倒未若将它写成《人寰大道》之类的普通学术著作，或者索性借用《存亡法则》等惊世骇俗的别号，而令之畅销于书肆也说不定。换言之，倘若剥去本书的玄学迷障，则有关"人类的没落"这个主题，是自始就隐含于全书的逻辑求证标的，最终也是不言而自明的论断，并且这种没落是在人类尚未问世以前就早已注定的结局，只不过，它的现象形态是以极度活跃和极端张扬的方式来表达或贯彻的罢了。我之采用哲学论证，就在于从根本上揭穿这个假象，好让人们明白，看似生机勃勃的所谓"文明"存态，正是那个先决而等效的宇宙物演衰变进程的华彩落幕式。

即是说，我在《物演通论》一书中所提出和论证的"递弱代偿原理"，其哲学推演的命题函项与终极结论，亦可转换或引申为一般自然学及人文社会学的诸多具体问题，并明确显示两者之间可能存在着某种不容忽视的内在联系。

它的自然学意蕴主要涉及如下方面：

一、一切宇宙物质或自然物类，依其发生学顺序，必定呈现出衍存质量递减、衍存时效递短、以及衍存稳定性递失的排列梯度，且其载体属性及结构状态必定对应性地呈现为反比增益的叠加态势。（卷一）

二、所有感知属性与知识体系，都不过是生物人种与其他自然分化物之间依存属性耦合的逻辑模型，它非但不是对客体系统的本真反映，而且由以造成的依存可靠性或指示正确率必定呈递降趋势。（卷二）

三、大凡社会结构和人文现象，完全可以被纳入自然物演序列之中加以考察，只要能够找到恰当的参数，它甚至有望进行精确的定量分析，其所呈现的偶发性与动荡态正是统一自然律的确定产物。（卷三）

这里提示，现行的自然科学或整个自然学，其知识内涵及人文效用势将发生重大变迁，借以适应日趋弱化的人类生存形势或日趋危化的社会演运局势。

因此，我更关心的是由此导出的人文社会学问题。它涉及一系列非常严重的事态，而人们既往的认识和行为，恰恰是在加剧这类事态，或使某种不良态势倾向恶化。其情形就像一辆正在疾速奔赴悬崖的马车，驾车人毫无方向感，乘车人忙于相互倾轧，就连车上的学究群体也只顾一味地争论着如何让车跑得更快，仿佛他们将要到达某个十分惬意的目的地似的。换言之，人类对于自身在自然界的位置几乎茫然无知，而整个学术界甚至对于"社会"这个运载体究竟属于何物都摸不着头脑，更不要说对它的"运动趋向"有所把握了。

我无意再次复述我于哲学原著中早已阐明的系统论点，为了方便进一步研讨，以下仅就后文有关的议题列出其前提性的纲目：

一、递弱演化：宇宙质量物态的演运趋势倾向弱化与失存。

二、无功代偿：属性扬升恰恰表达着反向代偿的终极无效。

三、精神属性：感知智能代偿只能导致载体依存陷于迷茫。

四、社会结构：生物社会代偿终将引发文明结构失序崩坍。

五、单向演动：此种演动态势注定是单向度的和不可逆的。

针对人类的生存形势或生存前景而言，可概括为三句话：

自然趋弱，弱归人性；

精神趋知，知归茫然；

社会趋繁，繁归动摇。

也就是说，无论怎样看，人类的前途总归是黯淡的。因为人类可以借助的主观手段，无非限于"智能知识提高"和"社会结构变革"这两项，然而，现在证明，它们不但是无益的，反而是有害的。故此，我在《物演通论》末章，曾简捷地给出了某种很容易招致"虚无主义"或"无所作为"之误解的结论。

实际上，人类必将滑落于"想虚无都虚无不成"的窘境，亦即必将表现出"越来越有所作为"之浮嚣，尽管这类"造作"或"有为"其实都不过是一系列无奈而短视的昏乱应对或临机抉择罢了——既往的人类文明史即如此流淌而下，终于漫溢成一片人性腐朽的沼泽地。

于是，有一问不得不发：未来的人类如何才能一改此前的思维和行为方式，从而达致某种程度的自我拯救呢？

这可是一个相当于扭转"自然律"或再造"伊甸园"的上帝之举！

对于这类"壮举"，人们早就屡见不鲜了。在我看来，可以这样概括之：此前所有思想家的一切理论构思，无非造成两种结果：要么完全不能实行，要么则在落实之后导出新一轮更严重的灾祸。

为此，关于"自我拯救"及其"限度"，我只想说一些最原则的话。这里首先需要澄清概念，所谓"自我拯救"，是指在操作层面上设法超脱"递弱代偿自然律"的摆布，竭尽人事，即取"知其不可而为之"的积极态度；所谓"限度"，是指在认知层面上深心抱以"天道不可违"的见地，顺其自然，即取"无为而无不为"的消极态度。这是孔子和老子的表里交融，是中国自身也未曾真诚履行的东方生存哲学之精要。大约只有如此，人类才能相对稳妥地走完往后那条荆棘丛生、危机四伏的险途。

以下，借用讲演提纲的方式陈述之。（该系列讲座原定名为《人类文明的趋势与危机》，分三大部分：一、文明危机的现状与趋势；二、人文危机的源流与原理；三、社会危机的前景与对策。本文主要摘录第一部分和第三部分的有关内容，但重点讨论第三部分，即本文之"自我拯救的原则"及"自我拯救的限度"这两个标题下的内容。当然，从根本上讲，最关键的问题全在第二部分，那就不得不烦劳读者去参阅《物演通论》全卷，或者，参阅本书下一篇文章《递弱演化的自然律纲要》，亦可略见分晓。）

人类没落的趋势：

■ 先来粗略地审视一下"人类学"的进化轨迹和"文明史"的动态结果：

■ 从"人类学"的研究看，南方古猿生存了1600万年；直立人生存了300万年以上，据说已全部灭绝；现代智人仅仅生存了14万年左右，他们就全面进入了在生物史上前所未有的、迄今不过一万年左右的"文明生存态"。（新近分子生物学研究发现：线粒体夏娃；雄性Y染色体的非洲M168、欧亚M9、东亚M175等；北京周口店猿人并非北京山顶洞猿人的祖先；此一假说更凸显出十分不妙的"人猿进化递衰梯度"。）

■ 这个既怪诞又荒诞的"文明生态"一开始就崭露出狰狞的头角：（"人文现象"由此彰显。注意，我在前后文中使用"人文"一词，不是一般狭义上与"神学"相对立的概念，也不是一般广义上与"自然"相对立的概念，而是在更大尺度上看待"人类文明生存态势"的简称，它不但不与"自然系统"对立，反而是整个"自然进程"的直接继续和终末产物。）

■ 首先，当他们还处在与其他后生动物大致相同的"亲缘氏族社会"阶段之时，它们之间的领地性冲突和攻略，就呈现出致死性的同类相残现象，这在其他物种中间是很罕见的。（虽然在原始氏族部落之间发生剧烈冲突的概率小于文明社会，然而一旦争端肇启，则最初俘虏是被全部杀掉的。）

■ 尔后，当他们学会用火、并为了收获一点点自己播种的"草籽"（即粮食）而不惜大面积烧毁林地之时，他们对自然状态的破坏力一下子就跃升到了其他任何生物亿万年也达不到的猛烈程度。（此前的生态变迁，要靠长时间积累。）

■ 再后来，情况就变得一发不可收拾了，人群内部尔虞我诈，集团之间战端迭起，社会灾难层出不穷，我们根本不用多加描绘，只要看一下当时的贤哲，譬如老子，居然去赞美原始氏族社会的生活方式，就可以想见初诞之文明的一派丑态了。（当时中原文明区域狭小，周边多是亚文明的氏族部落社群生态，老子应可直接观察到两种生存方式的明显差别，以及文明与堕落的关联关系。故有《道德经》八十章的感慨："小国寡民"、"使有什伯之器而不用"、"使民复结绳而用之"、"鸡犬相闻老死不往"等，并将其赞之为"至治之极"。）

- 尽管已见浊气冲天、乱象丛生，但那个时候，人世的总体还算安宁，至少绝没有人类全体的生存危机，更没有整个人种的灭绝之虞。可时至今日，情形就大为不同了。（即文明史的不断进步与发展，又显露出更为不妙的"人文进化递衰梯度"。以下有关近现代以来爆发的环境污染、资源耗竭、气候异常、生态破坏以及大规模毁灭性武器等问题的分述，均来自普通报章杂志或网络传媒的报导，由于它已是众所周知的事实，故仅作扼要摘编。）

- 环境污染问题：

- 目前的污染物种类已达数千种，污染范围遍及全球。发达国家近些年来的所谓"环境改善"，其实仅仅不过是"污染转移"而已。（西方发达国家把易致污染的加工业逐步转移到发展中国家，由于制造成本低廉，他们的商品消费量及其废弃污染物反而大幅度增高，以至于富国最终还要将垃圾都运往贫穷国家填埋处理。回想几十年前，中国大部尚称得起"山清水秀"之赞美，但如今江河浊臭，空气刺鼻，酸雨滂沱，垃圾成山，城乡各地的环境灾难层出不穷。此情此景，简直就是几百年前"肮脏英国"与"雾都伦敦"的再现。看来,谁沾染上"工业化"和"现代化"的魔障,谁就免不了要堕入污泥浊水之中。)

■ 试看近百年来全球著名的"十大环境污染事件"

1、马斯河谷烟雾事件（1930年）

比利时马斯河谷工业区。在这个狭窄的河谷里有炼油厂、金属厂、玻璃厂等许多工厂。12月1日到5日的几天里,河谷上空出现了很强的逆温层,致使13个大烟囱排出的烟尘无法扩散,大量有害气体积累在近地大气层,对人体造成严重伤害。一周内有60多人丧生,其中心脏病、肺病患者死亡率最高,许多牲畜死亡。这是上世纪最早记录的公害事件,却绝不是最早发生的公害事件。

2、洛杉矶光化学烟雾事件（1943年夏季）

美国西海岸洛杉矶市。该市250万辆汽车每天燃烧掉1100吨汽油。汽油燃烧后产生的碳氢化合物等在太阳紫外光照射下引起化学反应,形成浅蓝色烟雾,致使该市大多数市民患上了眼红、头疼等病症。后来人们称这种污染为光化学烟雾。1955年和1970年洛杉矶又两度发生光化学烟雾事件,前者有400多人因五官中毒、呼吸衰竭而死亡,后者使全市四分之三的人患病。

3、多诺拉烟雾事件（1948年）

美国的宾夕法尼亚州多诺拉城有许多大型炼铁厂、炼锌厂和硫酸厂。1948年10月26日清晨,大雾弥漫,受反气旋和逆温控制,工厂排出的有害气体扩散不出去,全城14000人中有6000人眼痛、喉咙痛、头痛胸闷、呕吐、腹泻。17人死亡。

4、伦敦烟雾事件（1952年）

自1952年以来，伦敦发生过12次大的烟雾事件，祸首是燃煤排放的粉尘和二氧化硫。烟雾逼迫所有飞机停飞，汽车白天开灯行驶，行人走路都困难，烟雾事件使呼吸疾病患者猛增。1952年12月那一次，5天内有4000多人死亡，两个月内又有8000多人死去。

5、水俣病事件（1953年、1956年）

日本熊本县水俣镇一家氮肥公司排放的废水中含有汞，这些废水排入海湾后经过某些生物的转化，形成甲基汞。这些汞在海水、底泥和鱼类中富集，又经过食物链使人中毒。当时，最先发病的是爱吃鱼的猫，中毒后的猫发疯痉挛，纷纷跳海自杀，没有几年，水俣地区连猫的踪影都不见了。1956年，出现了与猫的症状相似的病人。因为开始病因不清，所以用当地地名命名。1991年，日本环境厅公布的中毒病人仍有2248人，其中1004人死亡。

6、骨痛病事件（1955年、1972年）

镉是人体不需要的元素。日本富山县的一些铅锌矿在采矿和冶炼中排放废水，废水在河流中积累了重金属"镉"。人长期饮用这样的河水，或食用浇灌含镉河水生产的稻谷，就会得"骨痛病"。病人骨骼严重畸形、剧痛，身长缩短，骨脆易折。

7、日本米糠油事件（1968年）

日本九州一个食用油厂在生产米糠油时，因管理不善，操作失误，致使米糠油中混入了在脱臭工艺中使用的热载体多氯联苯，先是几十万只鸡吃了有毒饲料后死亡，人们没深究毒素的来源，继而在北九州一带有13000多人受害。这些鸡和人都是吃了含有多氯联苯的米糠油而遭难的。病人开始眼皮发肿，手掌出汗，全身起红疙瘩，接着肝功能下降，全身肌肉疼痛，咳嗽不止。这次事件曾使整个西日本陷入恐慌中。

8、印度博帕尔事件（1984年）

12月3日，美国联合碳化公司在印度博帕尔市的农药厂因管理混乱，操作不当，致使地下储罐内剧毒的甲基异氰酸脂因压力升高而爆炸外泄。45吨毒气形成一股浓密的烟雾，以每小时5000米的速度袭击了博帕尔市区。死亡近两万人，受害20多万人，5万人失明，孕妇流产或产下死婴，受害面积40平方公里，数千头牲畜被毒死。

9、切尔诺贝利核泄漏事件（1986年4月26日）

位于乌克兰基辅市郊的切尔诺贝利核电站，由于管理不善和操作失误，4号反应堆爆炸起火，致使大量放射性物质泄漏，事故导致31人当场死亡。西欧各国及世界大部分地区都监测到了核电站泄漏出的放射性物质，瑞典检测到放射性尘埃超过正常数的100倍。10年后发现，白俄罗斯和乌克兰损失农业用地20%以上；放射性仍在继续威胁着白俄罗斯、乌克兰和俄罗斯约800万人的生命和健康。20周年纪念时重新评估：绿色和平组织称切尔诺贝利核泄漏危害被低估10倍；白俄罗斯国家科学院研究报告说，全球共有20亿人口受切尔诺贝利事故影响；已有27万人因切尔诺贝利核泄漏事故患上癌症，其中致死9.3万人；专家称消除切尔诺贝利核泄漏事故的后遗症大约需要800年。

10、剧毒物污染莱茵河事件（1986年11月1日）

瑞士巴塞尔市桑多兹化工厂仓库失火，近30吨剧毒的硫化物、磷化物与含有水银的化工产品随灭火剂和水流入莱茵河。顺流而下150公里内，60多万条鱼被毒死，500公里以内河岸两侧的井水不能饮用，靠近河边的自来水厂关闭，啤酒厂停产。有毒物沉积在河底，将使莱茵河因此而"死亡"20年。

■ 从这个极短的时间段考察，总体上，越晚近的事件，危害程度越大；从发生地或发生源看，越先进的国家、越高新的科技，所造成的事态越严重；二者共同呈现出某种令人担忧的恶化趋势。

■ 问题的严重性和惊人的数字：

■ 1986年12月美国《基督教科学箴言报》征询16位世界著名研究学者关于21世纪议事日程的看法时，被采访的大多数人指出：世界环境退化的严重性仅次于核毁灭的威胁。

■ 1987年初欧洲环境年活动发表了《关于欧洲环境状况的报告》，把生态变坏和环境污染称为"人类缓慢的死亡"。

■ 英国《每日电讯报》1988年11月15日公布盖洛普民意测验结果，公众认为，环境污染的威胁不亚于第三次世界大战，环境问题已成为世界各国的主要政治问题和社会问题。

■ 近一个世纪以来，化石燃料的使用量几乎增加了30～50倍。（目前全世界每年向大气中排放的CO_2约210亿吨以上，使大气中CO_2的浓度由19世纪上半叶的270×10^{-6}增加到1980年的344×10^{-6}。预计到2030年大气中CO_2的浓度还要增加一倍，达到680×10^{-6}。）

■ 此外，全世界每年向大气中排放的二氧化硫（SO_2）、氮氧化物等有害气体也在急剧增加。（当大气中的SO_2与氮氧化物遇到水滴或潮湿空气时即转化成硫酸与硝酸溶解在雨水中，使雨水的pH值降低到正常底线之5.6以下，这种雨称为"酸雨"。如果大气中SO₂和氮氧化物浓度很高时，可以使降雨的pH值低到3左右。目前全世界酸雨污染范围正在日益扩大，酸度也在不断增加。1998年竟见南极出现酸雨，pH值最低只有4.45。）

- **二十世纪九十年代，全世界每年约有4200亿立方米的污水排入江河湖海，污染了55000亿立方米的淡水，这相当于全球径流总量的14%以上。**（专家当时预测，到2000年全世界通过下水道和工业管道排放的污水量将达到16000 ~ 21000亿立方米。水质污染导致发病率上升，水生生物死亡，由它引发的饮用水危机正席卷全球。世界卫生组织估计，1980年发展中国家约有3/5的人很难获得安全引用水，约有18亿人由于引用污染的水受到疾病的威胁。每天约有2.5万人死亡与饮用受污染的水有密切关系，发展中国家儿童死亡的4/5归因于喝不洁水有关的疾病。）

- **严重的大气污染，直接危害人类的体质和健康。**（仅以中国1991年的统计资料为例，人口总死亡率为670/10万，比上年增加0.5%。国内外研究表明，癌病与环境因素有一定关系，尤以肺癌与大气污染最为明显。目前中国大城市癌症死亡率为129.9/10万，中小城市为104/10万。而在癌症中以肺癌死亡率最高，肺癌高发区大多集中在工业发展较早、经济密度较高、大气污染较重的地区。其中，大城市为35.2/10万，中小城市为23.7/10万，分别占癌症死亡的27.1%和22.1%，且呈明显上升趋势。）

- **仅在上个世纪，全世界由于环境问题造成的难民人数就有1300万人，接近由于政治动乱和战争造成的其他难民人数的总和。**

■ 人类原是自然环境的产物，污染环境无异于将承载和滋养人类的地球改造成一个"天体墓穴"，如此浩大的工程，只有"高度发展的文明社会"才有能力来实现它、完成它。

■ 气候异常：

■ 涉及多方面：二氧化碳增加；全球变暖；海平面上升；厄尔尼诺现象和海洋洋流紊乱；臭氧层破坏；等等。（从某种程度上讲，单纯的气象变化如奇热、奇冷、干旱、暴雨、冰雹、飓风等还是次要的，还是可以耐受的，麻烦在于由气象变化引发的、或与一般气象变化无关的其他灾害着实令人难以承担。）

■ 第四纪冰河期结束后，雪溶造成阳光反射量降低，地球气温进一步回暖，人类文明依此气候为参照而确立。工业化时代以来，气温升速大增，仅近百年来全球海平面已上升 10 ～ 20 厘米。（第四纪冰期时，地球年平均气温比现在低 10℃ ～ 15℃，全球有 1/3 以上的大陆为冰雪覆盖，冰川面积达 5200 万平方公里，冰厚有 1000 米左右，海平面下降约 130 米，当时亚洲大陆与美洲大陆相通，白令海峡呈现为"白令路桥"，现代智人即经此进入美洲大陆，后谓之"印第安人"。自然冰期的形成可能与太阳系在银河系的运行周期有关：1、运行到近银心点区段时的光度最小；2、通过星际物质密度较大的地段时。）

■ 二氧化碳等引起的"温室效应"，使全球气候明显变暖。（自十八世纪产业革命以来，煤炭和石油的大规模开采和使用，导致碳排量直线上升，迄今所消耗的地下储存能源已相当于同时调动了十颗太阳，须知地球上的生态平衡是在一颗太阳的能量配置下达成的，如此骤变，天地何堪？有专家预测，到21世纪中叶，地球表面平均温度将上升1.5℃～4.5℃，从而导致南北极冰雪部分融化，加上海水本身热膨胀，就会使世界海平面上升25～100厘米，一些地势低洼的岛屿和岛国将葬入海底，地球上的许多沿海城市，如上海、伦敦、纽约等将被全部或部分淹没，数亿沿海居民将被迫迁居。太平洋岛国图瓦卢海拔不到4.5米，面积26平方公里，2002年已经开始有计划地迁移居民。）

■ 如果两极冰盖全部融化，阳光反射量会进一步降低，仅此一项因素就会导致全球气温再升一个台阶，海平面最终会上升60米以上，将淹没人类80%所居住的沿海400公里区带。而两极溶冰现象目前正在日益加剧。（此外，由于CO_2等引起的"温室效应"，地球变暖将造成不少国家和地区干旱少雨，虫害增多，农业减产，从而又会引发全球性的粮食危机。）

■ 更为糟糕的是，由于北极圈水温骤升，冰层解冻，促使北冰洋海底以及西伯利亚冻土层下的数百万吨水合甲烷开始逸散，学界称之为"北极甲烷定时炸弹"。（美国加州科学家发现了沉积物中的嗜甲烷细菌化石；2003年2月美国《科学》杂志刊登文章，研究人员发现了某些直接证据，表明海底甲烷的大量释放与4万年前全球气候变暖的周期相一致。由于甲烷的温室效应是二氧化碳的20倍以上，因此专家们普遍担心，气温上升的多米诺骨牌效应现在还没有真正显示出来。）

■ 有关专家提出，以西方工业化之前为基准，如果全球平均气温升高达2℃以上，则前述之"甲烷定时炸弹"将被引爆。（届时一切人为的节能减排措施势必全部失效，真正意义上的气候灾难由此而变得一发不可收拾，其综合破坏性效果有可能全面危及人类在地球上继续生存。据研究推测，按现行静态排放量计算，这个可怕的时间节点大约就在2015 ~ 2030年之间。如果要阻止这种情况发生，必须从现在开始，世界各国的碳排放量一律或平均下调70 ~ 90%才行，这无异于要让世界经济体系立时陷入全面崩溃。实际的情形是，排放量最大的国家美国连《京都议定书》那样的极低限制条款都不肯接受，而发展中国家更没有意愿也没有道理在这种国际形势下单方面减排，从而自行断绝其消除贫困的前途。如此以来，试问人类还有多少自救的时机可供蹉跎？）

■ **简谈"厄尔尼诺"现象。**（厄尔尼诺是西班牙语"圣婴"的读音，由于秘鲁沿海有一支旺盛的上升流，不断地从深层向海面涌升，能把海底丰富的磷酸盐类和其他营养成分带到海洋上层，成为众多鱼类的生活区域，自然也就造成了闻名于世的秘鲁渔场。如果这支上升流减弱或消失，赤道附近的暖流就会侵入，引起秘鲁沿岸海域水温升高。这种现象，大约每隔几年就会在圣诞节前后发生一次。当地居民把这种暖流的季节性南侵，以及由此引起的异常现象称为"厄尔尼诺"。厄尔尼诺现象发生后不久，还会出现"拉尼娜"现象。拉尼娜紧跟厄尔尼诺的步伐，不过它的作用与厄尔尼诺相反，并同样会引起另外一系大范围的对应性气象灾难。自上世纪后半叶以来，厄尔尼诺现象的发生频率越来越高，成为扰乱环太平洋气候乃至全球气候的重要因素之一。）

■ **简谈"墨西哥湾暖流"。**（墨西哥湾暖流系指从墨西哥湾开始，沿北美洲东岸北上，再向东横贯大西洋至欧洲西北沿岸，最后穿过挪威海进入北冰洋的暖流系统。分成两股分支，北支跨入欧洲的海域，成为北大西洋暖流，南支经由西非重新回到赤道。它规模巨大，宽100多公里，深700米，总流量每秒7400万到9300万立方米，流动速度最快时每小时9.5公里，200米深处流动速度约每小时4000米。总流量约等于世界河流总流量的20～40倍。湾流水温很高，特别是冬季，比周围的海水高出约8℃。刚出海湾时，水温高达27～28℃，它散发的热量相当于北大西洋所获得的太阳光热的1/5。足以使高纬度的欧洲西北部也成为温暖湿润的温带海洋性气候，一月平均气温比同纬度的亚洲东岸和北美东岸气温要高出15℃～20℃。现如今，全球气温升高以及厄尔尼诺现象等，正在使这股关乎全球气象平衡的大洋暖流被严重扰乱。它可能引发某种局域性乃至大范围的"小冰河期"或"假性冰河期"现象，美国电影《后天》夸张描绘的危象就是它的极端前景。）

■ **简谈"臭氧层淡薄化"。**[自然界中的臭氧，大多分布在距地面15Km～50Km的大气中，但实际含量小于大气的十万分之一，如果把大气中所有的臭氧集中在一起，仅仅有三公分薄的一层。臭氧层能够吸收太阳光中的波长300μm以下的紫外线，主要是一部分UV-B（波长290～300μm）和全部的UV-C（波长＜290μm），保护地球上的人类和动植物免遭短波紫外线的伤害。只有长波紫外线UV-A和少量的中波紫外线UV-B能够辐射到地面，长波紫外线对生物细胞的伤害要比中波紫外线轻微得多，即相当于它阻挡了太阳99%的紫外线。目前已知氯氟烃类化学物质（用CFCs表示；主要用作气溶胶、制冷剂、发泡剂、化工溶剂等）、氮氧化物、氯、溴等活性物质及其他活性基团是破坏臭氧层的罪魁祸首。由它们释放出来的一个氯原子就可以破坏10万个臭氧分子。臭氧层若被销蚀，将造成地表紫外线增加，紫外线能够破坏包括DNA基因链在内的生物分子结构，即足以从根本上摧毁生物系统的生理生化基础。另外，海洋浮游生物也将面临致命影响，作为地球生物圈的食物链第一环，它将使海洋生态系统乃至全球生态系统遭受根本破坏。可以说，这个薄薄的臭氧层是地球上所有生命的第一层皮肤或第一层保护膜，五亿七千万年前的寒武纪显生时代以及四亿年前的全部陆生生物的出现，即与氧化型大气和臭氧层形成有关。自20世纪50年代末到70年代，就发现大气臭氧浓度有减少的趋势。1985年英国南极考察队在南纬60°地区观测发现臭氧层空洞，2000年，南极上空的臭氧空洞面积已达2800万平方公里，相当于4个澳大利亚。近年来，澳大利亚和新西兰均多次发现达到地表的太阳紫外线辐射量大幅增高，以至于两国政府不得不通过各种媒体告诫国民谨防日光灼伤与皮肤癌变。]

■ 上述种种，尚不是"气候异常"现象的全部，很多问题只有在气候条件继续异变的情况下才会逐步暴露出来。但眼下的恶劣形势，尤其是其发展趋势，已经明晃晃地刻画出了一条导向深重危机的前途。

■ 生态破坏：

■ 涉及农牧业过度发展；滥砍滥伐；土地荒漠化；物种大规模绝灭；人类男性精子数量剧减；等。

■ 生态危机的后果比一般战争更可怕，它的毁灭性既超越于种族，也超越于物种，其涵盖范围几乎包括地球上的所有生命。[历史的经验说明，一个国家可以从战争的创伤中恢复起来，如第二次世界大战后的德国和日本；但是没有一个国家可以从被破坏的自然环境中迅速崛起。只要翻开世界地图就可以看到，现在世界上那些最荒凉、最穷困的地方，在古代都曾经是最繁荣、最昌盛的地方；现在世界上那些生活最贫苦、最艰难的人民，在古代，他们的祖先在某一段时期都曾经为自己的文明感到自豪。是什么原因导致他们由兴而衰、由富而贫呢？我们再看一看世界文明发展史：从现代智人起源于东非、并长期无限度地索取于中非（撒哈拉大沙漠此后才形成）、而终于不得不被迫迁徙于北非以远；到古埃及文明、美索不达米亚文明、古希腊文明；从古印度文明；到中国的西域楼兰文明；再到中美洲的玛雅文明……；我们研究一下这些文明的历史足迹，可以看到一个共同的事实，那就是，这些文明的兴衰都和它们所在地区的森林的数量、植被的分布以及土地的荒漠化程度有关。]

- **自农业文明以来，人类对地球生态的破坏从来就没有停止过，而科学化、工业化和现代化的世界潮流使这种破坏变本加厉，呈现出层层推进的加速度恶化态势。**（美国系统哲学家拉兹洛在1992年提交罗马俱乐部的报告中指出，如今世界可耕地的面积不断减少，因化肥和机械使用而导致土地的贫瘠化日益严重。"现有耕地的地力正在下降，再也不能通过进一步增加化肥用量得到补偿"。这还只是现代农业技术进步中最不起眼的一项损害。）

- **森林毁坏情况。就全球范围看，目前各类林地覆盖面积大约为48.9亿公顷，约占陆地面积的1/3，而林地损失每年达1200~2000万公顷。**[此前，1990—2000年每年减少940万公顷，呈明显递增态势。欧洲国家被酸雨损害的森林已超过50%（古时欧洲大陆完全被森林所覆盖，以至农垦都很困难，这是导致欧洲农业文明自古就不太发达的主要原因之一，中世纪后开辟远洋海路，才使欧洲陡然振兴）。亚洲和美洲因滥砍滥伐情况更糟（从印度尼西亚到中、越、印、泰、柬、缅，从巴西到秘鲁、智利、阿根廷等，近一个世纪以来，森林面积平均减少25%以上）。非洲每年砍伐的森林达270万公顷，而伐后造林却很少（其中，埃塞俄比亚过去森林覆盖率高达50%以上，是一个木材输出国，到1960年森林覆盖率却降至16%，20年后即1981年又减至3.1%，目前已所存几无）。]

■ **再看热带雨林，1980—1990年，每年以平均1540万公顷(0.8%)的速度缩小。**[1990年末，热带森林的面积估计为17.56亿公顷，其中南美和加勒比海地区占52%，非洲占30%、亚洲和太平洋地区占18%，热带森林的一半集中于巴西、扎伊尔、印度尼西亚和秘鲁四国。巴西拥有世界著名的亚马逊原始森林，那里蕴藏着世界木材总量的45%，是世界上最大的热带林区，被称为"地球供氧的超级肺"，覆盖巴西337万平方公里（3.37亿公顷）的土地。自从16世纪开始开发森林以来，巴西东北部大西洋北里奥格朗德州，原始森林已荡然无存，在中西部仅1969—1975年就毁掉了1100多万公顷森林。近年来，亚马逊地区滥伐森林的速度仍在加快，使巴西森林面积已从占全国总面积的80%减到40%，比400年前，少了一半。]

■ **"土地荒漠化"现象伴随着现代农业与滥砍滥伐的进展，而日益凸显为地球物候容貌上的一片片癣疾和溃疡。**（1992年联合国环境与发展大会对荒漠化的概念作了这样的定义："荒漠化是由于气候变化和人类不合理的经济活动等因素，使干旱、半干旱和具有干旱灾害的半湿润地区的土地发生了退化"。到1996年为止，全球荒漠化的土地已达到3600万平方公里，占到整个地球陆地面积的1/4，相当于俄罗斯、加拿大、中国和美国国土面积的总和。全世界受荒漠化影响的国家有100多个，尽管各国人民都在同荒漠化抗争，但荒漠化却以每年5～7万平方公里的速度扩大，相当于整个爱尔兰的面积。到二十世纪末，全球已损失约1/3的耕地。）

■ **在人类当今诸多的环境问题中，荒漠化是最为严重的灾难之一。**（对于受荒漠化威胁的人们来说，荒漠化意味着他们将失去最基本的生存基础——有生产能力的土地的消失。全球现有12亿多人受到荒漠化的直接威胁，其中有1.35亿人在短期内有失去土地的危险。中国荒漠化形势也十分严峻，根据1998年国家林业局防治荒漠化办公室等政府部门发表的材料，荒漠化土地面积为262.2万平方公里，占国土面积的27.4%，近4亿人口受到荒漠化的影响。根据文献，我国西北地区从公元前3世纪到1949年间，共发生有记载的强沙尘暴70次，平均31年发生一次。而建国以来50年中已发生71次以上。）

■ **关于"物种灭绝"问题。首先，必须明白，"生物多样性"受损是生态系统受损的最尖锐指标，它直接在自然标尺上指示着"人类存亡"的刻度。**［已经灭绝的物种是指过去的50年里在野外没有被肯定地发现的物种。世界自然保护联盟发布的《受威胁物种红色名录》表明，目前，世界上还有1/4的哺乳动物、1200多种鸟类以及3万多种植物行将灭绝。在过去40年中，英国本土的鸟类种类减少了54%，本土的野生植物种类减少了28%，而本土蝴蝶的种类更是惊人地减少了71%。一直被认为种类和数量众多，有很强恢复能力的昆虫也开始面临灭绝的命运。来自欧洲、澳大利亚、中南美洲和非洲的科学家们在对占地球表面面积20%的全球6个生物物种最丰富的地区进行了为期两年的研究后得出了一个惊人的初步结论：由于全球环境污染和气候变暖，在未来 50 年中，地球陆地上四分之一的动物和植物将遭到灭顶之灾。他们预计，在 2050 年地球上将有 100 万个物种灭绝。以珊瑚虫为例，属腔肠动物门珊瑚纲，骨殖为碳酸钙（即喀斯特地貌之源），集聚成珊瑚礁，乃原始海洋生物，对环境要求并不十分苛刻。然而当代的环境变化，如气温升高、水质污染等却对其造成进行性损害，并最终导致珊瑚礁白化和死亡。1998 年出现的厄尔尼诺现象，就导致印度洋的珊瑚礁大面积死亡。从上世纪 60 年代开始，已经约有 600 平方英里珊瑚礁死亡，联合国统计世界有近 1/3 的珊瑚礁已经消失，而且预测到 2030 年这个比例将达到 60% 以上。它预示着特别强健且特别远隔于人寰的海洋低等生物也开始面临全面危机。]

■ **地球上共发生过六次生物大灭绝，第6次大灭绝与人类文明史同步发生，工业革命后加速，近百年最快。**[自寒武纪前多细胞生物诞生以来，物种大灭绝现象已经发生过5次：第一次在距今 4.4 亿年前的奥陶纪末期，大约 85% 的物种灭绝（与全球气候变冷、海平面降低、洋流和大气环流剧变等有关）。第二次在距今约 3.65 亿年前的泥盆纪后期，海洋生物遭到重创（伴随以古地貌和生物界地剧变、陆相地层发育、陆生植物和两栖类出现）。第三次在距今约 2.5 亿年前二叠纪末期，是既往地球史上最大最严重的一次，估计地球上有 96% 的物种灭绝，其中 90% 的海洋生物和 70% 的陆地脊椎动物灭绝（与西伯利亚"地溢玄武岩"事件有关，它相当于人类所知最大火山爆发的 15000 倍，大量喷出二氧化硫造成硫酸雨，所喷出的二氧化碳六倍于当前量，造成地球气温骤然升高 15 度，溢出的熔岩覆盖地表上千平方公里）。第四次发生在 1.85 亿年前的侏罗纪早期，80% 的爬行动物灭绝（一说大西洋中央火山喷发；另一说仍为小行星撞击；尚无定论）。第五次发生在6500万年前的白垩纪，造成大约50%的物种灭绝，其中包括大家所熟知的恐龙（与小行星撞击墨西哥湾、裸蕨与被子植物更替等多种因素相关）。迄今，总计下来，包括集中爆发或零散变故，共造成99.9%以上物种灭绝（著名生物学家格兰特估计，地球上曾经出现过的物种约有16亿至160亿种之多，按40亿比现存之400万计为0.1%）。但切莫忘记，它经历了数亿年的时光。]

■ **自十八世纪中叶工业革命开始，地球就已经进入了第六次物种大灭绝的加速期。**（据统计，全世界每天有75个物种灭绝，每小时有3个物种灭绝，全球每年六万个物种灭绝，比自然灭绝速度快近千倍。最著名的有冰岛大海雀、北美旅鸽、南非斑驴、印尼巴厘虎、澳洲袋狼、直隶猕猴、高鼻羚羊、普氏野马、台湾云豹等物种不复存在。当然还有中国华南虎。近400年间，生物生活的环境面积缩小了90%，物种减少了一半。要知道，修一条公路就足以阻断蝴蝶的基因交流，更不用说藏羚羊、狮子、老虎等这样的大型动物了。尤为严重的是，连生命力极强、分布范围极广的昆虫也正在快速消失。托马斯说："昆虫物种量占全球物种量的50%以上，因此它们的大规模灭绝对地球生物多样性来说是个噩耗"。这标志着生物灭绝的深度、广度和速度将会进一步恶化。物种大灭绝通常会造成新物种更替，如泥盆纪大灭绝促发陆生植物和两栖类动物勃发；白垩纪大灭绝促进哺乳动物兴起；等。但，本次难有正常新物种再生，因为早已失去了自然进化的环境和条件。）

■ **第6次大灭绝目前还在进行中，"人类"既是罪魁祸首，也极有可能成为生物史上规模最大、最悲惨的自残对象——这**

一点很别致：他们是唯一自取灭亡的物种。

■ 人口爆炸：

■ **世界人口增长率的急剧上升和人口基数呈几何级数增长的现状。**（距今400多年前，世界人口约为4亿左右，而1990年约为52亿人，预计2050年将达89亿～100亿之间。人口翻番时间越来越短，世界人口从5亿增至10亿用了200余年；从10亿增至20亿用了100多年，从20亿增至40亿不到70年，估计再翻一番只需35年。照此计算，300年后地球上将会有36000亿人之多，届时每个人的生存空间仅够其在拥挤的肉林中踮起脚尖直立喘气而已，当然，这只是一个玩笑，一个悲惨的玩笑。）

■ **地球上资源有限，人类正在毁灭性地消耗地球上的资源，人口增长将使资源以更快的速度耗尽，此外还有人均最低污染量的问题等等，总之，它会使前述的所有麻烦都成倍增长。**（世界各国和人类全体都在争取经济增长，但，仅按现在第三世界人口推算，如果他们都要达到美国目前的人均生活水平或人均资源消耗，则至少还需要5～7个地球。可以预见，随着人口数量继续上升，人与人、国与国或地区与地区之间的矛盾也会加剧，国际政治和人类社会的紧张度亦将大幅升高。）

■ **有人经过精密计算，认为地球可养活人口数量还大有余地，此乃书生之清谈，因为没有人甘愿仅仅维持在不被饿死的生存底线上，也没有人能够不争取其视野所及的最高生活水准。此议论者是假设人可以当猪养。**

■ **又有人计算，认为按照既往科技水平的提高速度，人口继**

续大幅增加也无碍于人均生活水平的不断提高，但他忘了科技发展与资源消耗是同步进行的，科技是软实力，资源却是硬指标。

■ 我倒以为，人口的自然限度在于"生态型繁殖力衰竭"和"社会型养育力衰竭"。但这无疑是更可怕的后果，此前那种一过性的人口暴涨只会加速其到来。（"生态型繁殖力衰竭"是指男性精子数量下降，"社会型养育力衰竭"是指育后经济成本暴涨，这两种危势目前均已显露端倪。详情容后另议。）

■ 资源耗竭：

■ 资源短缺乃至耗竭的局面正在逼近：石油危机；水危机；矿产资源危机；土地资源危机；甚至空气资源危机；等。（君不见，英国早已有人从大西洋中部制取空气罐头贩卖于伦敦街头？）

■ 先看能源危机。（关于石油，有人说够用50年，有人说够用100年，总之短缺型危机已通过市场价值体系引爆。从1973年第一次石油危机前的3.011美元/桶，历经1978年、1990年和2007年等四次石油危机，目前最高价已至147美元/桶，35年涨价48倍多，而且引发剧烈的经济波动。）

■ 再看水危机。（地球上的水，乃是原始地球形成阶段获自天外的氢氧化合物，本属宇宙资源，在地球的行星条件下无以自发生成，故其总量是不可再生的。海水占97.3%；大气中水占0.002%；陆地淡水占2.63%，其中77.2%是两极冰盖或固体冰川，地下水和土壤中水占22.4%，实际可利用的仅占淡水资源的0.3%或总水资源的十万分之七。糟糕的是，就这么点可资利用的地表淡水资源，95%以上已被污染且日益加剧。）

■ **常规矿产资源如铜铁铅锌铝锡等。**（虽然总量还算丰富，但可开采富矿急剧减少，开采成本增加，价格之暴涨足以抵消经济增长所带来的全部收益。）

■ **稀有矿产资源如铀矿或稀土资源。**[地球蕴藏总量极低，但，1、科技和制造业越发展，对它的需求量越大；2、由于它们与人体组成元素（碳、氢、氧、氮、硫、磷）的周期排位远隔，因此造成的污染损害极大。]

■ **尽管如此，在我看来，资源短缺、尤其是能源危机，其本身并不是最重要的，麻烦在于由它激发的科技冲动和能源形态更迭，这才是真正致命的问题。**（后面另谈）

■ **大规模毁灭性武器：**

■ **包括核武器、生化武器、太空武器、激光武器、电磁波武器、甚至基因武器等。**（足以把整个人类毁灭数十次）

■ **先看核武器。**[属于质量转换的能量；包括核裂变型的原子弹及核聚变型的氢弹；目前全世界的人均分担当量约为2.5吨TNT。1千克铀全部裂变释放的能量为8×10^{13}焦耳，比1千克梯恩梯炸药爆炸释放的能量4.19×10^6焦耳约大2000万倍。目前制造的各种核武器，最大的超过1000万吨以上。（比较二战投放日本的原子弹：广岛，TNT当量1.5万吨，是目前单颗当量的1/600不到，建筑全部倒塌，全市24.5万人口中有78150人当日死亡。长崎，TNT当量2.2万吨，23万人口中有10万余人当日死伤和失踪，城市60%～70%的建筑物被毁。日后统计，加上后遗症死亡者，两市死亡人数共计37.5万人）。尤为可怖的是，在未来可能发生的核大战情形下，集中和大量地使用核武器，将会造成全球范围的"核冬天"，即辐射性核灰尘弥漫乃至覆盖整个地球大气层，以至于连阳光都不能洒向地面，从而使远离战区的人们也难逃灭顶之灾。]

- **核弹包括：原子弹、氢弹、中子弹、三相氢铀弹**（氢弹的外层又加一层可裂变的铀–238，形成裂变—聚变—裂变之三相反应）、反物质弹（正在研制）等等。

- **威力排序**：氢铀弹＞氢弹＞原子弹＞中子弹；

  辐射排序：中子弹＞氢铀弹＞氢弹＞原子弹；

  污染排序：氢铀弹＞氢弹＞原子弹＞中子弹。

- **而且，目前战术核武器大兴，种类繁多，甚至可放入常规炮膛中发射，其TNT当量最小的仅1000吨或更低。这就大大降低了使用核武器的门槛。**（贫铀弹早已使用，并因无制止条款而将花样翻新地继续使用。）

- **另看一组数据：**

  美国：核试验次数超过1030次。拥有约1.2万枚核弹头。

  苏联：核试验超过715次。拥有约2.8万枚核弹头，拆除约1.8万枚。

  英国：共进行45次核试验。拥有约400枚核弹头。

  法国：核试验超过180多次，拥有约510枚核弹头。

  中国核试验40余次。中国、以色列、印度、巴基斯坦、朝鲜拥有数量不详，日本等多国为潜在核武拥有国。

  2002年1月8日,美国国防部向国会提交《核态势评估报告》,第一次将冷战后美国可能进行核攻击的对象明确为7个国家，中国首当其冲。

2008年8月，美国在波兰建反导基地，引发俄国做出强烈的核预备反应。

李登辉一度主张重视研发核武器。直到现在，台湾仍保有核武计划所需的完整蓝图及数据，甚至不能排除它已有核弹。

南亚是另外一处核战争的火药桶，印度、巴基斯坦双方事实上存在着某种安全困境，穆沙拉夫曾调动核武器于克什米尔边境。

阿拉伯国家与以色列势不两立，伊朗等国有研发核武倾向，成危难之地。

朝鲜拥有核武器，朝鲜半岛的平衡将被打破。

■ **美苏宣称必要时即使用；其他各国不言自明；恐怖组织一旦拥有将会立即使用。**（此外，还有随时可能发生的失控情况，如古巴导弹危机或意外事故等。）

■ **从趋势上讲，技术障碍将逐渐消失，任何国家和组织迟早都一定会拥有核武器，所谓"核不扩散"注定只是一个短暂的幻想。**（这才是最头疼的问题，它使下面那条"历史事实"不免变成"历史死结"：人类社会的科技进步程度与人类社会的安全维系程度成反比，或者说，人类社会的总体发展程度与人类社会的系统离乱程度成正比。瞧瞧现在的恐怖主义斗争方式，已经使战争完全没有了前后方之别以及军队与平民之别，也完全摆脱了任何战争法或战争游戏规则的约束，随着社会分化和利益纷争的继续复杂化，未来还不知道会生出什么更离奇、更残酷、也更具有渗透性的冲突样态呢。）

- **再看生化武器。即过去所谓的"化学武器"和"细菌武器"；自一战和二战被使用以来，目前各国都能制造，而且损伤性越来越大。**（化学武器包括：1、神经性毒剂。作用于神经系统的有机磷酸酯类剧毒，如塔崩、沙林、棱曼等；2、糜烂性毒剂。引起皮肤起泡糜烂，让人缓慢痛苦地腐烂死去，无特效药，如芥子气、氮芥和路易斯气等。3、窒息性毒剂。损害呼吸器官，造成急性窒息，其代表物有光气、氯气、双光气等。4、全身中毒性毒剂。破坏人体组织细胞氧化功能，引起组织急性缺氧，如氢氰酸、氯化氢等。此外还有刺激性毒剂、失能性毒剂等等，不一而足。细菌武器包括：1、细菌类生物战剂如炭疽杆菌、鼠疫杆菌、霍乱狐菌、野兔热杆菌、布氏杆菌等。2、病毒类如黄热病毒、委内瑞拉马脑炎病毒、天花病毒等。3、立克次体类如流行性斑疹伤寒立克次体、Q热立克次体等。4、衣原体类如鸟疫衣原体等。5、真菌类如粗球孢子菌、荚膜组织胞浆菌等。6、毒素类有肉毒杆菌毒素、葡萄球菌肠毒素等。这类武器早就已经被使用，最初的战例是1346年鞑靼人进攻克里米亚战争中利用抛入鼠疫患者尸体攻进法卡城，后来导致整个欧洲发生黑死病，100年间夺去2500万人命，人口骤降25%以上。再有，十八世纪英国侵略军在加拿大用赠送天花患者的被子和手帕的办法在印地安人部落中散布天花，致使土著人灭绝性死亡。到二十世纪的连续两次世界大战中，生化武器更是被各国广泛使用。目前，不管表面上说得如何好听，实际上没有任何一个中等以上国家敢于真正杜绝这方面的研究、生产和储备，而且到底现在都搞出了什么怪名堂，谁也说不准。）

- **眼下，更文明的人类也变得更恶毒了，让我们看看正在研**

制的基因武器。[基因武器（genetic weapon），也称"遗传工程武器"或"DNA武器"。它用类似工程设计的办法，按需要进行基因重组，在一些致病细菌或病毒中接入能对抗普通疫苗或药物的基因，或者在一些本来不会致病的微生物体内接入致病基因而制造成生物武器。它能改变非致病微生物的遗传物质，使其产生具有显著抗药性的致病菌，利用人种生化特征上的差异，使这种致病菌只对特定遗传体质的人们产生致病作用，从而有选择地消灭敌方有生力量（可谓之"人种炸弹"，是典型的种族灭绝行为）。其分类有：1、微生物基因武器（如上所述）；2、毒素基因武器（选择性生物剧毒）；3、转基因食物（利用基因技术对食物进行处理，制成强化或弱化基因的食品，诱发特定或多种疾病）；4、克隆武器〈利用基因技术产生极具攻击性和杀伤力的"杀人蜂"、"食人蚁"或"血蛙"、"巨蛙"类新物种，再利用克隆技术复制。远比齐国的田单火牛阵恐怖〉；等。]

■ **目前许多国家都在加紧进行这类研究，并已有所突破。**（如美国已完成了把具有抗四环素作用的大肠肝菌遗传基因与具有抗青霉素作用的金黄色葡萄球菌的基因拼接，再把拼接的分子引入大肠肝菌中，培养出具有抗上述两种杀菌素的新大肠肝菌。俄罗斯已利用遗传工程学方法，研究了一种属于炭疽变体的新型毒素，可以对所有抗生素产生抗药性，眼下找不到任何解毒剂。据传，以色列正在研制一种仅能杀伤阿拉伯人而对犹太人没有危害的基因武器。）

■ **基因武器杀伤力极强，远非上述的生物战剂所能比拟。**（据估算，用5000万美元建造一个基因武器库，其杀伤效能远远超过50亿美元建造的核武器库。某国曾利用细胞中的脱氧核糖核酸的生物催化作用，把一种病毒的DNA分离出来，再与另一种病毒的DNA相结合，拼接成一种具有剧毒的"热毒素"基因战剂，用其万分之一毫克就能毒死100只猫；倘用其30克，就足以使全球近70亿人死于一旦。）

■ **正因为如此，学界普遍认为，这是远比核武器更为可怕的毁灭性武器，难怪有人将"基因武器"称为"世界末日武器"。**（随着基因操作技术的日益普及，有人预测基因武器将在5至10年内出现。这就是为什么会有种种危言耸听之谈不断浮现的原因，其中包括诸如史蒂芬·霍金等著名科学家都曾预言，人类面临百年以内灭绝的危险。我不想把事情说得这么严重，但至少不能忽视其中业已暴露出来的趋势性危机或危亡化趋势。）

■ **莫里斯曾在《裸猿》一书中说："动物的内部争斗总是有限的、受到控制的。越是凶猛的动物，越是拥有致命捕猎手段的动物，在内部争斗时就越有自制力，越不会置同类于死地。这才是真正的'丛林法则'。那些不遵守这一法则的动物种类在很久以前就全部灭绝了"。那么，什么是"文明法则"呢？"文明法则"较之"丛林法则"究竟是更柔和还是更凶残了呢？不遵守"丛林法则"的文明人会不会同样面临、甚至更快地面临物种存续的绝境呢？**（克劳塞维茨在其《战争论》一书中曾经对文明社会的战争法则做过如下总结："战争是迫使敌人服从我们意志的一种暴力行为，而暴力的使用是没有限制的。"——这就是"文明法则"与"丛林法则"的根本区别！看来，"丛林法则"被自然选择的天条所规范，其目标是为了生存；而"文明法则"被贪婪险恶的意志所驱策，其目标是为了死灭。）

■ **鉴于上列事实，让我们换一个发问方式：何以人类的文明**

进化程度越高，他们的生存危机反而会越严重呢？或者再问，文明的发展与社会的进步究竟意味着什么呢？

■ 人们一般仍然认为，这只是人类文明化进程中的个别失误；不仅如此，全世界的主流意识都认为，解决这些问题的最好办法或唯一办法就是进一步提高全人类的文明化程度。是这样吗？

■ 那就让我们接着再来看看"文明的进化与危机的积累"之间的关系。

■ 时至今日，某种与文明发展进程相关的系统性危机已轮廓初现。

■ 所谓"系统性危机"，是相对于"局部危机"或"危机个案"而言的，它指该危机的内在性、倾向性和进行性的总体特征。

■ 譬如，一般认为，环境污染、生态破坏以及气候变暖等现象，只是任一国家或地区工业化初期的临时问题，是某种可以随时纠正的短期失误。

■ 再譬如，也许我们有办法制止大规模毁灭性武器被实际运用，或者毁灭性武器的出现本身就是一种制衡性力量。

■ 此外，像能源和资源危机，解决的办法就蕴藏在人类科学技术的突飞猛进之中，科技力量有望化解人类现在和未来所可能面临的一切难题。（表面上看，这话似乎有理。譬如，人类若借助"可控核聚变"或"氢能源替代"等办法，彻底解决了自然能量的调动问题，则根据爱因斯坦的"质能转换原理"或曰"质能方程"，所有资源短缺问题应该都不存在了。但问题是，有谁估量过〈或有谁能够预先评估〉它又会带来哪些更严重的后果呢？）

■ 也就是说，"系统性危机"并不会因为某一个或某一类问题得到解决而消失，它恰恰是在一步步解决问题的历史过程中积累起来的。

■ 在人类文明史上，"系统性危机"的实际表现如下：

Ⅰ、一万年来的农业文明导致生态危机渐进积累。[农业文明的发展和农牧业技术的进步是人口爆炸问题的基础，而人口暴涨又是所有生态问题的基础（简介马尔萨斯原理："生物繁殖量"与"生物现实生存量"之间的关系；"吃饱饭"与"人口问题"乃至"生态问题"的关系，即"裸猿"这一种动物挤掉了其它各类物种的生存空间）。森林砍伐、生物多样性遭到破坏、水土流失、江河泛滥、荒漠化扩展等都是从农牧业文明开始的。生物多样性破坏问题肇始于毁林开田，而且物种灭绝的速度一直呈线性递增趋势。仅以黄河水土流失为例：250万年前帕米尔高原隆升，阻挡印度洋暖湿气流，西北高压气流持续，带来黄土厚积，此前东亚西北呈湖泊串连的湿地貌，统一河体形成于数万年。豫晋太行山以东皆为海床，泰山山系乃大陆架浅海之孤岛，河北、山东两省属黄河积淀填海而出，华北黄淮平原亦由此冲积而成。春秋前后，黄河水尚较清澈，《诗经·魏风·伐檀》载："坎坎伐檀兮，寘之河之干兮，河水清且涟漪"。所指就是黄河，故汉时才有"黄河"之称谓。有研究证明，山东森林覆盖面积原有49%以上，至始皇封禅时，泰山无树，故令"无伐林木"；据范仲淹出仕陕北记，当地曾见森林茂密，古木参天。但，随着农业文明过度垦荒，水土流失，黄河泥沙量大增，从此成高出10米的地上悬河。历史统计，自周初至民国约3000年间，黄河决堤泛滥达1621次以上，河床大改道6次以上，小改道不计其数。据考，《清明上河图》之北宋首都汴京（开封）早已埋入地下十数米；明开封也在地下；连清开封都被埋了一大半；至于作为战国魏都之大梁，当年即被秦军水淹破城而灭国，深埋地下不知几何，可见悬河之早。秦汉前，黄河中上游144年一旱，宋元时34年一旱，清中期后五年一旱，现在已是十年九旱了。]

Ⅱ、三百年来的工业文明导致环境污染与日俱增。（仅以采矿业为例：可追溯到青铜时代；重金属的地表分布极为稀薄；人体血液重金属分布曲线与地表水土重金属含量曲线相重叠；与陶器相比，青铜器的使用容易造成高铜血症，导致肝、肾、骨以及神经系统损害。再看最普通的铁：先秦时代中原文明区域最初的铸铁产量不超过每年一万吨，而现在我国的年钢产量已达五亿吨以上，增长了五万倍；机体的"铁管制"，血液中的转铁蛋白可结合游离铁，母乳中的乳铁蛋白为20%，牛奶为2%，故吃母乳的孩子不易感染；除生育期妇女外，高铁血症早已普遍化，致癌，致感染恶化，祖鲁人喝铁罐中酿造的啤酒而导致大量阿米巴肝脓疡，马赛部落游牧人缺铁，补充铁剂后阿米巴感染率由10%上升为88%；西方古人曾用放血疗法道理如上。其它各类重金属慢性中毒之总体倾向，由此可见一斑。总之，工矿业发展导致地表元素配比大幅度改变，甚至可能最终造成放射性元素洒遍大地，而这还只是简单描述了原始基础工业的一项危害而已。至于现代工业体系带来的铺天盖地的其它环境和社会问题实在不胜枚举，且已尽人皆知，故不赘述。）

Ⅲ、能源和资源危机与文明史的发展呈同步发展。（有人把

30万年前人类学会使用火视为文明的起点，若然，则生态破坏就可以从那时算起，它的步骤是：燃烧木材、煤炭与蒸汽机、石油与内燃机、再至核裂变动力、乃至核聚变动力、等等，能源需求递增，能源资料递减，而人均能源消费量仍在急剧增长。其它资源如森林、土地、矿物、甚至于像洁净水和洁净空气这类资源都在逐步枯竭。如前所述，它势必由此加剧人类的科技冲动，从而带来更严重的恶果。）

附谈：可控氢核聚变，需要几百万度以上的超高温，且其80%能量以中子轰击的形式释放，极危险。（故有人主张用"氦-3"替代氢，但地球上缺无，仅见于核武器爆炸后的残存，月球表面似有少许储量，够人类使用300年左右，此乃近年各国竞相发展航天登月事业的原因之一。但一个人在月球待上一分钟需要消耗100万美元，也就是消耗如此之多的地球资源才能维持生存平衡并进而换取外星资源，这要比以破坏绿洲来换取沙漠还愚蠢百倍。）

附谈：上世纪七十年代（1972年），**罗马俱乐部因资源短缺危机而提出"零发展"的建议**（《增长的极限》，影响很大，争议也很大），**迄今非但毫无响应，反而变本加厉。**（这类建议与目前常见的"治理污染、保护生态、节能减排、削减核武"之类的皮毛之谈别无二致，因此它在既定的文明社会格局中绝不可能产生具有扭转性效果的积极回应。）

IV、武器的发展是人类智能进步的里程碑。[人类智能发展的首要实现方式历来是武器，它直接指示着人类文明的进度和效果。从冷兵器、到火器、再到核武器，它的终极性发展界限似乎与整个人类的物种寿限相匹配。在人类近代战争史上，前一次战争后期崭露头角的武器，无例外地都成为下一次战争发端的首选武器。例如，日俄战争前发明并试用过的重机枪，成为第一次世界大战杀人最多的武器之一；一战后期出现的坦克和轻便战机，后来发展为二战开局德国发动闪击战的综合主战武器；据此看来，借以结束二战的原子弹，势必成为人类下一轮大规模冲突所倚重的战神。目前世界各国的核武当量约等于每人坐拥2.5吨TNT，足以将整个地球人类毁灭若干次。而且十余年前即有专家提出，只要能搞到浓缩铀（或铀浓缩离心机，其设计制造图纸最近已被巴基斯坦核弹之父卡迪尔汗公布于世），从街面店铺里就足以购置到装配核弹的全部材料，在技术上也没有什么严重的障碍。此外，从发展的角度看，太空武器、生物武器以及其它非常规武器（如激光、声源、电磁波和气象武器等等）可能带来的更严重、也更无从预防的危害一时尚难以评估。]

附谈：战争规模逐级提高，从氏族纷争到世界大战。（战争规模升级与人类文明升级之间具有最明确的正相关关系。先知者先绝望：欧洲七年战争时，歌德感叹："谢天谢地，在那样一个彻底完蛋的世界里我并不年轻了"。二战期间，茨威格夫妇对西方文明失望赴巴西自杀。近年来，有学者如史蒂芬·霍金等人不断催促，希望人类尽快在外星移民或殖民，以为地球人灭绝之后留种，但，如前所述，这样做恐怕只会加速地球资源环境的破坏，甚至因此而加剧战争危机，却丝毫无助于包括外星移民在内的人类之长远生存和延续。）

孟子曰"春秋无义战"，实乃"天下无义战"，不义也罢，还要斩尽杀绝、同归于尽不成？（因为一切战争都是不同人群之间资源争夺的最激烈形式而已，相互争抢既然是生物与"人物"之天性，有何"义"与"不义"之别？倘若一定要说有什么区别的话，那就是，生物之争似乎尚可维系生物种群的非退化生存，而人世之争却势将导致整个人类的整体毁灭，如此而已。）

V、由科学技术引发的与文明并行的系统性危机。[a.科技的每一步发展都是对人类的戕害，我们前面所谈到的各类危机说到底都是科技危机，或者说是人类的智能增进危机，其最直接的体现就是目前正在突飞猛进的人工智能技术或超人工智能前景的颠覆式展望或绝望；b.科学技术的负面效应就是它的正面效应本身，且始终呈现出指数递增的趋势（举例从略。可参考《知鱼之乐》一书中的"富贵病：马尔萨斯的失误"一文以及我的其它有关讲座或讲演录）；c.眼下只看方兴未艾的生命科学之成果：且不说专门制造基因武器，即便是最简单的基因重组，如普遍进行的单细胞或亚细胞生物工程实验，作为非自然菌类与人造病毒，会使亿万年进化而来的机体免疫系统陡然失效，从而可能酿成无法控制的灾难性甚至绝灭性大瘟疫。]

■ **以上所述无一不是文明发展和进步的结果，这里还只呈现了最尖锐或最刺眼的部分，就像露出水面的冰山之角那样。**[即是说，除了上面的宏大叙事而外，文明危化趋势其实在每一个细节上无不表达，也无不加剧。仍以水资源为例：原始农业犁锄兼用，"深耕易耨"（nòu，就是经常锄地），松土保墒；如《孟子·梁惠王上》："王如施仁政于民，...深耕易耨..."。魏晋贾思勰《齐民要术》："锄不厌数，勿以无草而中缀"。现代农业是机耕、电灌、除草剂、甚至采用免耕法，导致地表蒸发量剧增，此乃江河与地下失水量最大的环节（加之腐殖质有机肥具有保墒作用，而化肥造成土地板结等等）。仅中国"灌溉革命"造就8.6万座水库、几百万座塘坝、300多万公里引水河渠、百万座提灌站、220万眼动力机井，这般大肆调用有限水源，却无视也无力解决农不保墒之类的细事末节，如何得了？据孟凡贵（苏拉密）统计，因放弃"松土保墒"加大的田间腾发总量每年为：3556亿 m³×1/4=889亿 m³；接近于1条黄河再加2条海河的天然水量。]

■ **也就是说，我们甚至可以得出这样的结论：人类生存活动中的任何一项微小创新与进步，无不内含着某种实质性的戕害效应，尽管如此行事又是出于迫不得已也身不由己的必须。** [请看两项最不起眼的"创新与进步"举措：今天的文明人不再随地大小便，已不算是一件什么值得称道的事情了。可是，要知道，人口密度极低的原始先民随处出恭，不但不会污染他们的氏族领地，反而肥沃了林场，吸引了原狗（成为训狼为狗的不自觉前期过渡阶段）；及至发展到村落农夫建立茅厕，集中的粪便已经熏染了空气的清新，并且局部污染了自己饮用的浅井地下水，好在这些堆肥还是施予农田的最佳有机肥料；然而迄于今日，城镇化的密聚生活方式不得不使用看似先进清洁的水冲厕所，以至于每人撒尿一次都要耗费一箱清水，最终这些污秽物又只能被排入江河湖海，结果既全面污染了眼下变成稀缺资源的地表淡水，还使农田彻底丧失了有机肥源而不得不改为糟糕的化肥。再看，古代农业文明时期，人类生活过程几乎不产生任何垃圾，日常所弃无非是一些葱叶蒜皮，烧饭后的余烬也是草木灰，最终全都是上好的田间肥料；进入现代工商业文明，不易降解的人造材料被广泛使用（如塑料、化纤、电器废料等等），城市垃圾与日俱增，甚至它的增长量度可以直接被视为人类发展进步的尺度；不过，如此巨量垃圾却根本无法妥善处理，要么填埋导致恰恰是城市急用的地下水被大范围污染，要么燃烧又造成有毒物质弥漫大气。难怪2500年前的老子倡导"不敢为天下先"，且发出如此浩叹："天无以清，将恐裂；地无以宁，将恐废；谷无以盈，将恐竭；万物无以生，将恐灭"。]

- **严峻的现状与温和的趋势之反差：由于这种现状眼下还可以忍受，甚至有望在某些方面予以补救，唯其如此，这个趋势才显得是温和的、隐蔽的或自欺的。但，趋势决定着未来，它的引申含义是：文明本身即是衰亡的指征！而且它的动向乃是不可变易的。**（这与来自西方而今又普遍流行的"进步论"观念全然相反。一般认为，凡是进步的都是良善的。可有谁真正深入探讨过"进步"或"进化"的实质涵义究竟是什么呢？关于这个问题的深层答案，有劳读者去看《物演通论》一书。我在这里只想强调一点：从常识角度出发，人们以为只要面临问题而勇于解决之，情形就会好转。表面上看，这样做不错，而且人类文明就是这样一路走过来的。殊不知，在这条道路上，人类临机解决问题的过程正是制造更多问题的同一过程——此之谓"正道"也，亦可谓"迷途"也！）

- **至此引出的问题是：生存能力的提高为什么反而造成生存效果的全面败坏呢？**（理论总结可参考《物演通论》卷一第五十五章前后各有关章节。本书读者亦可参阅此篇之后的文论《递弱演化的自然律刚要》。）

- **这个问题关乎人类的生死存亡！因而不能不引起我们的特别关注。**（上述所谓"迷途"的继续就是今天所谓的"可持续发展"。举两例为证：石化能源汽车造成了碳排放污染，于是人们想用电动汽车置换之。可是随手扔掉一节一号电池就足以污染1平方公里的地下水，而一辆电动汽车所用的电瓶至少相当于数百节一号电池，也就是说，在制造、使用和报废一辆这种"清洁能源汽车"的过程中，它最终足以污染几百平方公里的地下水，其危害程度远大于燃油汽车不知多少倍。再看一例，燃煤火电站是温室气体和其他颗粒型大气污染的重要来源，当下的解决之道便是以核电站取而代之，但问题在于，人类根本不可能完全消除核泄漏的隐患，就算这个问题暂时可控，还有一个更挠头的核废料问题无法处理，须知非爆式利用裂变核材料只能释放其中20%至40%左右的放射能，其余部分作为核废料只好装入合金铅桶内密封深埋于上千米的地下，可是再优质的隔绝材料也仅能保持400年左右不腐坏，此后必定造成大规模放射性污染遍及地下水以及地球地表，从而导致我们人类所居住的这个极其稀罕的绿洲天体被彻底糟蹋。现在的麻烦是，人们依旧自以为得计，俨然一派浮士德约定并安享魔鬼靡菲斯特伺候与捉弄的现实情景。）

■ **历史证明，人类文明的发展和进步，只会积累和加剧人类生存的危机因素，而不可能成为化解危机的力量或手段。**

（人类的文明历程其实是这样一个过程：为当时的生存形势所逼迫，人们不得不赶紧找见一系列解决办法来应付困局，这相当于释放出一个小恶魔；等这个小恶魔为非作歹了，人们只好制造出一个中恶魔来制服它；等这个中恶魔又祸乱天下了，人们只好再慌忙释放出一个大恶魔来降妖捉怪；如此一往，魑魅魍魉横行于世，且日益猖獗，人寰危矣！）

■ **这里深藏着某种自发的、不可遏止的趋势性规定，发人深省。**

（趋势性规定即"原理"部分的论证请参阅《物演通论》全书；

亦可参考本讲座《人类文明的趋势与危机》第二部分或其讲演录文稿。)(对于阅此单行本的读者,可以转而先看后面的论文"递弱演化的自然律纲要",然后再返回来接着读下面的文字,庶几也能起到些许补缺的作用。)

■ **再看"人类文明"的表面差异与汇合趋势:**(重点在"汇合趋势"。因为"文明的差异"是受诸多非主导因素影响的结果,如地理地貌、气温雨量、物候条件、以及光照时间对当地人种的生物钟和生殖力之影响等等,而且,这些非主导因素的作用效果仅在文明初期比较明显,随着文明动势不可阻遏地演进,或者更准确地说,随着生存效价无可抑制地衰减,这些外部因素对于人类文明的影响力必将逐渐削弱〈参阅《物演通论》卷三第一百三十四章〉。也就是说,人类文明的总体发展趋势是被某种宇宙物演法则所注定的,一般短视距的人文历史现象描述只能起到遮蔽主因和蒙蔽智慧的作用。)

西方文明的特质。(总是处于"代偿期待"的少年型缺憾状态:环地中海文明;原始农耕条件不足;商业交流与竞争的补缺态;逻辑模型的缜密与破绽;封建社会的分权态;自由民主的分化态;等。处处表达着快速代偿的失稳格局,但却演成近代真正意义上的"世界史"和"现代化"潮流的引导力量。)

东方文明的特质。[相对处于"代偿延缓"的早熟型圆满状态:东亚封闭地形;黄土农耕与高密人口所致的人际关系紧张与社稷关怀;象形文字与具象思维的技术化和非逻辑倾向;大一统的自然因素与专制社会的人文整合;等(可参阅我的《国学大体》讲座及其讲演录)。但即便没有西方入侵,东方文明就一定不会导向目前的危机吗?我看它大约会稍迟若许年，不过最终表现可能更恶劣。]

"全球化"趋势早已呈现，目前只是恶化发展而已。（"全球化"动势早在人类问世以来就萌动不止，百万年前的直立人、九万年前的现代智人，足迹遍布除南极洲以外的世界各地；再看十五世纪的"蓝色文明"启动之前，从亚历山大大帝远征至南亚印度、汉武帝驱赶匈奴与西罗马帝国灭亡、张骞出使西域与丝绸之路、四大发明传西方、成吉思汗贯通欧亚大陆桥、马可·波罗东方行、郑和下西洋等皆为先兆；近现代的全球化运动，至多不过是把最病态的文明形态和最严峻的生存危机以最快捷的方式传染给全人类而已。可以说，"全球化趋势"是"危机化趋势"的正反馈效应，且呈互为表里的关系。）

■ **人类是地老天荒的产物，而西方文明又是"老夫聊发少年狂"的造作。由此注定了整个人类文明的危机趋势。**[人类历来自视过高，这与人类的自然生存处境恰好相反。谈"地老天荒"的概念；谈人类文明像一个立不住的陀螺；谈"天幕之舞"与"天人合一"的现代注解；谈生物社会的自然动势早已决定了人类社会的演进法则和运动方向。（请参阅《物演通论》卷一和卷三各有关章节）]

■ **总之，晚级文明社会的发展结果只能是：依存条件愈繁，依存难度愈大；结构体系愈密，破绽之处愈多；而十分不幸的是，此刻的"智性物种"其生物生存度已趋近于零，**他们必须时刻仰赖社会结构的有序运转才能苟存，可偏偏此一结构体系也已走到了自然代偿演运的尽头，亦即社会结构的脆弱程度业已发展到一触即溃的地步，此正所谓"靠山山崩，依水水涸"。谁能保证，"社会"这个寄存着人间

最多厚望的宝贝，恰好不是一个宇宙间最幽深的陷阱呢？

- **回顾人类文明史上的三次浪潮与两次祸殃。**[第一次农牧业文明浪潮在世界各地分别引发了一场持续的社会动荡：中国的商周到先秦时期（秦汉以后停滞下来也相对平静下来）；西方的古埃及、巴比伦、古希腊直到古罗马的动荡期（至所谓"黑暗的中世纪"才稍微平静一些）。第二次工业文明浪潮引发了另一场更大的连锁性全球化灾难：欧洲内部的原始积累罪恶（其中包括贩奴黑潮）、阶级矛盾激化（马克思主义由此兴起）、社会动荡加剧（英法德民间起义、1848年欧洲革命、直到1871年巴黎公社）；同时出现世界性的殖民主义狂潮和民族解放运动（美洲土著灭绝、列强瓜分非洲、印度殖民灾难、中国鸦片战争、等）。然后爆发了两次世界大战和一次临近毁灭的全球冷战。它的倾向性特点是：危机爆发速度越来越加快、危机爆发程度越来越猛烈、危机波及范围越来越扩大、危机发生类别越来越繁杂，而且，可以预见，危机间隔时间也一定会越来越缩短，譬如信息文明浪潮或生物文明浪潮所可能造成的危机一定会很快来临，甚至现在已经紧接着工业文明尚未休止的灾难而初露端倪，即正呈现出无间歇发作的终末失控之局。]

- **从整个自然物演进程上看，后衍者的时度更短就意味着某种加速度的存在，而现代文明的运动状态，恰恰就像从缓坡下滑突然跌入深渊，呈垂直下落的加速赴死态势。**（自然史137亿年，愈后衍的物态，其衍存时效愈短；生物史38亿年，愈进化的物种，其绝灭速率愈高；此两点已在本书卷一第十二章提及。再看文明史：以新石器时代为开端，农牧业文明约1万年；从两河楔形文字和古埃及象形文字计起，信史文明约

5000年；理性化的哲思约2600年；以哥白尼为标志的的科学纪元不足500年；依次推算，整个文明期只相当于300万年人种衍生期的三百分之一乃至六千分之一，倘若换算成一个耄耋老者的福寿，则相当于他弥留期的最后几个月甚或最后几天而已。）

■ 而且，人类的现代"进步"观念和现实"竞争"格局，都还在竭力为这个并不美妙的进程加速。这就仿佛一位耄耋老者还在继续服用加快发育和加强代谢的兴奋剂一样荒唐。（有必要澄清一项多见于读者群体中的浅陋误解：我的学说宗旨不在于探讨"万物有生必有死"，那是不言自明的常识，何需我如此殚精竭虑？而在于揭示"为什么人类文明的发展程度越高，生存危机反倒越严重"这样一个怪诞现象的基础动因和时代困惑。尽管它不是我的研究初衷，却是浮升到现实境遇和人文关怀层面上的一把解惑之钥。）

■ 以"早衰症"（又名"哈钦森-吉尔福特综合征"）为例，患儿7岁像中年人，12岁像60岁以上的老年人，一般活不过16－17岁。它的病理特征就是"超速发育"，相当于如今人文社会"快速发展"的冲动。（值此"信息化"与"智能化"的步伐加快之际，工商业文明的激烈竞争格局更趋恶化，它将导致绝大多数人沦为"无用之人"，也就是使之完全丧失了社会生存的立足点，这相当于现代社会体系的生机正在迅速老化以至衰竭，此一全球进程眼下仍然受到广泛地认可甚至激励，而这还仅仅是诸多同类业态发展景观的冰山之一角。）

■ 大体看来，人类文明很可能终将被划分为三期：上升期即青少年期、忧患期即中年期、衰微期即暮年期。人文危机也可以相应地被划分为三个阶段："危势潜行期"即文明初期或中古前期，它大致对应于农牧业文明时代；"危难显化期"即文明中期或近现代期，它大致对应于工商业文明时代；"危亡苟延期"即文明晚期或未来的文明形态再造期，它指向行将发生的下一个判然有别的后续时代或文明结构。我的"物演"哲学体系作为一个基础理论学说，就是对此第三期文明形态或文明结构的预言、响应与警示。（请特别注意我所谓的"文明形态"或"文明结构"，它特指"人类总体生存方式"，亦即特指"智人总体低存在度或高代偿度的衍存位阶和社群质态"，此与一般所说的"社会形态"或"社会结构"在概念上有重大区别。过去学界通常把人类文明史划分为原始氏族社会、奴隶社会、封建专制社会、资本主义社会以及幻想中的共产主义社会等等，其间非但不涉及生存效价的衰减变量和危机加剧的迭代动势，反而自觉不自觉地视其为生存优势的发展递进。然而，实际情形却恰恰相反，仅看近一个世纪的人寰景象，以两次世界大战为标志，先是核武危机浮现，紧随其后的便是，六十年代环境危机浮现，七十年代资源危机浮现，八十年代生态危机浮现，九十年代气候危机浮现，进入二十一世纪第一个十年，则又见恐怖主义危机浮现。再往后，还会有信息系统危机、生物科技危机、社会动荡危机以及人种存亡危机等等接踵而来。总之，一个前所未有的大灾难变局或大危机时代正在轰然降临。）

■ 之所以有必要发出这个预警，之所以有必要建立那个后续文明结构，是由于人类将可能以两种截然不同的方式抵达终极失存临界线：一乃"寿终正寝"或"享尽天年"，二乃"死于非命"或"暴病而亡"。如何避免后者，延续中晚年生机，是摆在人类面前的一道难题。（所谓"终极失存临界线"，烦请读者参阅《物演通论》卷一第三十四章中之坐标示意图揭

示的"有限衍存区间",其右端划出的虚线即为存在度趋近
于零的最后边界。所谓"'死于非命'或'暴病而亡'",是指
诸如核战争突发、人工智能崛起、生态环境破坏以及全球气
候异常等毁灭性危机。所谓"延续中晚年生机",是说暴死
于中年的四五十岁与安享晚年的八九十岁之间时差极大,对
人类这个物种而言,其潜在跨度也许不亚于既往文明期的总
时长,甚至相当于智人生存期的后半段。从这个意义上讲,
能否建立避免巨灾的第三期文明形态,可谓事关重大,甚至
唯此为大!)

■ **一言以蔽之:眼下的文明形态难以为继,人类已经到了不得
不改变自身生存方式的时候了!而要做到这一点,首先得改
变观念,甚至得改变整个宇宙观、知识论、社会学和人生观。**
[这就是我要深入探讨基础理论的初衷。我知道人们更关心
的是如何操作,但它作为一个问题得以提出,正是基于此种
理论推导。并且,对实际操作而言,就各类选项来看,它也
更需要事先进行缜密的构思、设计和逻辑推演。(如果后人
能够进行类似于沙盘推演那样的、更具体也更细密的事前检
验,则我强烈建议如是而为。不过,只怕任何形式的预先推
演都不是万全之计。故,我随后给出的理想逻辑之推演和检
验未可轻觑。)]

自我拯救的原则:

■ **讨论这个题目有相当大的风险,风险来自于两个方面:**

一、**预言本身的风险。**(除非是趋势性的总体判断,预言的
可信性历来是很差的,尤其是对未来事体的模型细节所作的

预言。这种前瞻性的无效或盲目甚至是一种自然规定,譬如,后天获得的能力和知识不能通过基因遗传,基因的变异也不按照预定的方向发生,所以基因的突变才是随机多向的;再如,既往的经验对于指导未来几乎是完全无效的;等等。)

二、**理论失当的风险**。(历史上的社会变革,很少有按照一个事先设定的模型操作而居然兑现了的,即便碰巧把它做成了,一般也难免转瞬即逝,发生在上个世纪的轰轰烈烈的马克思主义共产运动就是最典型的例证。马克思只谈原则,情况还稍好一些,列宁的修正似乎还可以为其理论失当承担一些责任;恩格斯较多细节描绘,结果就有了柬埔寨波尔布特政权的暴虐照搬之自残型恶政。)

■ **因此,我在本节中之所谈,仅限于基本原则,而且这些原则都有自发实现的倾向,故此才有讨论的意义。**[这种自发实现的倾向并不意味着就一定能够实现,其中最严酷的问题是:自发实现的恶性过程是否能够耐受?或者,人类是否还能熬到自发实现的那一天?最后,就算熬到那一天,它也不过类似于前述"大同"的局面(参阅《物演通论》卷三第一百七十七章)。因此,必须打断或调整这个进程,同时还要具有一定的顺应性,非此不足以达成可行性。]

■ **关于"可持续发展"问题。**(目前所谓的"可持续发展"在理念上是完全错误的,或者说,是本末倒置的。它满足于局部的修修补补,满足于"头痛医头、脚痛医脚"的自慰性治标举措,故而其结果一定是"不可持续"的。"可持续发展"的关键,在于从根本上改变现行的文明形态、社会体制和生存方式。)

■ 人类目前的所作所为，例如节能减排、治理环境、保护生态等，还只是在个别点上采取的治标不治本的行为方式，对于造成这些不良后果的基本动能，人们非但没有约束，反而还在变本加厉。（当然,从更深层次上讲,这里所谓的"治本"，仍然仅限于代偿层面，因此，它内含着某种深刻的矛盾：代偿因变量可控吗？仅仅调控因变量有效吗？衍存自变量的人为游移度有多大？这些都是十分严峻的理论问题。因此，从严格的逻辑关系上讲，我仍然认为我在哲学专著最后一章的表述是最精当的。）

■ 关于"治本"方面的问题，我们姑且置疑，它将会表现为某种"可行性"的困局。眼下，我们还是希望能够找到措手的机会和方法，尽管这样做有可能带来第三重风险：逻辑失洽的风险。[这里只有两点理论上的回旋余地：1、"对于一切表达为代偿产物的存在者来说，代偿就是存在本身"（《物演通论》第四十章），"代偿过程正是存在度下倾的实现过程"（第三十八章）;2、人类的能动性代偿固然是定向的，但由此造成的哪怕是极其微小的弹性游移度，目前理论上无法精确计算，从人类文明史上看，这个游移缝隙或弹性空间似乎是存在的，譬如东西方文明的差异等。当然，也可以将这种反省目光及其相关操作视为一种自然规定，就像老年人会自发性地履行高龄生理保护机制如降低基础代谢率和日常活动量那样。而且，这其中理应含蓄着一个给定的衰竭态衍存时度，即便它在人类文明史上表现为某种以万年计的漫长延缓阶段，在自然史上也只是一刹那。]

■ 以下，我们进入操作层面的讨论与分析，或者更准确地说，是有关操作问题的理论准备和逻辑推演。[理解以下各项的讨论的关键,在于必须真正领会"弱化求存"与"代偿匹配"的基本哲理。所谓"弱化求存",不是说要倒退到类似于马斯洛"优势底层"的方向上去,因为我们没有退路,因为这个世界是单向度演动的;所谓"代偿匹配",也不是说要挺进到达尔文"适者生存"的位点上去,因为"适应"正是弱化的体现,也正是无效代偿的表达;换言之,"优势"或"适应"这类概念都不能说明人类的处境,自然更不能成为前途的指南。尽管任何形式的"代偿"终归无效,但我在这里所强调的"代偿匹配",却是着重于有效代偿方面的,亦即着重于"存在阈"或"阈存在"的实现的,更是着重于在某种有限程度上抵制或消解"递弱代偿法则"的恶性逼迫的。当然,处理这个问题非常麻烦,足以令人感到进退维谷、左右失据,这一点只有当讨论到下一节即"自我拯救的限度"时,你才能够真正有所体会。(参阅《物演通论》卷三第一百五十五章)]

- **总原则:减缓衰变动势,降低代偿增速。**(发展就是衰变,创新就是代偿,分化就是弱化,弱化就是残化,而残弱化演运的终极归宿就是在某个最繁华的文明结构之临界点上寂灭失存。切莫幻想能够彻底扭转其代偿倾向;更莫幻想能够完全阻止其衰变动势。惟求能够明智地引导递弱代偿法则偏移于人文生存的非关键领域或非实质方面,以减轻损害罢了;惟求在现有基础上达成某种延缓型文明体制或缓和型社会结构的前瞻性设计,以抛砖引玉而已。)

- **从上述的学理探讨来看,我们只有两个方面的事情可做,它恰恰就是人类过去引以为自豪的两大类代偿手段,即"理性智能"和"社会构成"。**(这样一来,我们下面所能做的事情,就像是要"壮士断腕"一样的为难和痛苦,这也是让我感到气馁的因素之一。）

一、抑制智能的发挥，或至少是不鼓励理性智能的过度发挥；

二、改造社会的结构，或至少是调整社会的竞争性生存格局。

■ 由于人类的任何一种生物潜能或生物现象都只能表达在晚级实体化的社会结构之中，因此上列两类问题可以归结为一系社会操作。（下面给以具体的和理想性的讨论，关于"可行性"问题容后另议。）

■ 前提篇：取缔国家，或国家消亡。[就其倾向性而言，"国家"正在不可避免地趋于解体和衰亡，但这一自发过程的演运方式及其导向却并非是良性的，故而有必要加以干预。（参阅《物演通论》卷三第一百七十六章等，并请留意其中给出的"国家"之定义。）]

■ 这是两种完全不同的情形，前者是主动而为的，后者是被动实现的。（当然，即便取前项之态度，它的实施方式无论如何也不可能毕其功于一役，其过渡步骤必从建立全球协调的经济架构肇始，同时辅以全球普适的伦理价值观念和兼容并蓄的社会文化形态，最后才能达成全球统一的政治治理架构。问题在于，这个过程是短时倾力合作推进的，还是长期纷争被迫妥协的；是作为人类和谐共存的改良基础和前提目标预立，还是作为各国侵夺兼并的传统结局和临终苦果接受。由此必将引出两种完全不同的前途，俨如及时就医与讳疾拖延，两者的时间差决定一切。）

■ 它的人文理念是：由"民族主义"转为"人类主义"，由"国家主义"转为"世界主义"。（人类自古就有这种梦想，譬如孔儒师生"平天下"的淫志及其"四海之内皆兄弟"的豪情，可惜它全然不与自然之道和人性之流相契合，到头来只演成"九州内外皆寇仇"的'乱天下'之闹剧。如今突然间又要发此感慨，莫非忘了尘世之浊与前车之鉴？）

- 前者即"取缔国家"很难做到，因为它不符合少数当权者及其相关利益集团的愿望。而且国家之间强弱失衡以及弱肉强食的局面，也使各国人民难免心存猜忌。

- 然而，时至今日，王尔德的一句名言已成为人类命运的咒语："爱国主义是一种邪恶的美德"。因为，"国家"历来是人类抱团攫利的最高组织形式，也是人类之自私、贪婪、残暴和愚蠢等劣根性的最高表现形式，或者换一个更概括的说法，是截至目前为止一切晚级社会之病害和文明人间之罪戾的温床与载体。此外，它还是人类集团化竞争的制高点，就像高考是中小学应试教育制度的关键点一样，故而可以再加一句评语：国家乃万恶之首。（此说的侧重点在于外向，即在于国家之间的竞争或国际纷争对人类文明社会的恶性牵制；但并不排斥马克思式的内向批判，即国家对内也是阶级压迫的罪恶工具和人际纷争的浊臭舞台。）

- 后者即"等待国家自发消亡"，就相当于目前全球化竞争态势的继续发展，而且一定是以越来越恶劣和强暴的方式继续发展。

- 若然，则任何国家、集团或个人所能采取的削弱竞争措施必将一概无效，而且他们到底会不会真正采取这类措施都大可怀疑。

- 因此，这件事尽管是最难实行的，却无疑是最为必要的。如果人们不肯做，或者认定做不到，后面的其它所有举措尽可免谈，因为即便有人肯干，大抵也不过是装腔作势或枉费心机而已。

■ 对此，我不存丝毫之乐观预期和侥幸心理。说出来，或者使人明了他们只需要做哪一点点事情，或者就任它起到浇灭幻想、清醒头脑的作用。

■ 政治篇：建立非人格化的"普世政府"，或者更准确地说是"普世共管体系"，实行"普议制"全民自治制度。此乃消除社会阶层分化以及阶级斗争、也就是削弱所谓"向上配位"倾向（参阅《物演通论》卷二第一百一十章）的必要政治操持，由以推动社会结构整体扁平化即全人类非竞争化的目标得以实现。（至于消除国界和一切限制性边界；裁撤所有国家体制下的政府、军队和地方权力机构；统一警力调配与监管；全面开放文化舆论系统；保持最大限度的个人自由和结社自由但限制任何政党或政团活动；等等，都是伴随"取缔国家"及"罢黜党政"之时必须同步采取的应有举措。）

■ 全面履行"普议立法制"和"普世公权制"，并废除一切专权制、寡头制、代议制和选举制等等现行政治体制，这在电脑网络化以及大数据处理技术成熟之后应该是一件特别简单易行的办法，所有立法程序和重大行政事宜一概交由全民动议和议决，任何人都没有任何特权。（人类从农牧业态的"权力置顶"发展到工商业态的"资本置顶"，这些陈旧的既往社会政治形态必将被"信息置顶"的新型社会管理模式所取代。全部问题的关键在于能否真正实行"全民普议制"，若居然有效实行之，则等于彻底消除了抽象意义上的"公权"或独立意义上的"治权"，它相当于从根本上"取缔政府"，从而也彻底消解了可能出现某种令全社会无从制衡、令所有人无处逃避的"地球唯一强势政府实行极权统治"的恐怖前景。立法的核心在于对个人权利或集体权利束的精确界定和细节落实，由此产生真正有实质性基础的"普世人权法"和"普世公权法"，它无异于制定一部史无前例的深切落实自由、平等与公正之"世界宪法"。其最初启动过程不得由故国或故旧集团的代理人暗箱操纵；其最终确立程序必须满足全世界人民的普遍认同；而且，任何既成之法律或法规，在执行期间一律处于继续议决的状态，一旦达到法定人数或某种更精当的表决阈限，即可随时修订或废止。）

■ **这个局面在不久的未来必然发生的另外一层原因是，人类社会日趋动荡，各种无法预料的灾难和变故势将以指数增长的速率频仍爆发，它是任何人都无可阻遏的发展趋向，也是任何政治领袖及政府组织都无力承担的沉重责任。**（专制是掌权者的职责枷锁，民主是自由人的自负其责，超级民主就是所有社会成员祸福与共的责任分担。待到天下糜烂之际，试问谁还敢于独挑大梁，枉然承受与己无关且未有穷尽的过失追责？再问一句，届时又有几多人信得过这等自大而轻狂的愚鲁政客呢？）

■ **为此，在行政和司法方面，原则上也应由"民意机器"代理执行，由民众全程监督。**（这里的"民意机器"是指电脑网络系统及其相关衍生物如大数据处理等，目前看来，它的现实前景已毋庸置疑。我对"民选代表"、"民选官员"以及种种"假借民意的威权组织"不抱丝毫信任态度，因为历史一再证明，任何个人或小集团都不可能克服人性的弱点。当然，"由全民体现的合众人性"并非一定可信，它仅仅是尚未真正表达过而已，至于它是否能够得到表达，以及表达的结果如何，我们只能拭目以待，倘若仍旧劣性不改，则人类真是无药可救了。但无论如何值得最后一试。顺便说一句，"无政府主义"与"共产主义"一样，并非永远是一个幻想，它的合理性在于：1、人性无可恃；2、世道无可期；即它的实现必定不是一个美好的文明之硕果，而是一个无奈的人寰之终局。）

■ **在民法和刑法中，必须含有对科学研究和技术进步的限制条款，否则一切皆休。对任何生产和消费环节，均应严格计算环境和生态成本，并严厉追究损害赔偿责任。**[若商品和货币消失，赔偿或惩罚也应以其它方式执行。难办的是，对科技研发活动是否应当全面限制？对单项科技成果究竟如何予以评估？前一个问题与后一个问题是相关联的，即"限制范围"与"项目评估"是相关联的，此外还涉及个人自由等问题（容后另议）。不待说，我的看法是明确的：任何科技创新都是戕害性质的。麻烦之处在于，某些可以借助于科技手段解决的临时性难题如何另行应对，也就是远虑与近忧的关系问题。看来，有关限制科技发展的执行力度和执行细则，将是后人所面临的最难处理的问题之一。（关于我对"科学技术"的评价，在广义上对应于我对"感应属性代偿"的评价，即整个《物演通论》卷二之矛头所向均是对它的深层批判，此外还可参考我的其它著述以及有关专题演讲材料。）]

■ **总之，立法和管理原则均以"全人类的生存安全"为第一关注点，除非全体人类一致要求放弃"长远的安全"而追求"一时之放任"。**[讨论"放任"的理由：1、约束限度和约束效益之比，这里特指"最低限度的社会约束是否能够有效延缓人类整体的生存危机"；2、约束苦楚与生存乐趣之比，这里特指"社会约束带来的痛苦是否足以泯灭人类个体的生存兴致";第二项参数似可作为第一项中所谓"最低限度"的指标上限。尽管按照此前历史的恶劣记录以及"苦乐均衡的心理学原理",第二项不成立。(参阅《物演通论》卷二 第一百零八章前后有关章节或《知鱼之乐》一书之"快乐公式题解"一文)]

■ **经济篇:消灭私有制,福利人均化,摈弃"进取主义"与"消费主义"的增长挥霍型经济理念。**(当代经济体系及其与之相呼应的经济理论,一致呈现出某种过度昂扬的濒危疯狂状态,就像临近败亡的竹木藤草反倒呈现出花籽异常繁盛的濒死疯长状态一样。一味地追逐经济增长,然后去刺激消费挥霍,如此达成当代经济结构的循环式扩张平衡。其社会图景:一端是资源浪费,一端是人情硗薄;一端是过劳疲敝,一端是失业愁苦;一端是豪富流油,一端是赤贫血泪。其最终结果:增长的是自然代偿量,挥霍的是人寰存在度。)

■ **不要指望什么"新生阶级革命",来者尽是祸水;但也不能等待"资本收益趋零化",因为还等不到那一天,大家早已在竞争激化的浊流中同归于尽了;所以,必须找见一个达成公有制的别样改良出路。**[这个"别样改良"的基础,可能恰恰在于"阶级"本身的分化消亡(参阅《物演通论》卷三 第一百七十章),然则同样存在"等待"之危;犹如"资本收益趋零化"是现行经济体制动荡化的必然结果,故而它才最有可能成为资本主义社会形态走向衰亡的直接动因(熊彼特之论)。又,此处所谓的"公有制"绝非"国有制",因为历来为极少数人所盘踞的"国"已遭取缔,更因为"国有制"是最极端的复古版私有制,或是最粗暴的资源垄断肥私体制。这个"公有制"是"自然所有制",即把人和物都归还给自然界,但它不是伊甸园,因为伊甸园里还有动物领地占有制。它是真正社会化的经济民主,规定任何资源的使用权益和财富的产出效益都必须归全社会所有。它的掌控权在全民,它的调度权或公平分配权能也在普议制的法统保障下由民意机器精确执行。我承认,它有可能滋长懒惰、降低效率,但这恰好是未来所必要的,须知闲散是好事,勤奋出麻烦,正是"高效率"缔造了"加速度"的文明危亡态势。我倒更担心,它能否抵消现行经济秩序之下失业率递增所造成的被动怠惰率,何况"无聊的心理基态"和"自我实现的高层需求"很可能会促成马克思所谓的"劳动是生活的第一需要"之局面(参阅《物演通论》卷二 第一百零八章和卷三第一百七十八章)。总之,不可避免地,现行的商品生产系统和市场配置体系倾向解体或变型。全社会对超常贡献者的唯一奖励(假如在某些特殊情形下还需要奖励的话),就是自发形成的"荣誉",这倒有点类似于中世纪的贵族精神——即让倾向于追求"优越认可"(福山语汇)的劣质人性,变态为一种无特权的高贵精神。]

■ **不要等待"物质生产极大丰富",因为再丰富也抵不过贪欲的膨胀;所以,不要指望什么"各尽所能、各取所需"的梦幻,只要能做到"福利人均化"就应算是达到了"不患寡而患不均"的最高幸福境界。**["各尽所能"仍有促进生产力发展之意,"各取所需"仍有激励消费欲膨胀之嫌,从本质上看,它完全是"进取主义"与"消费主义"的继续。换一个思路,如果能够在"按劳分配"、"按人分配"(即"人均分配")与"按需分配"之间建构灵活恰当的调节机制,加上既成的过剩产能、拉平的贫富补差和后述之人口减少等系统配套,相信社会财富的人均享有量只会有所增高。实际上，只要不落于生理需求的生存底线之下，只要不撩起贫富不均的攀比嫉妒之心，"幸福"就是一种纯主观的心理感受或心理适度震荡感受。在正常生物界，超生理的"物欲"原本即无由形成，在合理布局的人文生态或理想社会之中（"理想"词义见后注），真实的超生理享受无疑全在文化生活领域，那里尽可因个性自由分化而让每个人都产生某种"不同凡响的自豪"与"不失平等的优越"之快感。（关于人类秉有"向上配位"的心理天赋及其成因，请参阅《物演通论》卷二 第一百零四章至第一百一十二章的"意志论"部分。另外，特别提请读者注意，我所谓的"理想"，仅指某种"纯理性思想方式"或"纯逻辑预设方法"，而不含有通俗意义上的"超现实愿景寄托"或"乌托邦空幻遐想"之成分，可参考《物演通论》卷二 第九十八章及前后有关章节。）]

■ **概括言之，变革经济结构或重建"生产与分配体制"的关键在于，必须彻底破除近现代以来甚嚣尘上的各类增长挥霍型经济平衡理论，并破解"效率与公平"问题的陈旧思想死结。**（即，不是要既保持效率又追求公平，反而恰恰是希冀通过公平分配来降低生产效率，以求达到减缓发展速度的目的。唯有如此，才可望给行将就木的人类留出苟延残喘的最后一线生机。另，澄清一下，北欧西欧之社民党或左翼工党等所主张的废除"私有制"和所实行的"福利化"社会改良，理念上仍属于"科学与资本结构"或其变态强势延续，跟我在此处所谈的"后科学时代"暨"后资本时代"的危态弱势延续，自然不可同日而语。）

■ **文化篇：修正"智慧"之涵义，改变教育方针和方式，文化**

创意多元化，并取缔"知识产权"。

■ **修正"智慧"之涵义。**[从哲学上澄清智慧、理性和科学的非真性、无效性和戕害性。实际上，目前西方的后现代哲学就有这种倾向，如所谓的"语言论转向"、反对"逻各斯中心主义"及"科学崇拜主义"（亦可谓之"科学教"）等，可惜未能深入而系统地加以论证。此类问题请参阅我的哲学著述。]

■ **改变教育方针和方式。**[批判当前教育的科学主义、逻辑主义和知识主义等不良倾向，更要批判它对儿童的生活、身体以及社会人格的损害和扭曲。不爱读书是好事，也是人类更普遍的素性，试问谁见过作为人类先祖的任一动物读书来着？重新探讨未来的德（自主型法制意识）、智（自制性守拙修养）、体（自然态原生健身）、美（自娱式审美创意）的教育方针新内涵，其中，"德"应指向"对全人类生存的终极关怀"，"智"应指向"为缓解人文危机的自觉转型"，"体"和"美"则是未来文化生活的重心与中轴，而它的基本导向是返璞归真和悠游欢乐的。批判"栋梁之材"和"献身社会"的非人化教育目的，抛弃"统一刻板、外部强加、优选应试、拔苗助长"的虐待狂教育体制，强调人各有志，天性不同，确立"每个人都是天才的孤本"之自信与自爱，着重落实教育制度的自由化、兴趣化以及无定向、全选修的自学辅导体系，使之既有利于适应不可避免的社会分化前景，又有利于创建诗意和审美的娴雅生活方式。]

■ **文化创意多元化。**（这里所谓的"文化创意"，是指"轻科技、重人文；薄知识、厚审美；降逻辑、升直观；减信息、增愉悦"的全新文化生活方式。它并不是要退回到古代东方文化的"小视野、浅水准、低分化、散逻辑"的原始文化生态之中，而是要建立某种分化程度更高的、多元化的、甚至是完全个性化的文化创意活动平台，从而使人类的文化生活倾向于无限丰富，也只有这样才能改变为谋生而削尖脑袋钻营知识的所谓"知识经济"之现状。总而言之，它的基本目标是：摆脱"文化求存"的高压竞争状态，达致"文化享受"的精神安抚境界。）

■ **取缔"知识产权"。**（与消灭私有制相吻合。更重要的意义在于"抑制科学技术的发明冲动"和"减缓智质性状的危化发展"。此外，在不能粗暴压制"科学兴趣"与"学术自由"的情况下，至少应立法限制科学实验的不良影响和技术创新的实际运用。）

■ **这是一个深刻的思想文化再造工程，它的素质决定着人们的生活素质，同时，它的文化取向，也在某种程度上决定着人类的生存趋向。**

■ **生态篇：减少人口数量，或降低人口增长率。**[影响生态问题的因素固然很多，但人口数量显然是第一要素，属"自然道统"，或者说，属"宇宙物演质量梯度"之天限（参阅《物演通论》卷一第十二章）；其它因素或可在上下文所议的对应性"人文法统"或"晚级社会文明进度"的改良过程中加以消解。]

■ **前者是主动采取的，后者是被动自发的。**（尽管它看起来像是一个自然学或生物学问题，但二者之间的效应差别肯定不亚于上述任何一项社会学动作，因而值得特别关注。）

■ **前者当然得采用现代避孕技术，但我只能在这个基础上说话**（重申倒退是不可能也是不可取的）。**所谓"减少人口"，是指在世界范围内，全人类共同自愿地努力进行，而且要**

把地球上的人口数量减至10亿甚至五亿以下才算初见成效，因为这是农业文明时代的最高人口负载。[公元1600年前后，全球人口数量约为4亿。而那时的自然资源紧张程度已足以导致社会矛盾激化，并造成相当程度的生态环境破坏。故，最佳的人口数量，当然还应该在此基础上进一步下调，即应该将近现代文明发展所致的人均资源消耗增加量，换算成相应的人口削减量，如此才有望使这颗极其稀缺的太阳系行星之人居条件保持相对稳定。（听起来此说似乎有些过分，但不妨回顾一下，在地球的陆生生物史上，何曾有过某种大型脊椎动物或哺乳动物能够以超亿巨量保持长久生存的？更何况，一个文明人的资源消耗量及其环境破坏率岂是数百头大型动物可以比拟的？）]

■ **后者会造成如下结果：随着人口数量逐渐逼近极限，以及生存竞争压力的继续提高，加之家庭结构分化解体，必将造成育后愿望急遽减缩，甚至由于污染中毒、紧张焦虑等人间生态的持续恶化而导致人类生育力衰竭，这些因素近期就可能降低人口增长率，远期则不排除弄成"人荒"或"人种灭绝"之虞。**[有人认为，农业科技的无限量发展足以维持地球人口的无限制增长，这纯属痴人说梦。且不论暂时还无法给出精确参数的自然物演质量梯度（参阅《物演通论》卷一），亦不论生物史上养育后代的时度和难度始终呈递增态势（参阅《知鱼之乐》篇八），此两项自然制约均不支持人类超量繁殖；仅是由于消费攀升激励值与生存进取紧张度的自发性增高倾向，就足以压瘪人们的生物性育后乐趣并导致人类生育峰值的拐点很快出现（不妨比较一下养育孩子的古今费用之差）。此外，还有一个恶性循环机制来充当压垮骆驼的最后一根稻草，那就是，人口过量增殖所致的种内竞争加剧，必令上述各项社会改革变得越发难办或越发不可能，由此引出一系列更严重的生育生理上的畸变和衰竭之恶果：譬如英国自上世纪五十年代以来男子精子数下降50%；中国自上世纪七十年代以来城市男子正常精子数量减少40%左右。如此一往，人类将很快坠入作为物种绝灭前兆的雄性不育之深渊。]

■ 计算一下，如果所有家庭平均只要一个孩子的话，那么不出200年就可达标。目前可预见的另类困扰是：达标之后的人类繁育能否维系在一个合理稳定的水平上。（计算按30年一代，并留出早期的青年基数翘尾时段。有趣的是，"妇女解放运动"与"生存成本抬升"互为因果，即妇女也被卷入社会物质生产，而不像过去那样只承担生育生产和家庭内务，它表征着妇女责任的叠加化倾向和女性生活的紧张化情势，也表征着人类繁育本性的社会化干扰和心理化衰竭，但却反而造成女性普遍的鼓舞和欣喜感受，此正所谓"时代蒙蔽效应"或"自戕欣快效应"是也。）

■ 生活篇：改变人生追求，满足于恬淡唯美、贴近自然、诗意栖居的生活方式。

■ 在上述社会改良的基础上，形成如下生活氛围：

一、由于政治体制扁平化，导致人们政治情结疏淡、结社热情下降、社会愤懑情绪趋于平和；

二、由于经济体制非竞争化，追逐财富的紧张感得以舒缓，五花八门的物质贪欲倾向淡泊；

三、由于文化谋生的压力减低，知识结构从高深变为平易，文化取向从求知转为享乐。

■ **生活方式随之发生根本改变，生活形态大致如下：**（以下六者之中，五项皆属生物素性的原生态焕发，唯有第三项为别种动物所不及，但它无疑也是人文现象中最接近于人性基层的东西。）

1、**回归自然；**（由于人口稀少，加之社会联系相对疏朗，人们彻底告别鸡笼般的城市高楼寓所，从此尽可散居于江河湖海之畔、山林泉石之间，仰望日月星，结伴动植物，照拂天下众生。）

2、**强身健体；**（由于贴近自然，当然无需再到健身房里借助各种伤人的器械释放多余的体能，登山、游泳、走路、跑步和跳跃这五种动物原生态运动成为日常必有之活动，"锻炼"之说成为笑谈。）

3、**审美文化；**（审美与文化，二者的内容都极其宽泛，它不仅包括一般意义上的人文修养，还包括智力和情愫调动的感性愉悦，其中琴棋书画、歌舞音乐、文学影视、各色游戏、精致肴馔、美丽服饰等等纯生活要素，构成主流。）

4、**率真社交；**（唯有"无功利社交"才富于乐趣，唯有"无目的交际"才识得朋友，各人之间率性往还、情真意切、直言快语、豪放无忌，是乃"友朋自远方来，不亦乐乎"之春秋情境。）

5、**男欢女爱；**（"家庭结构松散化"是对"社会结构致密化"的反动，如果社会改良能够降低其对人性的结构性压抑，则无论人们结伴生活的形式如何，男欢女爱的生物天性才能真正得以开放。）

6、**天伦之乐。**（血缘亲情在未来的非家庭结构中如何表达不得而知，也许它将被某种"广谱基因族系学说"取而代之，但它最好能够有所维系，并令人牵肠挂肚，因为这种动物本性的失离程度标定着人类本身的失存程度。）

- **建立"闲适唯美、甘于淡泊"的生活方式。**[消除竞争才有"闲适"；湮灭学智才能"唯美"，知足常乐才可"淡泊"，所谓"诗意的栖居"舍此何谈？（注：海德格尔援引荷尔德林的诗句"人诗意地栖居在大地上"。荷尔德林怀有某种宗教情结，并强调"纯真"，诗的开头为："在柔媚的湛蓝中，教堂钟楼盛开金属尖顶"。足见海德格尔是随意引用，以附会他的哲理：由"人的存在"<此在>入手研究哲学，后期从现代科学与技术的发展中看到人有日渐物化而丧失自身的危险<提出"烦、畏、向死"的人生三态>，于是冀望寻找一种达到"在的澄明"的途径。显而易见，两人的意趣，以及他们使用这个诗境的局限，与我"危化求存"之系统题旨虽相去甚远却两端暗合。）]

- **实际上，情感化和审美化的生理要素都聚集在更稳定的下中枢，因此它构成人性坚实的基层，也构成艺术永恒的魅力。**[越原始的基层存在越具稳定性和恒久性，正如原始的生活方式构成人体健康的坚实基础一样（详见《人体哲理》与《哲学纵横》等讲座或讲演录）。请注意，我之所以特别强调美学文化和审美生活，是由于从哲理深层上讲，"美"与"审美"纯属"感应分裂"的产物（参阅《物演通论》卷二第一百一十三章、第一百一十四章及第一百一十五章等）。换句话说，它是"应的悬搁"、"依存的无着"、或曰"代偿的落虚"，因而最有可能成为"无害的或转移的感应属性之增益"。——这就是我格外青睐它并倡行它的缘由。]

- **附谈：歧义性问题与变通操作。**

■ 关于公有制，理论上有两种实现方式：(1)、也可以视为是全部经济资源的平均细分化，且不可转让也不可继承，此即仅限于经济层面的低级落实形态；(2)、如果能够真正实行彻底的普议制民主，则全社会所有制或曰"全民所有制"即告直接实现，此乃在政治层面上的高级落实形态。前者是公有制的原胚或私有制的前身，自有其导向私有制的天然倾向；后者是私有制的衰变或公有制的成体，自成其不得不如此的逼迫格局。

■ 关于"抑制科技发展"是否会导致无力抵御外星人侵扰，我以为其概率几等于零。因为距离太阳系最近的恒星系，即位于半人马座的比邻星尚在4.2光年以远；而且更重要的是，天外生物或宇宙中的任何智质存在，都不可能逃脱递弱代偿法则的制约，亦即根据地球人的现状推测，智质代偿的极限显然不能克服星际侵扰的距离和速度屏障。

■ 再者，可用"智力游戏"或"科技锦标赛"的方式来替代科技创新，以满足人类天性中追逐高级智力活动的需求，就像用"体育竞技"替代和发泄战争行为和黩武本性一样。而且还可以在电脑中虚拟仿真实现，并就其危害效应作出近似精确的评估和打分。如经测评发现其危害有限，甚至可以在限定局域（如沙漠、深山、外星等）建造可监控样品以供人娱乐。

■ 诸如此类的歧义或问题，并不构成对上述各项原则的颠覆，因为这些原则是自然律的推衍结果，而歧义性问题仅属人性应有的困惑。

■ 一切变通操作，均以"止损制害"为第一原则，万不可因开变通之蚁穴，而终致防护文明的千里堤坝崩溃于瞬间。

■ **附谈：上述原则略显类似马克思主义的缘由。**[两大原因：1、尽管马克思主义的社会理想纯属幻想，所提供的进步理念和进取方法也一无是处，但它所揭示的社会运动前景表象却很有可能是不容选择的；2、仔细分析它的社会构成，尤其是借鉴已然实验过了的共产主义运动，我们发现它可能恰好起到了上述两项抑制作用（即在其体制内对"经济竞争"和"科技创新"的压抑）。这当然不是马克思的自觉和初衷，它倒反而是马克思主义与东方滞后传统暗合的又一佐证。注意：我的意思不是说东方的就是良性的，更不是说可以朝落后的方向倒退，而是说当前主宰形态的西方文明，其前景表观与后向运动略有相似之处，但这正是一般所谓"螺旋式上升"的现象化误判，就像人衰老之后自然倾向于减缩体能与智能消耗，却并非返老还童、更非永寿无疆一样。请回顾我对"大同"境界的实质性剖析（见《物演通论》卷三 第一百七十七章），即可领会我的一贯性语义，以及该语义中所给定的限度。简言之，我与马克思主义的表面类同点仅仅在于：A. 批判当前的主流资本主义社会形态（在我这里，还包括冠之以"国际共产主义运动"名号的所有苏东式"国家资本主义"在内）；B. 超越此前人类的所有文明形态或文明取向（此"超越"相当于无可选择的继续或必将选择的变革，而非马恩式"决裂"）。我与马克思主义的本质不同点一目了然：a. 非阶级斗争论（代之以"进行性分化论"）；b. 非生产力论（代之以"属性代偿论"）；c. 非科技论（代之以"无效代偿论"或"代偿指标负向论"）；d. 非进步观（代之以"递弱演化论"）；e. 非理想论（代之以"濒危求存论"）。即"后资本时代"或"后科学时代"的思想核心在于"人文危存主义"。（对照"存在主义"哲学的朦胧含混）]

■ 我与马克思主义有三点根本区别：（1）、理论上的区别，包括宇宙观、社会观、历史观、人生观，无一相通。（2）、实践上的区别，包括政治操作、经济操作、文化操作、甚至人情操作，无一雷同。（3）、预期上的区别，包括悲观预期、濒危强迫、改良可疑，等等，均与之恰恰相反。（与作为马克思主义"修正派"分支的伯恩施坦之北欧社会民主主义的区别在于：寄望于自然增长性改良或"缓进妥协型改良"，其结果就等于保留现在的文明趋势不改。何况福利国早已面临国际竞争的压力，不"取缔国家"自身难保，谈何前途？谈何仿效？）

■ 一切学者的理论、人类的意志、以及不断变形的美好理想，说到底都不过是自然意志或自然物演进程的开路之斧罢了。（人间有太多的迷惑，这既是人智的缺陷，也是人情的缺陷，此乃被弱存之苦难锁定的人类永远不能摆脱的挣扎和空想。）

■ **附谈：弗朗西斯·福山的"历史终结论"与"最后之人"。**
[福山其人似乎也可算得是一个对"终极形态的未来社会"有所构想的思者，但他的出发点是对西方现行文明体制和社会形态的高度赞扬和过度确认，因而他展望未来的视域不免被完全遮蔽，其似是而非的学说之所以广为传播，是由于他最完美地迎合了正在弥漫全球且还看不到退潮迹象的主流人文史观。我的评价难免令人不快，就像我那不合时宜的学说讨人嫌一样：1、他的"历史终结论"实在太幼稚，幼稚到不值一驳的程度，仿佛远古的昏君坚信他的王朝法统终将常驻人间、万世不绝那样，又仿佛一个不懂人生的壮年汉在其意气风发之际就凭空断言，说他当下的生理和心理状

况必定永续于未来之余生。2、他对"最后之人"将会不求进取的描述倒有点贴切，但他不必为此担忧，更不必为英雄主义的"最初之人"重新复出而枉费心思，因为人文历史绝不会循环轮回，就像一位风烛残年的老者断不会突发豪迈的进取意气，也不会死而复生一样。3、他拾黑格尔"恶的历史"之唾余所加以发挥的"追求平等认可"之说，颇像是"阶级斗争论"的温情主义翻版，不过，单凭阶级斗争不可能带动社会结构变革，就像单凭生物的种内竞争不可能引发生物进化或生物社群结构进化一样，试看中国帝制时代，农民阶级和地主阶级困斗两千余年，黎庶暴动风起云涌，起义成功史载不绝，然而何曾看到中国社会的体制结构或"平等认可"获得丝毫改进？4、他的"科学技术动力论"颇像是"生产力论"的主观主义翻版，我也承认，从表观现象上看，此说似乎成立，但问题是，人类的智能与科技为什么会无休止的增进？其它生物物种的"生产力"（也就是"求存行为能力"）为什么是相对稳定且世代不变的（除非物种本身发生系统变迁）？更重要的是，人类的智能科技提升或生产力变革究竟是怎样影响了生物晚级社会的结构繁化进程？搞不清这些问题，只作表面文章，然后还要评说人类的命运和文明史的未来，岂能不谬？（请参阅《物演通论》卷一 第五十一章至第五十三章、卷二 第八十九章至九十八章、卷三第一百四十四章、第一百四十五章与第一百六十四章等）5、作为其社会演运的两大基本动源，他的上述"社会观"和"知识论"恰好堕入我所谓的"无功代偿"之陷阱，此乃既往的西方哲人和近代的东方学人一概未能超脱的老旧思绪之继续，这标志着当今世界的主流意识形态已经走到了僵化呆滞、山穷水尽的地步。]

■ **附谈：东方返璞型社会理想的别致梦幻。**[与西方的乌托邦主义或空想社会主义一味向前超越的情调和路径大相径庭，在中国传统思想体系里，对美好社会的憧憬——即其"理想社会"或"社会理想"——却历来是朝后看的。譬如，孔子的"大道之行也天下为公"的"大同"社会，所描述和向往的，不是未来，而是唐尧虞舜之往事（汉语之"向往"一词原本就不是指向眼前而是指向身后的）；老子对"小国寡民"的盛赞，更遥遥影射着原始氏族社会的虚静恬淡；即便是最富想象力的诗人陶渊明所虚构的世外"桃花源"，也仍然只是彩绘了一幅"往来种作"的原始农耕图景，"土地平旷，屋舍俨然，有良田、美池、桑竹之属，阡陌交通，鸡犬相闻"，其间没有官府、没有不公、没有战乱、没有奢华、自然也没有文化（狭义），惟其没有这些高度文明化的糟粕，故足以构成"黄发垂髫，并怡然自乐"的返璞型人间天堂。可惜的是，无论在茫茫宇宙之中，或是在惶惶红尘之内，从来就没有一条可供后退的路，"单向度演动"或"单向度衰变"的法则像铁律一样支配着一切，也支配着中国人和中国社会，尽管由于这种后视的眼光和反动的思绪，曾使中国的"皇权农夫型"社会形态长久保持超稳定格局，以至于让抱以典型进步观的马克思惊叹为"停滞社会"的罕见标本，然而，它终究得追补该段亏欠的路程，这就是自鸦片战争以来的一个半世纪有余，中国社会为什么如此动荡不宁、如此急切转型、又如此高速发展的原因，且迄未补课完毕。]

■ **附谈：目前情况下中国追求快速发展的有限合理性。**[除上列因素外，它还涉及博弈论上的"囚徒困境"问题，也就是国际竞争形势下的强迫格局，因此谈不上支持或反对。顺便讨论中国古代社会数千年不见大发展本属好事、何以倒霉的问题，从而说明这个问题不是一国可解的难题，而是一个全人类、全世界必须通力合作的事业。由此引出那个老生常谈的"国际主义"（其实应该是"无国别主义"）路线问题，即此前任何时代，人类的所有重大问题都只能首先在某个集团范畴内寻求解决之道，而从如今到往后，人世间已没有哪件事情是可以局限于某一集团内解决的了。未来若要能够真正做到长远的领先，就必须在有安全保障的前提下率先改良文明形态，而这个安全保障对于所有核大国来说都是具备的。所以，它的处理方法，不是先解除核武，而是先共商取缔国家。]

■ **未来"大国崛起"的方针：不在于一国图强，而在于建立新的普世社会模式和统一文明生态，出以引领人类走出濒死危机的阴影。**（这里所谓的"普世"和"统一"，绝非重蹈中原春秋战国时代各诸侯国武力争霸、兼并天下的老路，尽管目下之世界政治格局颇与其有雷同之处，但，物换星移，时过境迁，昔为坦途，今成断崖；这里所谓的"社会模式"和"文明生态"，即以上列各论为原则。这是一个舍身求生的"凤凰涅槃"过程。）

■ **至此可以明确地说，我的"救世原则"其实就是又拿出了一个别样的"大同"版本。**（这样一来，思想界至少就有了三种"大同"版本：第一种是"东方式倒退型理想版本"，它包括老子的"小国寡民"、孔子的"天下为公"、以及陶渊明的"世外桃源"等；第二种是"西方式激进型理想版本"，它包括莫尔的"乌托邦"、圣西门的"实业制度"、以及马克思的"共产主义"等；此两类显然都属于不可能落实的妄想或空想。第三种就是我现在提出的这个"迫近于眼前的现实版本"，它必有两个实现形式：一乃人为努力的"濒危求存形式"；一乃自发演成的"死灭临界形式"；说到底，它实质上不过是两个略有操作时效分别的同一系社会终末运动形态而已。）

- 总结：

- 政治上首先取缔国家：战争自然消失，武器自然禁绝，人类进行集团竞争的制高点被抹平，整个社会的结构紧张度下降。

- 生态上严格控制人口数量：留出大量荒地以恢复自然生态和自然环境，加上其它有关非进取型的人类生存方式之改革，前述各类危及人寰的环境污染、生态破坏和气候异常等问题将有望持续好转。

- 经济上必须消灭私有制：经济竞争自然消解，生产积极性自然下降，能耗、资源等问题自然缓解。至于产出减少，正好纠正了当前的消费主义恶潮，何况人均产出未必一定减少。

- 文化上彻底转变世界观：还包括文化理念、教育方式和制度层面的非科学化，由此带来生活方式的审美化，这种做法本身就阻断了加速代偿的进程，再加上非竞争的外部环境，这就近乎于达到了某种根治效果。

- 这个社会形态决不是天堂和乐园，但它至少比前行"奔天堂"要来得安全，而又比倒退"复乐园"要显得可行。它难免会让少数强人感到不够畅快，但万莫忘记，正是这少

数 "天才" 或 "伟人" 构成了人类文明史上的灾星。

■ 由于每一个人都有天赋的上进心，亦即每个人都是潜在的天才、强人或伟人，从某种意义上讲，上述所谓的 "系统性危机" 其实就是人性汇流的必然结果。于是，这种近乎于悖逆人性的变革能否实现以及如何实现，就成为一系列必须探究的严峻课题。

■ 因此，我们有必要继续深入检讨其 "可行性的内在矛盾和障碍问题"。

自我拯救的限度：

■ 不难看出，上述设想与此前不断变换身段的各种空想社会主义何其相似乃尔，这不免令人失望，而我所凭借的唯一根据就是由危亡形势造成的生存压力，可是，这个压力要增大到什么程度才能产生质变效果？以及，哪怕这个压力增大到人种绝灭的边缘是否能够真正产生效果？——这还都是疑问。

■ 况且，从导向上看，我所希冀和勾勒的，实属一场史无前例的看似 "反向" 或 "反动" 的社会变革，它比既往任何一种空想的或科学的乌托邦都还要显得极端。试想，低矮的丘陵尚且未可翻越，谈何登临苍山之绝顶？

■ 而纵观人类文明史，任何社会变革都不免陷入两重灾难：一是随机的动乱或动荡，成与不成，皆属瞎折腾；二是侥幸变革成功，则立刻进入下一轮更大的灾难，那就是愈发失稳也愈发紧张的社会晋级。（第一种情况如东亚各国历史上不断重复的农民起义、或如西欧近代迭次发生的市民动乱；第二种情况如奴隶制变革的春秋战国、或如资产阶级革命后的欧洲动荡和持续性社会紧张等。此外，哪怕是那些悄无声息的革命，譬如科技革命、产业革命、信息革命等，其结果也与后一种情形别无二致。）

■ **再则从逻辑上讲，我原本就不相信具有扭转这种危机趋势的任何可能**（因为如果它要是可以任意改动或人为变通的，则说明它根本就不是一个既定的趋势或自然的律令。《物演通论》之末章即为此意的概述），**我甚至怀疑所能采取的任何变革或改良措施最终被证明是戕害更深的荼毒**（因为"演动加速度"也同样是一个既定趋势和自然律令），**这种情形早已被自然史和文明史所证实，而以上的构想，倒像是更为激进的演变、一步到位的衰竭、甚至像是直达宇宙物演最后终结的一幕。**

■ **因此，以下的讨论是极严肃的，也是极严峻的，它才是最需要人类予以深刻自省和深长思虑的致命性难题。**

■ 先看人类社会的发展与其理论设计的关系，有如下五种情形：

（1）、不作任何前瞻性逻辑设计，只关注于回顾性旧制继承，结果造成原型迁延，停滞不进，如中原先秦思想与中国帝制时代的吻合辅助关系。

（2）、一厢情愿的设计者，如首创者柏拉图之《理想国》和"哲学王"，以及莫尔等乌托邦主义者，由于未能迎合社会结构演进的历史动势，故全然无效。

（3）、思虑沉静的设计者，前瞻性规划深远而缓和，如亚里士多德、孟德斯鸠、洛克、约翰·密尔、亚当·斯密和伯恩施坦等，结果就是西方近现代社会构型，如自由民主形态的美国和福利民主形态的北欧诸国等，即加剧当代文明危机的欧美策源地。

（4）、激进、激烈而激情的设计者，回顾肤浅，前瞻勇猛，如卢梭、尼采和马克思、恩格斯等，结果是短命的和灾难性的法国大革命与雅各宾党人、希特勒国家社会主义和前苏东共产主义运动、以及柬埔寨波尔布特式血腥暴政等。

（5）、不作任何前瞻性逻辑设计，也不关注回顾性继承原则，顺势而行，利益驱动，如荷兰近代社会转型（尼德兰革命）与英国的光荣革命。

■ 显而易见，第一种和第五种情形最为类似，站在未来的立场上看，结果也最好或最容易被接受。（这里再度印证了用智的危害性，如（2）、（3）、（4）三种。当然，（1）、（5）两项之远期后果亦非良善，但它毕竟属于天道灾害，即毕竟减少了一重人祸。）

■ 故此，较之前述的建设性论证，我倒宁愿更充分地探讨上列各项改良原则的内在障碍，即其可行性或不可行性的问题。

■ 首先必须说明，即便我们今天绞尽脑汁，极尽设计；未来的人们也努力实践，克尽所能；预料仍然不外乎出现如下三种结果或三条路线：

■ 第一路线：一切照旧，无可变通，于是终将呈现预料中的人寰危亡景象。

■ 即前述马克思主义的表象前景出现，它很可能不是由于资本主义生产力或资本主义生产关系达到极限（这个历史唯物主义的表述本身就与历史不附），而是由于发生巨灾之后不得不如此。（巨灾之后，自然形成我前述的原则后果，如：五亿以下人口甚或人体全面畸形乃至临近绝灭；国家消亡甚或任何形式的社会组织瞬间解体；对科技危害的认识已达恐惧状态；私有制变得毫无意义；商品生产难以为继；等等。只可惜，届时"诗意的栖居"注定会变成"悲苦的苟延残喘"或"恐怖的等待死灭"状态。）

■ 第二路线："改良"未果，反成"改恶"，于是越发加速衰变之危局。

■ 也就是说，半吊子变形可能更糟糕，就像今日之中国，即使还在危机化文明的老路上走，也走出了一个最坏的结局，即：经济上的近代西方资本结构与政治上的中古东方专制体制，它使得表达人类劣根性的"金"、"权"两个魔头都足以发挥到协调作恶的极致。（结果导致全社会从上到下的普遍糜烂：官场贿赂贪渎横行，民间假冒伪劣成风，以至于连最起码的"政治大体清廉"和"食品基本安全"都不能维持，于是就有了：官商勾结、权钱交易、卖官鬻爵、行政寻租、税务敲诈、司法黑幕；以及，面粉吊白、鸭蛋红心、蔬菜残药、牛奶掺毒、肉注污水、酒含甲醇；等等，不一而足，罄竹难书，然后还美其名曰"中国特色"。）

■ 第三路线：改良居然成功，危机趋势缓解，然则那个"美好的结果"一定多少有些令人憋闷。（譬如，哈耶克对计划经济的批判、理性知识的精神需求饥渴难耐、以及人性中无可压抑的自由要求等等。除非面临生死存亡，否则这种近似于"摧残人性"的末世制度根本无从落实。故，必须强调：这三条路线都不是天堂或美德，而是堆积在地狱门口的罪孽。）

- 而且，从难度上看，这三条路线或三种结局得以实现的概率一定是倾向于逐次减低的，即第一路线可能性最大，第二路线可能性次大，第三路线可能性最小。（从时间排序上看，又极有可能是依次发生的，即首先运行在第一路线上，其次运行在第二路线上，及至第三路线浮现之时，人类已跨入"大同地狱"的门槛。然则等于运行在递弱代偿法则的铁律上。）

- 照此推算，由于走通第二路线的可能性大于第三路线，故而人为地操作结果，总体看来是弊大于利。（文明化的作为历来是有害的，"人祸置换天灾"是文明进步的特征和常例。）

- 于是，我们面临这样一种困局："无所作为"相当于等死，"有所作为"又可能死得更快。（仿佛陷入密闭的塌方坑道之中，而又绝无外力的援救可以指望，不自救则必将窒息，自救则可能增加氧耗、提前窒息。）

- 借助这个比喻，答案是不言自明的，那就是，即便希望渺茫，也不能束手待毙。（好在这一次的设计和作为是企图阻滞文明的，但愿它也能得出反常的结果。）

- 好了，让我们就在这个基础上展开讨论：把问题摆出来，不管它有多么尖锐，直面它、研究它、以便最终在某种程度上克服它或延缓它。（以下逐项推求之）

- "取缔国家"的问题。（此乃关乎"人类物种整体生机的社会化重组"问题，亦即"社会结构"之枢纽问题或"大政治"问题。）

- 这是一个眼下看来不可能解决的问题，而且危机越加剧，国家的内向凝聚力一时反而可能越加大，故，它滑行在第一路线上几成定局。（尽管现行"国家"的各种主权正趋向于逐步瓦解，继续维持政治、经济和文化的封闭发展已无可能，但"民族主义"和"爱国主义"迄今仍然是全球人类意识形态的主旋律，它非但没有降低调门的迹象，反而愈来愈声嘶力竭。各国之间无一不在强化其局部利益的攫取能力，军备升级从未消停；犹太复国、科索沃独立、库尔德人建国要求等，全都不惜诉诸武力，搅得满世界不得安宁；联合国里的国家或地区组织数目逐年增加，当然也许这正是国家趋于解体的一种方式。无论如何，按目前形势看，且不要说"取缔国家"，连"国家消亡"的第一步也迈不出去，这表明，人类竞争自残的更大灾难还在酝酿发展之中。话说回来，作为自然选择最基本单元的基因都是自私的和竞争性存在的，你想让完全被基因支配的人类个体或个体放大集团为公共利益而放弃竞争，难！）

■ **随着危亡压力的加大，当它造成的损害值大于任何个人、社团乃至国家在现有结构下所能获取的最大利益值时，机会才可能出现。由于此刻尚处在临界状态，任何跨界波动都可能造成首鼠两端的反悔行为，故，它将来很可能先行滑入第二路线所预料的情状。**[国家常设机构及其管制功能的摇摆，势必造成极其严重的社会动荡。仿佛临界高血压的早期间断治疗，其所引发的血压波动性损害远大于当初血压持续性增高之损害；或如二战之后的联合国，不仅形同虚设，而且成为大国或强势力量操纵的工具，如朝鲜战争（斯大林游戏与联合国军）、海湾战争（小布什的反恐站队声明与伊拉克问题）、巴以争端（大国庇护以色列导致阿拉伯恐怖主义抬头）等，此外还有联合国内部的种种问题。它只在鸡毛蒜皮的琐事上显示其存在。而这还仅是拿一个虚设机构做比喻，相对于筹建一个实质性的"普世政府"而言，未来面临的复杂情形必定更糟。]

■ **随着危亡压力的继续加大，当其损益值固定在不利的一端时，第三路线才有望实现。我们唯一的指望是，人类届时还没有灭绝。**（请试想一下，生活在这么个绝望的弥留境遇里是一种什么滋味？但惟因如此，事态才不会反弹，人类才不会旧病复发，可见弗朗西斯·福山有关"最初之人"复归的担忧是在一个伪命题里瞎担忧。）

■ **但，这样一来，其结果完全等于把第一路线贯彻到底。**

■ **"社会政治制度和管理层面"的基本问题。**（*a.* 这是一个从"集体无意识"到"集体有意识"的动进过程；b. 但它们归根结底是同质的。即是说，人类的行为方式越来越理性化、逻辑化和预设化的倾向是不可遏制的，亦即"预先计划"或"预先谋划"的人类行为模式注定呈扩展态势，从个人行为的动机预设、到企业内部的计划生产、再到全社会的计划经济，此乃晚级生物社会之理性代偿逐级增益的必然结果。但，这个看似主观的人为动作本身正是某种自然意志的表达和贯彻，因而它并不能改变或扭转固有社会运动的向度。）

■ **哈耶克在抨击"计划经济"时对这个问题的论证是浅层的和有误的，他称之为"自发的、目标不明的和不自觉的扩展秩序"，其失误之处在于对"社会逻辑建构倾向"和"社会管理智能倾向"的否认，其政治合理性在于维护自由。他的理论价值在于对"自发"、"扩展"和"不自觉"的强调。**（仅从目前的信息网络发展状态就可以窥见未来"计划经济"的端倪，它将奠基于消费端对生产端的大数据调节，也就是自发的分散需求统计及时有效地引导无人工厂的后发产出过程，而绝不会是过去那种漏洞百出的人为行政调节。）

■ 由此引出两个问题：

一、"社会结构致密度的自发扩展"与"人类或人工智能的增长进度"之匹配问题,即"社会结构复杂程度的跃升"与"人类驾驭或调控社会系统运行能力的进展"之间能否相互匹配的问题。（须知"信息置顶"的大数据社会管理运行模式,注定是一个更紊乱也更动荡的弱化代偿扩展结构。）

二、"自由"与"控制发展"的矛盾问题。（此话题容后专论）

■ 先看第一项问题。它涉及：

a."自发扩展"能否控制；（"社会结构扩展"必致"社会结构脆弱"。故，不能控制则一切皆休。但根据上述，难乎其难!）

b. "人类或人工智能"能否达成管理匹配；（问题是，"人类智能扩展"又必致"社会结构扩展"。何况，此前苏联、东欧和中国对其相对简单低下的社会经济结构尚不能进行有效的计划管理，遑论未来必将面临更复杂的局面。）

c. "扩展"控制的关键就是"智能"控制，故形成内在的循环矛盾。（根据a项，"自发扩展"必须抑制；根据b项，"管控智能"还得提高；然而，抑制社会结构扩展的关键就在于抑制智能扩展，二者是正反馈循环机制，由此形成根本性矛盾。）

■ 看来，这个问题很可能会纠缠成一个解不开的死结。

■ 而且，就"普议制"来看，还涉及一个更麻烦的问题：所谓"社会结构扩展"的前提是"社会单元分化"，"社会单元分化"的极致就是"社会个员分化",即一般所谓的"个性分化"

或"个性解放"。分化过程就是差异化过程,它既是未来"普议制"的基础,也是其难题之所在。["普议制"要求表决的简易性和一致性,因为逢事必议,议则必决,倘若人各有志,志各有识,那么如何才能达成"动议"的简要便捷和"决议"的顺畅通过? 再问,倘若"提议"变得无穷之多,而"议决"变得无限之难,"普议制"岂非立刻变成了"提而不议制"或"议而不决制"?"社会管理体系"岂非全然变成了"社会瘫痪僵局"? 说起来,"效率"低下也许是一桩好事,但,按照分化律,社会问题或社会事件只会沿着几何级数的线性趋势剧增(所以我曾说,所谓"文明"与"进步"就是把事情越解决越多也越解决越糟的历史进程),一方是问题的疾速堆积,一方是效率的陡然跌落,这又会纠缠成一个解不开的死结。顺便多说一句,人类的行事效率之所以一直倾向于变得越来越高,大约实在是迫于某种由不得人的自然规定。]

- **"消灭私有制"的问题。**("凝结在社会实体中的人类分子"之经济纲领。)

- **这个问题格外困难,它面临两个几乎无法克服的难点:**

一、以国家消亡为前提。(因为如果国家存在,消灭"私有制"的结果只能是"国有制",而"国有制"是最坏的放大了的私有制,它让整个社会经济资源垄断在号称"政府"的极少数人手中,并最终不免使全民都沦为奴隶。由此可见,假使国家消亡,"统一社会"的自由民主体制必须更健全,故谈"普议制"。)

二、以人性扭曲为前提。[人性导源于物性和兽性。所有后生动物都必须是自私的、私自占有性的，否则就无法在生存竞争中活下来，此乃生物性之规定；但反过来，以单细胞生物为界标，此前的所有无机物性都无所谓自私不自私，因为它们的衍存稳定性极高，用不着从本位出发展开竞存；可见"消灭私有制"违反人性的近端，却要求恢复到人性的远端（指作为生物源头的非生命界之"物性"），这种倒行逆施的作为何其难哉！]

■ 上列问题还可以进行更深入的分析讨论：

a. 自然物演的依存关系倾向于越来越繁复，由此注定了贪欲高涨、物欲横流的人性特质，这就是"人性"与"兽性"或"物性"的唯一区别及其统一关系；（如前所述，"商品"是智质性状高度分化的产物，"价值"是依存紧张度日益增高的产物，于是必须人为创造出价值符号"货币"作为交换媒介。既然如此，未来的经济形态一定要符合这样的趋势："商品"或"产品"的种类愈加细分，从而导致交换的环节和难度进一步增加；物品的"交换价值"和"使用价值"都倾向于越来越高，从而要求更复杂也更脆弱的交换媒介出现；而交换的前提是私人占有或拥有，且随着生存紧张度的提升，私人占有欲倾向增强。）

b. 生产力和生产关系愈发展，社会结构的级差分化愈加剧，生存紧张感和物资匮乏感相应也就愈严重，由此导致经济生活的焦虑化倾向日益加剧；[在这种情况下，要求人们放弃私人占有物，简直无异于谋财害命。试看人类文明化过程中经济分配形式的演进路径：按需分配（如动物般成幼雄雌有序配享）→按人分配（原始氏族公社中后期之唯恐不公平反而造成与需求量脱节的划一配给性不公）→按劳分配（氏族公社后期至部落联盟早期能力强者多劳多得由此开启私有制之门）→按权分配（部落联盟中后期至邦国形态初期之阶级分化出现强权占有和剥削制度成型）→按资分配（国家体制中后期之商品经济与资本运营蓬勃发展的产物），在这个序列里，愈晚近、愈高级的社会历史阶段，其贫富悬殊、分配不公的程度愈严峻，迄今已演成"1人富抵6国、首富500人的财富量大于4亿穷人之总和、全球2%的人拥有50%财富、另有50%的人却只拥有1%财富"之困局（联合国下属研究机构2006年报告）。如此大势所趋，怎能指望它突然之间转轨奔向公正大同的天堂？]

c. 而与此同时，社会结构的稳定度又愈来愈低，动荡度愈来愈高，人们很难依靠它来达成自保。（在这种情况下，要求人们信赖全社会公有制，简直无异于缘木求鱼。且公有制必引出"计划经济"，一如前述，问题更多。）

■ 总之，消灭私有制的改革很像是一种本末倒置的妄想和企求，因此，在一般情况下，人类只能继续滑行在第一路线上。（这也是我一直将马克思归类于"反动派"的原因。注意，这是赞赏之词，与老子同列。可重申思想家的反动与深刻，以及思想家因此必遭曲解与曲用之宿命。）

■ 除非经济动荡和生存紧张达到崩溃点，即资本收益趋近于零或动辄陷于盈亏负值，此外包括两极不公分化导致绝大多数人不能忍受，以至由此引发的社会动乱严重危及原有生产结构中少数获利者的财产安全乃至人身安全，第二路线的尝试和第三路线的问世才有可能。（它相当于某种衰竭性散架及其弥留态重构，如此延伸而来的"第二路线"和"第三路线"会糟糕到什么程度，目前还无法想象它。谈代

偿位相与逻辑变革的滞后关系，故"无法想象"是正常的，
而"想象"通常是离谱的。)

■ **至于"福利人均化"或"级差化"的问题,还会带来很多弊端。**
[在目前社会条件下，前者可能造成奖懒罚勤乃至无人工作、
社会贫困乃至人性贫乏的苍白难耐之局；后者又会重新刺
激竞争化和私有化；这两种情况在东方社会主义阵营国家
以及北欧社会民主主义国家中早成事实，毋庸细述。此外，
无论从自然史或人文史哪个方面看，"均质"或"均等"现
象一概仅见于最原始的低级阶段，也就是说，"异质化"（异
质分化）和"级差化"（级差分化）是物演分化律的必然结果，
所以，我曾说，追求平等和平均属于"反社会倾向"，它的
一般后果是助推其社会结构分化进一步加剧，除非陷于某
种非常态或终极态。(参阅《物演通论》卷三 第一百三十章、
第一百六十九章、第一百七十五章和第一百七十七章等。)]

■ **结果如前，即它完全等于把第一路线贯彻到底；而且，如**
果是自发形成的所谓"第三路线"，则无论它的实现形态如
何，都只能是固有不良趋势的变态继续和恶化加剧。

■ **"思想与文化变革"问题。**(涉及"信息增量与信息混乱的
自然终末形态")

■ **知识是满足贪欲的工具，是性情飘忽不定如"浮士德"的人**
类所特别宠爱的魔鬼"靡非斯特"，贪欲飞升，则知识高扬，
知识累进，则贪欲叠加，二者相辅相成，共谋大业，可谁
能抑制其中之一呢？(低端神学逻辑还知道敬畏自然；高端
科学逻辑是最实用、最苛毒、也最能调动贪欲的思维方式。
"贪欲"和"求知欲"均乃人之本性，前者是维系人类物质

能量依存的原动力，后者是维系人类精神属性依存的原动力，这两个轮子眼下正并驾齐驱地行驶在最陡峭的下滑坡道上，岂能戛然而止？）

一、**贪欲的根性与渊源**。（谈贪、烦、畏〈参阅《知鱼之乐》"人性之根：贪、烦、畏"〉。海德格尔只说"烦与畏"，似乎"诗意的栖居"为人人所企盼，殊不知"诗意"比起"贪念"，就像斑驳悦目的秋叶遭遇铺天盖地的北风一样，轻飘飘而无根，荡悠悠而失魂。）

二、**求知欲的根性与渊源**。[谈感知代偿的理性化、逻辑化、歧异化、暴烈化与依存关系紧张化的对应关系（参阅《物演通论》卷二）；据此说明未来达成统一认识的可能性越来越小；也据此说明西方后现代哲学反"逻各斯中心主义"只是一种情绪化的反应。]

- 而且，文明化进程只能导致生存结构日趋复杂和生存紧张日益加剧，从而对知识的功利进取作用提出愈来愈高的要求，这就是今天所谓"知识经济"的本质内涵，也是第一路线的自发驱动力。

- 鉴于目前生存紧张与危机加剧的双向冲突，以及科学的深层危害正显现出大于其表面收益的趋势，预计人类"后科学时代"会很快来临，它将不免表现出进退失措的摇摆情状，各种观点混战不休，所以第二路线的文化面孔会很难看，一副"脸红脖子粗"的样子。

- 除非全人类都陷入濒危衰竭境地，就像行将就木的老者无知无欲那样。不过此刻的"第三路线"已算不得什么自救措施，而只是垂死的征兆罢了。

■ 再看"自由"问题。仅是"自由"这一项问题，就足以难倒一切智慧，击垮任何意志。因为说到底，"智慧"、"意志"与"自由"是同一条藤上的三枚苦瓜。[智慧乃"感"，意志乃"应"，自由就是"感应"的实现形态。"感应属性增益"则"自由动量扩张"，"生存效价递弱"则"自由意志递强"，无论从哪个角度审视，"自由"都是沉淀在人性乃至动物天性中的基层禀赋，且永远升华不止。换言之，自由度的代偿性增高是一种必然，其意义在于更充分地调动人性深层潜涵的全部属性与能力，借以维系递弱化之存续。因此越原始、越稳定的社会，压抑性越强，越进化、越失稳的社会，自由度越高。（参阅《物演通论》卷二 第一百零四章至第一百二十章，以及卷三第一百六十八章等）]

■ 于是，很麻烦，上列各项基本问题都不能解决，而且形成互为因果或互相掣肘的复杂格局：要抑制发展就必须管控社会和抑制智能，要抑制智能就无法管控社会，而管控社会和抑制智能都不免损害自由，但伤害了自由就等于从根本上伤害了人类，从而使上述一切努力都失去了意义。

■ 这个系列问题若不能化解，第一路线就将成为无可选择的唯一选项。

■ 假若给"自由"留出余地，而且假定民众的绝大多数也自愿放弃第一路线，则必须给意见相左的少数人设置若干实行别样生活方式的飞地，否则即属"多数人暴政"。若然，结果不外乎如下三种：

一、飞地社会丰富多彩的生活很可能诱使多数人重新返回第一路线，就像冷战时代的共产者艳羡资本社会一样，这种反悔相当于彻底埋葬改良理想，宛如20世纪的共产主义运动反而彻底毁灭了人类的千年梦想；

二、即便多数人不反悔，由于飞地少数人尽可继续暴采资源、污染环境、破坏生态甚至制造武器，使多数人成为自缚手脚的牺牲品，改良化为泡影，甚至令多数人沦为少数人的奴隶；以上两种结果即第二路线景象。

三、少数人后来"自愿"从飞地回归多数人的改良社会，造成这个结局只会出于两种缘由：

a.多数人变相强迫少数人回归，然则等于暴政再现，因为任何人都随时可能变成某种意见的少数派，这种情形还不如现行民主社会的第一路线，因此可视为第二路线的变种；

b.濒危压力已达极限，没有任何人还会产生勃勃富有生气的欲望和梦想；这倒的确是第三路线得以实现的充分条件，但它与"将第一路线走到尽头"的情景没有区别。

■ 后人有办法解决这些在今天看来几乎不可能解决的问题吗？我都有些怀疑我们是在帮助他们，还是在为难他们，甚至是在搅扰他们。（就像现代医学长于诊断而拙于治疗，结果适足以吓死病人一样。）

■ "人口问题"的难点。（虽说这关乎"人类物种"与"物演质量递减梯度"之铁律。但，"透支自然生态环境"与"透支人体生理储备"可能是在此"人间末世"艰难求存的必须吧。）

■ 如前所述，这个问题比较简单而直白：随着家庭失稳解体、养育紧张度增高和不孕不育症流行，预料人口数量很快就会呈现下降走势。它的极端状况反而是"人丁稀疏"乃至"人类灭亡"的问题。这是第一路线的终极景象。

- 因此，它必将逼迫人类不得不采取第二路线。[譬如，环境污染导致基因工程人（如抗核辐射人、抗宇宙射线人、抗各类化学污染的人种变塑、等）、智力竞争导致生物芯片人、此外还有机器人替代生物人问题等等，不一而足。总之，届时自然生育成为不可能，工厂化造人不再是科幻电影，由此酿成的各种问题不堪设想。接着还要受制于"后衍者的质量和时度递减法则"，即不得不继续表演"一代不如一代"以及"死灭层层加速"的畸化衰变闹剧，直至"随生即死"为临界终点。它有点类似于"莫尔定律"与"达维多定律"的普世化变态运作。]

- 而且，只要国家还存在，相当一段时间内，人口数量不太可能减低到保持生态相对稳定的级别，甚至促生人口或人造人口数量还会在国际关系紧张的逼迫下大幅上升，就像战前的军备竞赛一样。（反过来它又会进一步加剧各方面的社会人文危机，也会进一步加剧繁衍和养育危机在未来爆发的烈度。即是说，人口问题的不利状况在第一路线和第二路线上都不可能得到有效缓解。）

- 第三路线就是"计划生育"，而且必须在国家消亡的前提下，它才可能真正实现达标。（这里所谓的"达标"是指达到严格的生态平衡。这里所谓的"计划生育"，未必是强加于个体或家庭的，但却必须限定总量，因此很难保证个人自由，尤其是在生存压力和经济紧张大为缓解的改良情况下，这当然是一桩十分棘手的难题。另外尚有道德伦理、宗教信仰等现实问题。再之，此处可能还暗藏着一个"福山远忧"式的悬念：假若社会改良的第三路线居然及时全面实现，人们会不会在轻松闲适的生活氛围里重新萌生发自本能的育后热情，也就是重新恢复生物固有的超量繁殖潜能？

若然，则第一路线上的各种社会弊端不免转瞬间死灰复燃。于是似乎可以预见，不到人类的整体生育能力遭到彻底损害以前，一切寄望于人为治理人口困局的前途终将不过是梦幻泡影罢了。）

■ **这里仍然显示，人口问题的第三改良路线矛盾重重。**

■ **"改变生活方式和人生追求"问题。**（动物不问这个问题，反而活得很自在，可是人类能不追问吗？退回动物存境显然不可能，一旦追问则必取上进奢华态势。）

■ **就算问出了一个比动物还宁静质朴的结论，后果又如何？**（释迦牟尼的佛教教义取苦集灭道"四圣谛"和不入轮回"涅槃观"，其修行之静甚于动物，结果古印度和古中国照样动荡，直至佛教自身衰落。第欧根尼宣扬"像狗一样活着"的犬儒主义，自己苦行如乞丐，居于木桶，半裸身体，一根木棍，半片斗篷，交媾于人前，疯癫于街市，蔑视权贵到让亚历山大大帝"让出阳光"，在希腊化时代后期和古罗马早期，曾与斯多葛派共享显哲地位，但终究挡不住西方文明的大潮滚滚而来。）

■ **试看"人性"的内涵与形成机制：**

"贪婪"是不可克服的，其中表达着分化递进和多向依存的衍存失据危机；

"上进"是不可阻挡的，其中显现着递弱代偿法则对人类意志倾向的制约。

"浮躁"是不可抑制的，其中潜藏着能动属性虚补和社会结构动荡的忧患与不安；

"奢侈"是不可遏制的，其中蕴蓄着对日益弱化的人性倍加呵护的必要；

■ 既然上述种种全都是出于身不由己的天道之规定，那么，自不待言，除非某种外部压力的强制，否则谁能受得了"宁静质朴"的折磨？

■ 于是，前述的相关原则中就隐含着难以克服的如下矛盾：

"唯美"的生活内容能够满足人性繁华的精神需求吗？（生物进化和基因分化的结果，造成每一个人都是某种"天才"的孤本，才华源于兴趣，兴趣因人而异，如何叫人都去搞艺术？再说，"艺术追求"必致"技术追求"或"技巧追求"，而技术和技巧之进步正是人类文明危化发展的动源之一，想想看，哪个民族的原始文明不是从"艺术"发端（上万年前的洞穴岩画或数千年前的诗词歌赋），而最终又何曾止于"艺术"？）

"闲适"的生活方式能不滋生更加离奇的宣泄动作吗？（姑且不论悠闲懒散可能造成的供应紧张问题，假定鼓励闲散的全部条件都具备，又将如何？自古"贵族出文化"，任何文化的初期形态一定是别出心裁的异端，谁敢说装神弄鬼与宗教勃兴无关？邪思诡辩与哲学逻辑无缘？怪力淫巧与科技创新无涉？我看文人嗜书与赌徒嗜赌没有什么要紧的区别，由此造成文化多样性，也由此促成人文进步。若然，闲散生活岂不是要生出更离奇怪诞的文化魔头吗？）

■ 既然如此，"甘于淡泊"就可能只是一种虚饰之词。（"饥饿出盗贼，饭饱生余事"，反正无论怎样做都不得安生。看文明史，明显是一个从节俭到奢侈的历程，与自然史是一个从简单到繁复的历程完全合拍，如何能逆向求得"淡泊"？）

■ 所以，不用担心"无人劳动"这类问题，只怕是"劳动"的花样愈来愈多，"劳动"的产物愈来愈让人难以消受而已。（尤其是对"知识经济时代"以后的"智力劳动"而言。此乃第一路线的变态继续，甚至是生物本性的自然延伸，算不上什么"共产主义的勤劳美德"。）

■ 总之，人类未来的生活和工作方式一定会变，问题在于它的趋势和结果是否是缓和性的？尤其是你所采取的措施是否难免适得其反？（如此发问连连，当然还是对第二路线和第三路线深心抱以质疑态度；这般疑虑重重，实在是由于看不到丝毫可能发生根本转折的理由和迹象。）

■ 而所有上列问题，都面临这种"事先无法预测也无法估量"的盲动危险。（"盲动"的基本规定是"盲存"，而且越理性的东西其远效越盲目。〈参阅《物演通论》卷二 第八十三章前后各有关章节〉）

■ 正如歌德所说："这个世界多么轻易地抛弃我们，使我们无助、孤独；它总像太阳、月亮和诸神那样，继续走它的路途。"

■ 有人认为，我是决定论者，是悲苦学说，因此一定反对享乐主义，推崇老子无为和犬儒主义，此乃没有搞懂我的思想体系所造成的误解。其实，我倒认定，任何理论，如果不能普遍地张扬人性中的所有潜含要素，也就是最大程度地达成表观意义上的"享乐"和"放任"，则它注定是不能成立的。因此，我从来不对人类的"自我克制"抱有一丝一毫的幻想，我尤其反对任何形式的"强权制约"，须知我历来把"人性"视为不可抗拒的"自然物性"之赓续与集成。我只是想问，人类的"享乐"层级难道一定不能升华到"物欲"以上的高度吗?"物质消费欲望"难道不是一个较为低级的需求层次吗? 但我还有一问, 那个"超物欲"的高级享乐就一定不会导出更糟糕的结果吗?

■ 未来社会势必同时具备两种素质: 一方面是"自由化、宽松化以及外显的柔和化", 它会给人造成一种社会进步的良性假象; 另一方面是"密构化、脆弱化以及含蓄的暴烈化", 它会给人造成进行性的和实质性的损害; 前者主要表达了对人性的残弱化素质加以呵护的代偿需要, 后者主要表达了对社会的结构化素质予以补缺的代偿需要。二者互为表里, 相辅相成, 从而最终闹成"温水煮青蛙"的既可悲又可笑的结局。

■ 如果你觉得我的学说是矛盾的话, 请你留意, 这其中隐藏着某种环环相扣的统一规定, 而且正是这个无从破解的"统一性", 令人左右为难。

■ 我经常听到这类批评的声音, 说我只关心认知问题, 却拿不出解决问题的办法, 是一件毫无意义的事情。我在这里算是做了一个尝试, 但愿它能给后人以某种启迪和参考。

■ 我以为, "知行合一"的时代早已过去, "知者"作为"先知"只负责建立逻辑模型, 在他那个时代还不具备"行"的条件, 否则他已是"后知"了; "行者"纯属后人的事业, 或者说是后人不得不面对的困境, 如果"先知"没有知错的话。

■ 因此, "行者"之可行的条件就是他所处的困境, 即所谓"逼上梁山"的困境。到时候不是肯不肯"行"的问题, 而是能不能坚守住"不行"的问题。

■ 于是, 我们最终可以确信, 现在看来不可能实现的设想,只要它符合逻辑，也就是符合"事实"，则将来都有实现的可能。

■ 问题在于实现的"时机"，倘若非要等到病入膏肓、无可救药的时候才采取行动，做垂死之挣扎，我看"不行"也罢。

■ 即是说，人类目前所面临的是这样一桩棘手的工作，他们非得在还不具备充分条件的时候就把这件事情做成，即便这是一件"拔着自己的头发就想升天"的奇事，你也最好尝试一下，反正升不了天就得入地狱。

■ 这就是我在此行文中尊奉"知其不可而为之"的缘由，即，我明知道我所说的都是不可行的，也要把它说出来，并希望它成为后人选择正确的"有所为有所不为"之第一步。

■ 但我同时守持这样的意气：倘若改革的举措是以"牺牲个人自由"和"泯灭人性天良"为代价，则我宁可面对毁灭。

■ 人类过于轻率和冲动的天性，曾使人们动辄陷于某种空想的迷幻或理论的泥淖之中而不能自拔，这就是我为什么会把更多的笔墨挥洒于对包括我本人在内的任何社会改造构思或社会蓝图设计加以质疑与批判的原因。（按照愈高级的社会形态危机愈深重的趋势看，人们对其所生活的社会属境或文明时代，厌恶之情一定愈强烈，批评之声一定愈响亮。为此它反而可能加重对未来社会的期待和幻想。）

■ 倘若对"社会"难以指望，则我倒不妨给个人提出一些忠告。（因为"个人的总和"就是"社会"，所以，这也可以看作是推行社会改良的基层浸渗，或者说是解构社会危机的终端落实。）

■ 首先必须明白，"社会"是一个高于生命有机体的代偿结构，也就是一个最失稳、最脆弱的自然实体。把生命和生活的意义寄托给社会、国家或社团组织，肯定是人类的无奈之举，主动加强与它们之间的相互关系，甚至积极献身于社会绞肉机之中，则属愚蠢之举。（所以，西方人自古奉行"个人主义"，乃基于他们的自然生存状态相对比较宽松；东方人自古尊崇"社会主义"，乃由于他们在农业文明初起之时的人口土地比例一开始就格外紧张所致。也所以，"隐士"是中国文人特有的偏好，他们从社会中的获益虽少，但受害也少。但注意，西方的个人主义最终反而成为社会结构运动的推动力量，又表明个人与社会的关系无可松解。）

■ 无论如何，换一个"淡泊于社会"的生活态度对个人和社会未尝不是一件好事。（《孟子·尽心上》："杨子取为我，拔一毛而利天下，不为也"。《列子·杨朱》释曰："古之人损一毫利天下而不与也，悉天下奉一身不取也。人人不损一毫，人人不利天下，天下治矣"。这种具有"反社会倾向"的东西，虽然未必管用，却不失为"防社会荼毒"或"减社会危害"的一种个体逃避型选择。）

■ 人生原无意义，"意义"无非来自四个方面：

（Ⅰ）、社会功利的需要：即主流文化的欺蒙与暗示；

（Ⅱ）、自我功利的需要：即名利场上的激励与纠缠；

（Ⅲ）、癫狂弄智的需要：即虚妄自命的优越与雅趣；

（Ⅳ）、自然弱存的需要：即代偿求存的规定与虚拟。

■ 只有这最后一项，既道出了"意义"的本质，也道出了"无意义"的本质。其它三项可以视为它的派生变态产物。（但也因此注定了这类追问和追求的不可取消性质，甚至注定了它的内涵膨胀趋势。）

■ **如前所述，人不过是自然社会结构或生物社会系统的阶段性填充物。**（讲座摘录遗漏，请参阅《物演通论》卷三第一百二十一章至第一百二十六章等。）

■ **生物社会的生存压力始终呈现出某种进行性置换关系：即它要么由自然外压转向为社会内压、天灾转化为人祸；要么就是压力递增的；任何主观的改造举动均属这一自然进程的人格化继续，因而大体上一概有害无益。**（社会祸福抵消律。参阅《物演通论》卷三 第一百三十四章及一百五十二章）

■ **生物的种内竞争，最终以基因收益均衡而告终。**（ESS.生物进化的稳定策略。理查德·道金斯在《自私的基因》一书中引述生态学家史密斯等人的博弈论研究成果，颇为精彩地演示了生物社群竞争的损益中性分布状况，即"竞争终极无效现象"。）

■ **人生的社会竞争，在任何情况下都不可能追求到超额的幸福。**[涉及"苦乐均衡律"；"生死等位律"等。人的心理规定："无聊基线"、"正弦波动"、"振幅振频递增"等（参阅《物演通论》卷二第一百零八章至第一百一十二章）。援引叔本华论说心理震荡介于悲苦与厌倦（即无聊）之间，表达了对震荡本身的不良体验；故此，安宁、舒展、以及低度刺激的惬意，就是最大的快乐与幸福。]

■ **以下，提出若干个人行为的指导意见：**

一、**与社会热闹适当保持距离。**[在某些方面学做"隐者"，把自身从社会中边缘化。譬如，不置身于社会大潮的风口浪尖〈改革者多遭殃；革命者多牺牲；参考鲁迅的《药》；

"文革"中逍遥派最安全也最自在）；尽量不卷入各种各样的社会活动（现代人讲究"参与"，我看还是"旁观"为好，试问演戏者与看戏者，谁辛苦谁安乐？）。如庄子所问："宁其死为留骨而贵乎？宁其生而曳尾于涂中乎？"]

二、与创新求变适当保持距离。[譬如，不投入高新科技的初创研发（有统计表明，尖端技术的失败率最高，朝阳企业的倒闭率最高）；不参与一时鼎沸的时尚博弈（炒股者多赔钱，金融衍生产品多陷阱）；等。如老子所说："不敢为天下先"。]

三、与高端产品适当保持距离。（譬如，尽量不选用新药；不吃工业化的加工食品；能走路不坐车；能户外运动就不进健身房；等等。道理何在，请参考我的《人体哲理与现代医疗批判》讲座或讲演录。）

四、与先进文化适当保持距离。（能用直觉就不用逻辑；能做实事就不做学问；能干艺术就不干科学；就像能收藏古董就不玩新奇一样。）

五、与激进思潮适当保持距离。（前进就是弱化，激进就是疯狂，一切躁动和浮嚣背后都是灾难。现代社会正在如此运行，小心提防，明哲自保。）

■ 总之，**迟钝才显内力，落伍才有安宁，缓行才能走稳。但愿人人如此，社会如此，这才是人类的福祉所系。**（如老子言："企者不立，跨者不行"。当然也须注意，老子学说失误颇多，并非人生与社会的可行指南。请参考我的《国学大体》讲座或讲演录。）

■ **严格说来，让个人疏离于社会是不成立的。**一切所谓的"边缘化行为"其实是社会高度分化的别样表现形式，甚至是个体极端残化的主观确认方式，须知个体分化或残化正是社会结构度趋于增高的基础。因此，应该承认，一切提供给个人的忠告或箴言一概无效，也许，它倒恰好是促进社会分化的临末诱导形态，或者反过来说也一样，它倒真正是提升社会结构的潜移默化路径。（请读者注意，如果你发现我总是在不断地否定自己前面之所谈，那就算你已经大略体会到了我的苦衷。之所以写下如此前翻后复的篇章，其用意仅在于提醒人们：你等正行走在一条怎样危险而又难以置身度外和调头转向的不归路上。再多说一句，我与此前所有思想家的不同，就在于我对"思想"本身的实质和效应深表怀疑，因此我绝不会再干这样的蠢事：一味地鼓励人们按照自己确信不疑的某种逻辑导向或理论方针奋勇闯祸。）

■ 结语：一路珍重

■《山海经·大荒北经》："夸父不量力，欲追日影，逮之于禺谷，将饮河而不足也，将走大泽，未至，死于此。"（上言如谶语，人类如夸父：夸父之错，首在逐日，日虽绚烂而诱人，逐之不舍则向死，疑其前途，弃其欲求，未至焦渴而先止，或者尚存一线生机；夸父执迷，一误再误，怠至饮河不足时，远望大泽路难觅，值此之际，进退维谷，日影煌煌若烈焰，浴火凤凰振翅难飞。——此千古传诵之寓言，恰与人文史迹暗合，字里行间无不喻示着"光明的不懈追求"偏巧对应着"敞开的地狱之门"！）

■《道德经·第八十一章》："信言不美，美言不信"。（历史上的真实情形比这还糟：不仅是"美言不信"，而且是"美言成灾"，即从"最美好的理想"中不断地导出"最邪恶的现实"，如：孔儒仁恕演成吃人千年史；基督救赎缔造宗教裁判所；民主体制推出狂人希特勒；大同理想更是催生了极权暴政、现代文字狱乃至种族自残的极致。因此，如果我的话不是"美言"，则你应特别小心它可能正是"信言"：一种让你最终确信是无法从中超脱的困苦预言。）

■ 自近代科学主义和达尔文主义兴起以来，伴随着"生物进化论"的诞生，五花八门的"社会进步论"滥调甚嚣尘上，经久不衰。然而，它的人文现实景象却是与世界大战、环境污染、生态破坏、气候异常、核武高悬、艾滋瘟疫、恐怖主义、以及贫富悬殊、难民流徙、消费奢靡、精神空虚、科技暴虐、金融海啸、社会动荡等等联系在一起的。

■ 美国人类学史上两位大人物博厄斯与克鲁伯，曾提出"进步观"的三大尺度，令人错愕：（1）科学技术水平不断提高。（2）反对谋杀、奸淫和偷盗的道德伦理的发展。（3）财富、安全与舒适的增长。[首先，作为第二项的谋杀、奸淫和偷盗正是文明化的产物，且随着文明过程越来越进步而逐渐演成合法化的集团行为（如战争）或社会风尚（如政治上的窃国为侯或商业上的巧取豪夺）。身为人类学家，连这样简单的事实都看不清楚，实在有些不够资格。至于其它两项，一乃饮鸩止渴，一乃表象迷雾，正是这种浮浅的眼光和众口一词的宣示，令当代文化的"交响"演奏成"人世的挽歌"。]

■ 一如泰戈尔所言："我们把世界看错了，反说世界欺骗了我们。"

■ 综上所述，足见人类今后将长期面临这样一个最基本的问题："生存，还是毁灭？"——这个哈姆雷特式的个人疑惧，目前正在变成全人类的共同梦魇。必须明白，整个宇宙只遵循一个原则，那就是：惟求存在。整个人世也应紧扣一项守则，那就是：惟求生存。把所有多余的奢华和贪念一起抛却，把所有虚幻的侈谈和妄想全部腾空，淡泊明志，宁静致远，这才是人类唯一可行的前程。（当然，既往那种竭力谋求充分代偿甚至过度代偿的行为倾向，也同样是出于物演求存或自然衍存的规定，然而，它的趋势是递弱衰变，它的结局是死灭失存。尽管我所谓的"减缓代偿"，就其可调整度而言也许是非常有限的，但有限的操持总比无限的堕落要好一些吧。）

- **一言以蔽之：一切皆为存在！生存高于一切！**（此乃衡量一切事物现象之迷离曲折或是非曲直的最基本的尺度，对于摇摇欲坠的未来人寰而言，尤应使之成为唯一的尺度。）

- **这是提交给全人类的一份关乎自身兴衰存亡的答卷。**[这份答卷之所以显得模棱两可，是由于严格说来，"选择"不成立。从宏观或总体上看，人类文明绝不是人类智慧选择的结果，反倒是这"智慧"本身构成了一种无可选择的逼迫：人类大脑新皮层中的高级神经元，由于功能分化过于复杂，于是只好削减其代谢程序，使之只能利用葡萄单糖作为能量来源，这与一般动物或人体的其他组织细胞可以利用脂肪、蛋白质和各类碳水化合物作为其物能代谢资源的局面大相径庭，也就是说，直立智人一开始就面临着脑中枢严重缺乏能量供给的潜在危机；而在自然界中，含糖量最高的淀粉类物质主要分布于禾本科草籽中（由于植物种子在发芽开叶之前不能通过光合作用获取太阳能，因此在细胞核外包裹了一层碳水化合物以供其生根发芽之用），这才是人类农业文明得以发生、或者更准确地说是必须发生的原因。再看相继出现的工商业文明，一亩种粮农田产出的人体可利用能量是任其长草饲兽或畜牧的260倍左右，这使得农业文明必然造成单位地域的人口数量暴涨，而可耕地资源却是不可再生的，加之任何生物包括人类的生殖潜能远远大于其现实生存量，这就逼迫着受制于时空限制的农业文明生存者，必须寻求跨地域、超时空的资源利用模式，此即"工商业文明"是也。可见，所谓"文明"、所谓"进步"绝非人类随意选择的结果，毋宁说，它全然是内外交迫且身不由己的一脉自然进程，或者说，它是一系列无可选择的必须。若然，则可另行诠释如下："自觉的必须"叫"选择"，"不自觉的必须"就叫"盲动"，尽管两者在本质上同一，却存在一丁点儿微小的差别，那就是，后者属于"盲目的瞎撞"，前者属于"明智的抉择"。即是说，"选择"仅在这个狭隘的、表浅的意义上勉强成立。此乃本文尚可下笔的初衷，也是读者尚可一阅的理由。]

■ **在本文中，我只是指出了远望的方向或理论的生路，并着重标出了这条逻辑路径上隐藏的陷阱和羁绊，唯有躲开陷阱、清除障碍，此路才能走通。**[人类并非直接地生存在客观世界中，却无疑直接地生存在主观世界中，此谓之"世界观"（详解见于《物演通论》卷二）。因此可以说，是思想或思想家铺就了人类的生存之道（"思想家"的定义参阅《物演通论》附录二）；也因此还可以说，凡是在逻辑上成立的就有望在现实中落实（此言的完整意蕴请参阅《物演通论》卷二 第一百一十八章）。同样地，如果我在逻辑上证明它将是一条磕磕绊绊的艰难行程，那你就有必要绑好裹腿、戴好护膝，并做足不免摔跤、鼻青脸肿甚至弄不好还会伤筋动骨的充分准备。]

■ **这需要特殊的智慧和勇气，须知此前人类的用智倾向和行**

为方式都是与之完全相反的，因而它很难，难到令人绝望的程度。（此处所谓的"相反"是相对的，是浅层意义上的，它的意思读者很容易理解，故不再赘言；从深层上讲，人类的生存路径是单向度的，亦即是"同向"的，而且是绝对的，这一点需要特别注明；——这也才是特别令人为难之处。）

■ **所以才说：一路珍重！**

最后的声明：

我犹豫了很长时间，不知道该不该写这篇假想性赘文，直到下笔之时，我也不认为它是真正有意义的。因为，从根本上讲，我无法推论出任何理性的谋划居然能够达成递弱代偿原理的变通，甚至，我以为，任何人为的操作反而会造成文明危机态势的进一步恶化。

但是，我又可以预见，某种变动势在必行，即便它于事无补或者于事有害也罢。因此，我决定动笔，其目的不在于说明我们能做什么、该做什么，而在于说明我们必须做什么、必然做什么，以及，做了之后也不要对它的"改善"效果抱以不切实际的幻想。

倘若有人据此要退回到"天命论"或"无为论"之旧主张，我自然无话可说，只提醒他一句：恐怕你想无为也无为不成。

此乃"未完成的篇章"，它将被后人无可规避的生存形势和生存方式予以验证和续写——当然，能否续写取决于如何续写。弄不好，它也可能成为"文明史的绝笔"。

2008年12月31日于西北大学桃园校区寓所

递弱演化的自然律纲要

摘　要

宇宙物质的演化运动并不仅仅局限于生物阶段，它是一个完整无间断的统一过程。放眼于这个大尺度的自然系统，我们发现，整个物态或物种的嬗变和进化呈现出存在效价递减的趋势，而其属性集合或机能代偿则相应递增，二者之间成反比函数关系，是为"递弱代偿原理"。依据这个假说，我们能够有效地解释生物进化所造就的弱态生存境况，即借以阐明适应性增强的高等物种，其绝灭速率反倒倾向于加快的原因，从而揭示"自然选择"的深层机制。而且，该理论作为一种系统自然观，有望将人文现象置于自然物演序列中加以考察，即重新界定"人类在自然界的位置"，同时它也为人类现行的文明体制和生存方式引出疑思和远虑。

关键词：存在度　代偿度　存在阈　递弱代偿原理。

1、引　言

1.1 二十世纪自然科学的系统发展，全面弥补了十九世纪中叶达尔文提出的生物进化论的物演断环，并试图打破物理学、化学、生物学、人类学以及社会学等各学科之间的界限。即在生物进化之前，尚有分子进化、原子进化乃至粒子进化的步骤在先，而在生物进化之后，又可以把人文进化归入这个总序列。尽管对于后者，人们一般总是采取忽视或排斥的态度。

1.2 依据目前的研究结果，粒子系统的演进以最原始的夸克、轻子和玻色子为肇始基础；原子系统的演化接续粒子系统进行，它以氢核聚变为发端，在恒星星序中、尤其在超新星爆发的过程中，相继演成原子序数渐次增高的其他92种天然元素；分子进化历经从无机小分子到有机高分子、再到生物大分子的全过程；及至核酸分子的编码自发形成，生物进化的序幕才徐徐拉开。

1.3 生物进化以原始单细胞逐步建构起物质和能量交换的代谢程序为契机，经由原生动物、扁行动物、节肢动物、脊索动物以及两栖纲、爬行纲、哺乳纲等演运步骤，最终达成灵长目的类人猿和智人一族。达尔文发现，在这一进程中，生物的性状变异和物种发生以其对自然环境的适应为依归，因此提出了"自然选择"假说[1]。从直观层面或具体现象上看，这个理论是切实的、合理的，它给人类保留了至为尊贵和优势生存的充分余地。但，其间也潜伏着当时不易为人察觉的系统失误。

1.4 所谓"系统失误"，这里特指在各个具体论点上大抵显得正确而有效，但其整个学说基础和理论导向却存在着某种系统性偏差。生物变异是随机的，可是自然选择何以偏偏呈现出从简单到复杂的总体发展趋势？"适应"现象是变异累积和优胜劣汰的持续过程，可是"适应性增强"了的高等物种为何反而呈现出绝灭速率和淘汰几率渐次升高的倾向？"自然选择"的系统定向性究竟怎样得以达成？掩藏在"适应"概念下面的深层进化机制如何展开？

1.5 正是基于诸如此类的困惑，导致达尔文主义的进化论一旦弥漫成某种普世观念之后，立刻发生了不可逾越的双向障碍：运用"自然选择"原理和"适应"概念，既不能解释生物前项的理化结构演进，也不能贯通生物后项的人类社

会生存[2]。显而易见，二十世纪以来的科学进展，对宇宙物质演化及其生物进化的原有观念提出了挑战。

2、概 述

2.1 在达尔文时代，对古生物化石的年代分布大多还不能精确测定，诸如分子生物学与基因测序技术以及放射性同位素测年法等理化痕量分析技术亦未出现，因此，各物种的生存估量和生存期限尚不能获得基础数据[3]。为此有必要重新简略地梳理一下生物史脉络。鉴于当前应该将生物进化过程视为宇宙物演序列的一个继发阶段，结合现有各学科的尚不完备的资料，我们大体上能够归纳出下列三项可能引入具体参数的自然演运原则：

a. 衍存质量递减；（处于演动格局中的物态或物种系列，其进位层次的提升必然伴以在位存续的空间质量分布呈反比例减少。）

b. 衍存时效递短；（处于演动格局中的物态或物种系列，其进位层次的提升必然伴以在位存续的时间跨度分布呈反比例缩短。）

c. 衍存稳定性递失。（处于演动格局中的物态或物种系列，其进位层次的提升必然伴以存在状态或生存状态的活跃程度或活化程度呈正比例激增，亦即呈现出动荡程度或危亡程度的正比例加剧。）

2.2 即，从物系演化的大尺度上看，愈原始愈简单的物态或物种，它的质量分布愈广，存在时间愈长，亦即衍存稳定性愈高；反之，愈高级愈复杂的物态或物种，它的质量分布和存续时间均呈递减趋势，其异变速率也愈来愈快，亦即存在状态愈来愈失稳。当然，这里所说的"质量分布"，不是指细微的品种差异，而是指总体的存在形态。譬如，单细胞生物作为一个大类，其质量总和一定远远大于多细胞生物；而智能生物如人类者，其质量分布一定又远远小于其他多细胞生物之和。实际上，物种进化的时间序列也要求它们的质量梯度和稳定系数必然呈递减趋势，否则，一个逐次相依的生态食物链关系就不能得到满足。因此，即便在具体物类的进化层级上，上述递变态势也大体成立（参阅下章之首图）。再则，这里所说的"衍存时效"，不是指个体寿命，而是指物类或种系寿限。譬如，某些单个基本粒子的闪现时间仅为百亿分之一秒，某些个体单细胞生物的分裂间期仅为数十分钟，但它们作为一个自然物类的"存在形式"，却分别保持了物理学上最坚韧的上百亿年和生物学上最耐久的数十亿年而不衰。

2.3 以下演示宇宙物态的递变梯度：

——137亿年以前宇宙尚未爆发的那个"奇点"存在，其稳定在奇点形态上的时空维度暂不可考，它的潜在质量和／或能量是现有一切自然存在物的总和。根据哈勃望远镜观察，宇宙膨胀的加速度状态与其质能分布状态不相称，却与爱因斯坦在广义相对论方程中曾经加入的"宇宙常数"相合，提示宇宙中存在着某种目前尚不为人所知的巨大暗能量；另外，根据史蒂芬·霍金等人的研究，初步估计黑洞以及暗物质在总体质量上远远大于所有恒星的质量之和[4]，这说明"奇性物质"多于"基本粒子态"物质。如果可以把"暗能量"和"暗物质"视为最接近于太初"奇点"的存在方式，则提示宇宙物演的基本存态始终是某种前时空的状态。

——宇宙勃兴的一瞬间或最初的某个时段，以亚原子粒子和氢核形态存在的物质即告生成，且永远都是四维宇宙存在的主体形式，所谓氢核就是一枚质子，它既是粒子系列的后衍产物，又是原子系列的前导介质，它们作为完整的亚原子粒子系统，构成了占据着时空态宇宙主体质量的那些处于不同星序的恒星，及其各类变态的膨胀或坍缩天体。以太阳系为例，太阳的质量占太阳系总质量的99.86％，其他所有行星及星际物质的质量之和仅占太阳系总质量的0.14％。这里一开始就表明，一切后续物质或后衍物态将会以怎样大比例的幅度自此衰变下去。

——从大质量恒星衰变为超新星的过程，就是氦和所有较重元素的核由氢核与中子逐步构成的过程，而且，一张元素周期表，在某种程度上既表达着各个元素在时间维度上的衍存顺序，也表达着各个元素在空间或质量维度上的递减态势。亦即前体元素在宇宙中的丰度似乎总比后位元素为大，譬如周期表上的一号元素氢约占宇宙元素总量的76％左右，二号元素氦约占18％，其余90种天然元素的总存量不超过宇宙元素总质量的百分之一位数。另外，处于周期表前位的各个元素比较稳定，变革它们的核质结构是相当困难的，反之，处于周期表后位的各个元素比较活跃，它们会通过放射性而自动改变其原子结构，最后一位天然元素铀之所以成为制造核弹的首选材料，就是利用了它的不稳定性。

——分子物质即一切化合物的存在，无疑要在有关元素生成之后方能形成，而且，在一般宇宙条件下，由于超高温、超高真空、特别是超强度辐射的离解作用，原子很难结合为分子，即便形成分子也多被离解，因此，规模化的分子物态如行星的出现，已是较为晚近的宇宙产物（譬如，地球大约发生于46亿年前），且在它所绕行的恒星系内终将被老化的红巨星吞没和再离解。即是说，分子物态既迟发于它的前体物质又早亡于它的前体物质。

——及至生物问世，上述情形更是愈演愈烈。首先，所有生命物质的总和，即所谓的"生物圈"，只是薄薄地在地球表面覆盖了一层，它与地球这样的分子态行星之间，其质量递减的程度是不言而喻的。单细胞及其前体生物形态，发生于35亿年前地球地质史上的太古代和元古代时期，且迄今仍然遍布于地球表面的几乎所有苛刻环境之中，其中的蓝绿藻"唯我独尊地统治地球上的海洋大约达15亿年到20亿年之久"[5]，它们作为最原始的初级生物存态，在生物界中的现存总质量照例首屈一指，须知正是它们构成了海洋水生生物的基层食物链，甚至地表土壤的形成及其主要组分中都有各种微生物的参与。

——直到古生代寒武纪，即五亿七千万年前的显生时代，多细胞聚合体的动植物才渐次繁荣起来，然而它们的生灭闪烁之状已如走马灯一般，曾经猖獗一时的巨型卵生爬行动物恐龙，称霸于地球不过一亿六千万年左右就突然间销声匿迹了。而且，在自养型与异养型物种之间，以及在各异养型物种之间，一个更为明确的生物质量递减序列必须与物种进化序列相配合，否则生态系统的食物链关系就无从建立。另外，无论是出于何种突发灾变或生态渐变，恐龙的灭绝并未同时引发其他前体低等生物的全面危机，这进一步表明，生理结构和机能状态愈复杂的生命形式，其生存脆弱性愈为严峻。而今，哺乳类动物的出现至多不过七千万年到九千万年，却已经呈现普遍衰态，演至这个阶段，地球上99%以上的物种早在人类问世之前业已绝灭[6]，其中绝灭速率最快的恰恰是那些从脊椎动物到哺乳动物的所谓"高等生物"。

——临末，灵长目内似乎最具能耐的晚级物种"人类"终于粉墨登场了，他们迄今仅有三百万年至五百万年的生存史，作为一个独特的智质变异演化系统，其生物质量无论怎样膨胀也不可能超越以体质变异为特征的中级多细胞生物演化系统，也就是说，这里存在着一个空间和时间上的限度，而这个限度就是一切存在者或存在形态终归不能改变自然规定的存在梯度之证明。人类无疑是整个生物系统中最活跃的一系，也是生存方式最动荡的一族，尽管他们眼下看起来还在蓬勃发展，但已经初步流露出衰竭前的过盛危象，这种渐次活化也渐次动摇的情形，早在蓝绿藻和恐龙阶段就已反复显现且呈逐级加剧之态势，人类只不过是把这场自然史上的闹剧推向高潮罢了，由他们缔造出来的一系列环境危机、生态危机、人口危机、大规模毁灭性武器危机以及生物技术可能引发的恐怖前景等等，其实都是这个衍存递弱自然律的现象形态和继续表达。

2.4 在上述系列中，还存在着另外一组相关现象，即物质演化的结构整合与机能属性呈叠加或递增态势。（正是流于对这一表观现象的总结，才导致达尔文进化论发生系统误差。）对应于前述三项自然原则，可以将其归纳如下：

a. 后衍物态或物种的依存条件倾向递繁；（与前 a 项相通，依存条件繁化要求前体分化物的质量大于后衍依存者。）

b. 后衍物态或物种的异变速率倾向加快；（与前 b 项相通，即演变速率与衍存时效成反比。）

c. 后衍物态或物种的属性集合倾向递丰。（与前 c 项相通，"属性集合"系指结构状态和机能状态的正比关系，结构叠加和机能增益必然导致系统的稳定性下倾。）

2.5 一言以蔽之，物态或物种演变自始至终都是朝着存在力度或存在效力愈来愈弱化的方向递进，而不是朝着生存力度或生存效力愈来愈增强的方向发展，尽管从表面上看，进化的历程的确导致后衍高等物种的生存能力或适应能力不断上升。显然，这里存在着一个深层次的盲区：在大尺度的自然史上，生物种系的外在"生存能力"与其内在"生存效力"呈反比相关。也就是说，生物进化的适应性选择，其实反而造成生物生存的不适应性结果，或者说，目前所谓的高等"优势"物种，其实反而被逐步推向自然衍存的"劣势"境遇之中。于是，我们必须对"生存效力"与"生存能力"这两个概念分别另行予以注解。或者，我们还得就"适者生存"的所谓"适应"一词进行更深入的研究，并重新排列宇宙物演进化序列的优劣层级。

3、原　理

3.1 既然宇宙万物都是由某种能量转化形态的原始基本粒子构成的（譬如M·盖尔曼说："所有物体都是由夸克和电子组成"）[7]，那么，所谓"物质"或"物种"的演化其实仅仅是"物态"的演化。即是说，物类的差别，不在于它们内部"质料"的不同，而仅仅是由于"自然物演动量"的递变使然。这个演化运动自有它的动因、机制、矢量和区间。下面，我们提出"递弱代偿原理"的假说模型[8]，以为证明。

3.2 基于爱因斯坦的质能方程：$E=mc^2$（E 代表能量，m 代表质量，c 代表光速），宇宙的爆发和形成，是能量总系统部分地衍生为质量时空系统的过程。这一过程始终遵循热力学第二定律，即熵增定律。但热力学第二定律的缺憾在于，它没有把信息增量与熵增量总结为一个具有内在关系的同一过程。（注：此处的"信息"一词，较日常用语或信息论中的概念大为扩延并涵盖其范畴，可定义为：一切物质，即一切分化物之间，借以发生任何联络或依存关系的所有能量效应、作用力和信号之总称，可别称为"分化边界信息"，亦可统称为"分化边际效应"或"边际耦合效应"。如电子与质子之间的电磁作用力或电磁信息感应，由以形成原子结构，等等。）即，熵增量与信息增量成正比，或者说，有序能量（含系统有序程度）的递减与信息总量的递增成反比。前者是宇宙或前宇宙的物质和能量转化运动的"本性"规定[9]；后者，即那个信息增量及其转化形态（泛指一切感应结构），我们把它总称为质量物态的"属性"。

其演运区间和递进格局如下图所示：

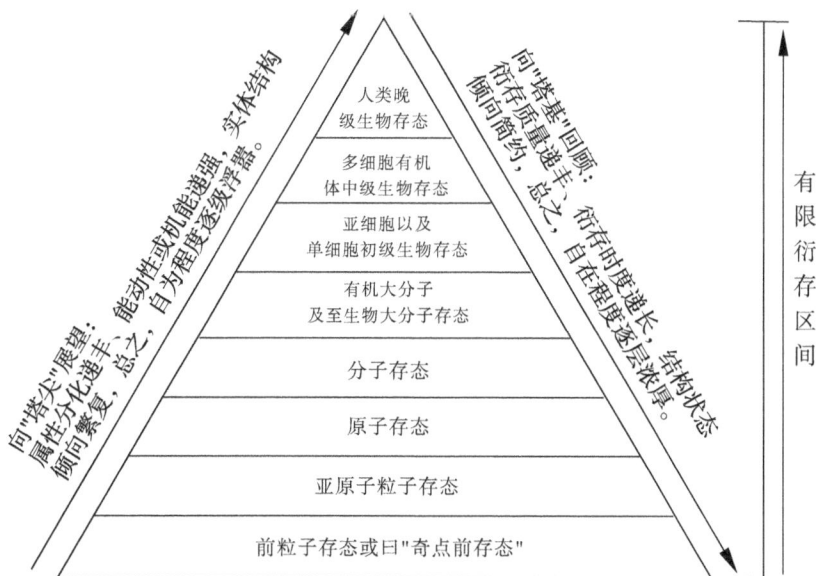

衍存梯度模式图
（由此划定了宇宙物质演化运动的有限区间，亦即"物演动量区间"）

3.3 在这个由时空质量组成的宇宙系统内,物质存态的演进继续沿着热力学第二定律的动势运行。只不过,此刻的有序能量递减方式,在直观上转变成存在效价的递降形态。所谓"存在效价",是质量物态的存在稳定性必然趋于流失的一项指标,它的具体表现就是衍存质量和衍存时效的衰落倾向,以及物态演变从无机到有机、从非生命形式到生命形式的活化动荡进程,其定量化的称谓即是"存在度"。

"存在效价"或"存在度"被定义为:

a. 它是一切存在物的可存在程度的内在指标,或者说是一个有关存在效力的参数;

b. 它通过其程度或效力上的差异,决定着存在物的稳定性或不稳定性;

c. 从存在系统的失稳状态可以反映出它不是一个恒定的要素,而是一个自变量。

3.4 物质存在度的下滑过程,同时就是物态类别的分化过程和信息总量的增长过程。只不过,此刻的信息分化增量方式,在直观上转变成代偿效价的递升形态。所谓"代偿效价",是质量物态的结构和属性必然趋于丰化的一项指标,它的具体表现就是衍存条件和依存能力的高涨倾向,以及物态演变从简单到复杂、从低级结构到高级结构的异变加速进程,其定量化的称谓即是"代偿度"。

"代偿效价"或"代偿度"被定义为:

a. 它是一切存在物的可存在样态的外在指标,或者说是一个有关存在方式的参数;

b. 它通过其样态或方式上的差异,标示着存在物的能动性或依存关系;

c. 从存在系统的变态过程可以反映出它不是一个根本的要素，而是一个因变量。

3.5 此处所用的"代偿"一词，系指随着存在度的递减，该载体的属性丰度或属性集合便会相应递增，它不是某种外源性的弥补关系，而是内在同质的，或者说代偿的对象就是代偿发生者本身，并且它与自身的递补关系是一种既不得不补又愈补愈失的窘状，所"失"者，无非是"存在效价"或"存在度"之失，由此导致代偿的进程无以遏止。所以，这里有关"代偿"的概念，断不可与病理生理学或民法中使用该词的意思相混淆。

换一个表述方式，即是说，物演衰变的基本方式和具体形态就是分化，分化亦是残化，残化了则必须依存，而依存又不能不借助于某种感应方式来达成联系，由此演成感应属性的代偿增益倾向和自然实体的结构整合趋势。

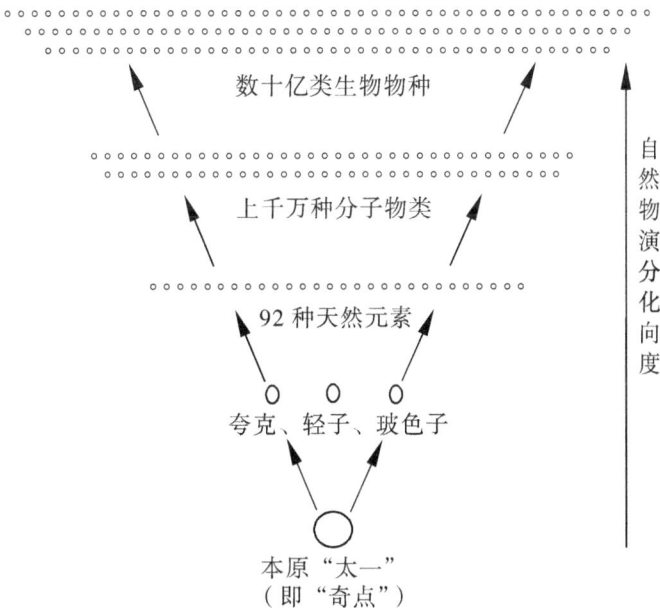

宇宙物演分化进程示意图

（此图恰呈前图示的倒置形态，提示高位存态的残弱化倾向）

3.6 这个实体结构化的进程表现为如此一脉物演序列：粒子结构（亚核态）→原子结构（核物质）→分子结构（化合态）→细胞结构（单细胞原生态）→机体结构（多细胞体内聚合态）→社会结构（生物体外聚合态）。从该结构序列中可以看出，越原始的结构越简单也越紧固，越后衍的结构越复杂也越动荡。而且，维持该结构序列的内能分布或耗散状态[10]亦呈逐级递变的统一态势；

相应地，上述感应属性的增益进程表现为这样一脉同步发展序列：粒子阶段的强、弱作用力感应→理化阶段的电磁感应→细胞阶段的受体感应→低等动物的神经网感官感应（感性）→高等动物的下中枢判断感应（知性）→人类的新皮层推理感应（理性），由此完成从"感应"到"感知"的所谓"精神化"历程。这个系列同样呈现出愈益复杂和摇摆失序的倾向，从而与其载体结构的失稳动势互为表里。

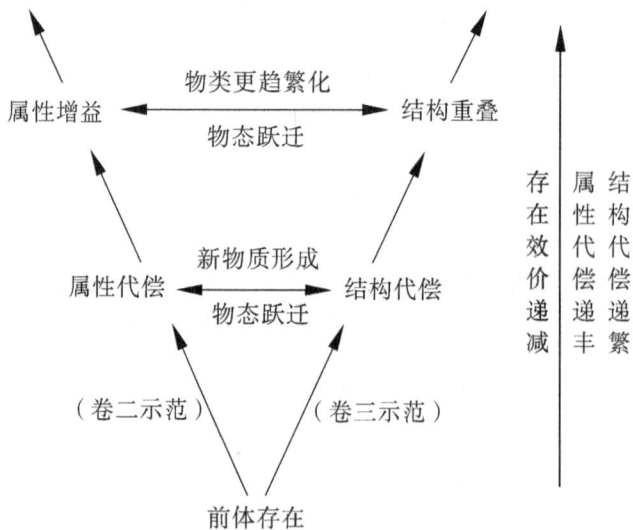

属性与结构并行代偿的路径示意图
（此图与上图形态重叠，表明分化乃是属性发生和结构整合的前提）

3.7 此间已经表达出了整个演化运动的矢量关系。首先，代偿度的递增与存在度的递减呈互补关系，它提示，质量物态的存在有一个基本阈值，这个阈值由宇宙奇点或原始爆发物确定，因此，物质存在度的递弱演动才会有属性代偿的相应递补。我们把这个万物衍存的基本阈值叫作"存在阈"。

3.8 存在阈是一个同时涵盖存在度和代偿度于一体的度量概念，其间隐藏着自然演化运动的严格的矢量关系（既往有关"矢量"的概念只适用于物理运动）。换言之，所谓存在效价的"量度"规定或代偿演化的"向度"规定即借由存在阈而得以显现。故，自然存在对存在阈（Ts）的设定必然蕴蓄着两项前提：

A. 从动向上看，存在效价必趋衰变而代偿效价相应递补，亦即存在效价一般表现为自变递减量，代偿效价一般表现为因变递增量，代偿效价（Cd）是存在效价（Ed）的单向反比线性函数；

B. 从动量上看，代偿效价（Cd）的增量不可能大于存在效价（Ed）的减量，亦即存在阈（Ts）作为一项常量是以上两项具有函数关系的变量之和，由此形成宇宙万物得以存在的基本强度或基准阈值；

即：$Cd = F(Ed)$

$$Ts = Ed + Cd$$

（将来若能代入参数，则数学模型自当更为具体化，届时它应该可以精确计算任一物类或物种在宇宙中的质量分布、存在时效及其衍生程序，例如智化生物在外星的总体存量、预期寿限和衍存位格，等等。）

据此可以给出一个简明的物演坐标示意图：

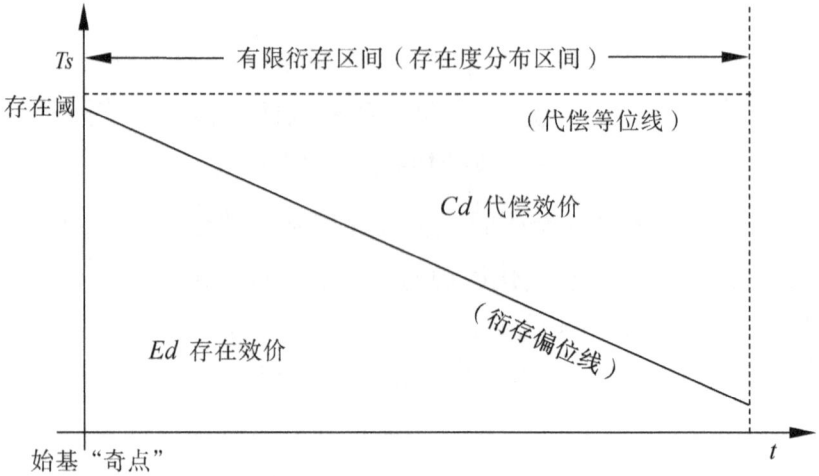

t——时间或前时间的衍运维，亦即演动向度之指示；

Ts——存在阈，亦即演动量度之指示；

Ed——存在效价或存在度；

Cd——代偿效价或代偿度；

（注：把上列直角坐标系移至第四象限可能更精确，即让其纵轴成为两个反比函数变量的负向指标，并让时间横轴与存在阈常量等位线相重叠。因为，假若把质量态宇宙发生前的能量态奇点视为零点，而这个零点又恰恰是属性发生的起点的话，那么，该点也就必然成为存在度的最高点或存在效价的最大值，然则存在度的衰变只能呈现为负数。但，这里毕竟只是一个尚且不能代入具体参数的示意图。我之所以采用第一象限的正值陈述，乃是取其比较符合常理、比较简易、也比较清晰的优点。）

3.9 横轴t表示演动向度，它并不仅仅是一个空洞的时间流程，而是借以概括自然物质或物种的总体演化态势，也就是说，它包括从前时空到质量时空系统的全部宇宙衍运维度或物态衰变区间（坐标纵轴与右端虚线之间）；

纵轴 Ts 表示演动量度，它把存在阈给成了一个综合性的"阈效价"，即从坐标横轴到存在阈平行线（上端虚线）的垂直高度就是阈效价的恒定值；

这个恒定值之所以不是一个表达常量的点（奇点被表达成整个纵轴，阈常量被表达成阈平行线），乃是由于自然存续的进程把它从最初的一个点延展成了一条代偿等位线，所谓"等位线"，就是一切存在物既不能有所超越也不能有所缺失的普适常数规定，或者说，是一切存在物实现其存在的等位效价或等位阈，故谓之"存在阈"；

而这个表现为平行等位线的"阈效价"，其实是由坐标中的那条下倾偏位线（呈直线或抛物线）所分隔开来的上下两种效价共同合成的，所谓"偏位线"，就是一切存在物既不能保持恒定也不能逆向运动的基础变量规定，或者说，是一切存在物实现其衍存的必然偏失，所失者，"存在效价"是也；

所以，偏位线以下的面积（Ed）代表自然总体存在效价（沿线各测量位点的向下垂直高度代表某类物态或物种的具体存在度），其演运形态呈递减趋势；相应地，偏位线以上的面积（Cd）代表自然总体代偿效价（沿线各测量位点的向上垂直高度代表某类物态或物种的具体代偿度），其演运形态呈递增趋势；二者之间的反比互补动势构成了等位阈效价的内部关系。

3.10 由上列坐标示意图可以看出，随着衍存偏位线的逐步下移，衍存物的存在力度日趋萎缩，继发性的代偿空间或属性集合相应增大，这个代偿空间或属性集合就是后衍存在者的活动空间或适应能力，也就是生物系统的活化样态的总和。换句话说，如果从理化感应性发展出生物感知性，则这个代偿空间的扩张态势就构成感知效能的增益量度；如果从理化被动性发展出生物能动性，则这个代偿空间的具体容积就构成能动者当时自由度的框范；如果从理化演变的平稳动势发展出生物进化的生死轮回，则这个代偿空间的递增幅度就构成生命运动的震荡增势；最后，如果从理化物类的聚合或化合结构发展出生命物类的群落或群体结构，则这个代偿空间的逐步拓展就构成生物社会系统结构的繁化进度。总而言之，正是这些代偿属性本身，将衍存质态从强势（即优势）的"存在领域"带入了弱势（即劣势）的"生存领域"，结果终于导致沉稳刚毅的理化物质嬗变为轻浮乖张的生命物质。

3.11 再者，由上列坐标示意图还可以看出，代偿效价实际存在着"有效代偿"和"无效代偿"的区别：相对于满足存在阈的要求而言，代偿是有效的；相对于递补存在度的不足而言，代偿是无效的。有效代偿使属性的功用充分表达，就生物进化来说，也就是使生物的适应性效果得以实现；无效代偿使属性的增进无可中止，就生物进化来说，也就是使生物的适应性效果化为乌有。结果终于引发人类这个高智物种，不得不以"理性感应形态"和"文明社会结构"的方式，来继续扮演代偿增益的后续角色，并完成宇宙物演的临末进程。

3.12 就其内质而言，感应增益与结构叠加原本是同一个自然演化序列，二者之间没有任何能够施加区分的界面；而且，整个宇宙物演系列原本是一个同质的流程，其间也没有任何骤然发生飞跃的断点。但从人类目前的学科局限着眼，其属性代偿进程大体上可以划归三个阶段：

(1)、理化阶段，以粒子变构所主导能级跃迁及其电磁属性之演化，促成初级信息的感应方式萌发和结构系统启动（此乃一切后衍感应方式和结构形态的基础，历时137亿年）；

（2）、生物阶段，以基因变异所主导的体质性状及其知觉属性之演化，促成中级信息的感应方式递进和生态群落整合（仅在此一阶段"自然选择"发挥作用，历时38亿年）；

（3）、智人阶段，以逻辑变革所主导的智质性状[10]及其理性属性之演化，促成晚级信息的感应方式增益和社会形态发展（此刻"逻辑变革"取代基因突变，由以展开人类文明的进化历程，迄今历时以万年计）。

也就是说，人类的文明化生存方式尽管在直观上与原始无机物或前体生物迥然有别，其自然运行轨迹却没有发生丝毫转折。

3.13 本文与单纯运用"热力学第二定律"和"热寂学说"等物理学方法来通融自然演化进程有显著不同[9], [11]，其着重点在于：

    i. 诠释宇宙质量物态的演化形式及演运规律；

    ii. 揭示物质属性丰度递增的统一原因；

    iii. 梳理精神现象与社会存在的自然脉络；

    iv. 分析物演序列和生物种系的衰微梯次。

3.14 本文与单纯运用达尔文主义"进化论"来探讨生物系统和人类之间一般承续关系的视野亦有显著不同[12], [13]，其着眼点在于：

    i. 阐明生物进化和自然选择的深层动因和机制；

    ii. 开掘生物适应机能趋于复杂化的潜在原因；

    iii. 纠正"适者"即"强者"的流行错误观念；

    iv. 启迪人类思考自身高度发展的客观生存效果。

3.15 纵观十九世纪以来兴起的"进化"观念，一开始并非仅仅拓展于生物分类学或其他某一学科，实际上它在诸多学术领域都有所表达且相互影响：物理学中有卡诺（1824）、开尔文（1851）和克劳修斯（1854）；地质学中有赖尔（1830）；生物学中有拉马克（1809）、达尔文（1859）和华莱士（1858）；社会学中有孔德（1842）和斯宾塞（1896），等等[14], [15]。进入二十世纪之后，诸如此类的边缘课题研究更是层出不穷。然而，所有这些学说都只局限于单一学科的狭隘范围内，或者即便有所引申，一般也缺乏内在的和全面的理论连贯性，而且，它们通常不能有效地澄清人类在这个"进化"演历中的确切境遇，甚至可能把某些看似相关的问题导入荒谬的方向。因此，它终于不可避免地造成所谓"进化"观念的歧义与混乱，甚至造成整个人类的自然观的系统误导——即，造成对于"人类在自然界的位置"（赫胥黎语）的茫然无知和盲目乐观。

4、结　论

4.1 递弱代偿原理，是宇宙质量物态演化运动的基本法则。它涵盖无机界、生物界和人类智化生存的全过程。生物进化只是它的中间表达形式，而人类文明无非是它的晚级赓续阶段。

4.2 人类的社会结构，本质上是物质分化进程的终末演变形态。它依然遵循宇宙实体结构的物演法则：自然结构从简到繁、层层叠加，其载体结构度倾向递增，系统稳定性相应递减，由以造成人类的社会发展呈现出转型节律日趋紧迫的动荡情状[16]。

4.3 人类的精神现象，本质上是物质感应属性的终极代偿形态。它照例遵循宇宙信息增量的基本法则：自然信息随物演存在效价的衰落而直线膨胀，其载体感应度倾向递增，确切吻合率相应递减，由以造成人类的知识体系呈现出否证进度日趋加速的摇摆情状[17]。

4.4 正如人类的体质存在发端于生物进化一样，人类的社会运动规律一定与自然结构化序列和生物社群演进序列一脉相承（理论社会学），人类的精神发展趋势一定与自然信息化序列和生物感知演进序列一脉相承（精神发生学），其间表现的人为选择或人文因素只不过是这个统一宇宙法则的特定贯彻方式而已。

4.5 至于达尔文进化论的"适者生存"说[18]，其实只是对生物属性增益态势的表观描述，并不能借此澄清物种演化的动因和趋势。生物变异过程和自然选择本身，均受制于一个更为深刻的宇宙物演机制，从根本上讲，自然选择仅仅表达了存在阈的规定，它的进化动向与存在效价的减损向量完全一致。

4.6 生物适应能力（代偿度）的提升，直接标志着生物生存力度（存在度）的衰落，提示生物进化的生存效果倾向弱化，即越高等的生物种系，其生存形势越恶化。因此，作为生物进化的极品，人类的自然生存处境堪忧。换言之，人类文明化的生存境遇，业已逼近宇宙物演有限区间的失存临界点。

4.7 在这个临界点上，人类的总体文明形态恰好流露出属性暴涨的极端代偿倾向，其特点为：高分化态（学科与分工的无限细化）、高知识态（信息感应属性激增）、高组织态（社会政治、法律和经济结构趋于繁密）、高消费态（依存条件量倍增）、高自由态（自主能动属性风发而离乱）、高耗散态（社会系统的局限负熵动势及其能耗量日益提升）、高创新态（社会各个子系统的异变或变革速率加快）、高动荡态（个体及群体生存方式的振荡频率增高）等等，相对应的后果是，全体人类的社会生活趋向于高度脆弱化。这就要求人类必须重新检讨貌似"自己缔造"的现行文明体制，以及由此主导的"追求进步与发展"的思维和行为方式。

4.8 由于这种生存处境的危化导源于一条无可扼制的自然律，故而人类化解这个难题的可能性很小。如果人类企图以激发自己的科学技术能力和社会改造动量来解决问题，则无异于进一步抬升自身的属性代偿，其结果恐怕只能把人类整体的生存危机推向纵深。然而，一旦脱离了这些虚假的"优势"，我们还有什么可以凭借的其他手段呢？

（限于篇幅，本文的科学化理论阐述不免过于简要，请有兴趣的读者参阅作者的有关哲学专著《物演通论》。）

参考文献

[1]〔英〕达尔文 著：《物种起源》，第526-557页，商务印书馆1995年版，周建人 叶笃庄 方宗熙 译。

[2]〔英〕赫胥黎 著：《进化论与伦理学》，第26-61页，科学出版社1973年版，〈进化论与伦理学〉翻译组 译。

[3] 达尔文本人对此种情形有所说明："我曾试图阐明，地质记录是极端不完全的；只有地球一小部分曾被仔细地做过地质学的调查；只有某些纲的生物在化石状态下大部分被保存下来；在我们博物馆里保存的标本和物种的数目，即使与仅仅一个地质层中所经历的世代数目相比也

完全等于零。"引自《物种起源》，第410页，余同索引1条。

[4]〔英〕史蒂芬·霍金 著：《时间简史》，第94-95页，湖南科学技术出版社1996年版，许明贤 吴忠超 译。

[5]〔美〕老克利夫兰P·希克曼 等 著：《动物学大全》，第58页，科学出版社1988年版，林秀瑛 等 译。

[6] 中央广播电视大学生物学组汇编：《普通生物学》下册，赵寿元撰第九讲 第140页，北京大学出版社1981年版。

[7]〔美〕M·盖尔曼 著：《夸克与美洲豹》，第2页，湖南科学技术出版社1997年版，杨建邺 李湘莲 等 译。

[8] 子非鱼 著：《物演通论》，卷一 第1-90页，中国文联出版公司1998年第一版。

[9]〔美〕杰里米·里夫金 特德·霍华德 著：《熵：一种新的世界观》，第27-43页，上海译文出版社1987年版，吕明 袁舟 译。

[10] 子非鱼 著：《物演通论》，第89章第140页、第101章第175-178页、第145章第280-283页、第164章第325-326页，书海出版社2003年修订版。

[11]〔比利时〕I·普利高津 著：《结构、耗散和生命》，引自《普利高津与耗散结构理论》第23-64页，湛垦华 沈小峰 等编译，陕西科学技术出版社1998年版。

[12]〔英〕赫胥黎 著：《人类在自然界的位置》，科学出版社会1973年版，〈人类在自然界的位置〉翻译组 译。

[13]〔英〕理查德·道金斯 著：《自私的基因》，吉林人民出版社1998年版，卢允中 张岱云 王兵 译。

[14] 吴国盛 著：《科学的历程》，第423-519页，湖南科学技术出版社1995年版。

[15] 侯鸿勋 郑涌 编：《西方著名哲学家评传》，第7卷 第189-234页，第277-310页，夏基松 撰，山东人民出版社1985年版。

[16] 子非鱼 著：《物演通论》，卷三 第217-36页，书海出版社2003年修订版。

[17] 子非鱼 著：《物演通论》，卷二 第79-215页，书海出版社2003年修订版。

[18]〔英〕达尔文 著：《物种起源》，第94页，商务印书馆1995年版，周建人 叶笃庄 方宗熙 译。

2004.1.30.农历正月初九
于西北大学桃园校区寓所
（本文从未在任何学术杂志上获准发表）

人体哲理：生物畸变与进化衰变的极致

自古以来，人类有理由把自己看作是"万物之灵"，是最接近于造物主形象的生物之极品，因为人类的确表现出卓越的自我求存能力和他物控制能力。问题在于，"能力"是什么？"能力增强"意味着什么？——这个问题很少有人真正追究过。

一个半世纪以前，"达尔文进化论"问世，把上述问题换成达尔文学说中的专业术语，叫作"适应能力"通过"自然选择"得以提升。但，为什么要"适应"？"适应"什么？"自然选择"何以总是倾向于选留"适应能力增强"的物种，然后又毫不顾惜地任由它们以越来越快的速率绝灭？也就是说，"能力增强"为何最终丝毫无助于高级物种的持久生存，反而成为生物进化系统总体上趋向加速衰亡的负面指标？——对于这些问题，达尔文同样没有认真追究过。

然而，达尔文主义作为一个经得起实证考验的科学理论，无意间进一步确认了文明初始之时神学观念中"人的尊崇地位"，尽管在当时的教会看来，这已经属于对神和人不可饶恕的共同贬辱了。此后，无论是现代生物学抑或是现代医学，都忙不迭地要为人类这个"最高级物种"及其"最精巧机体"求证出一系列"最适者生存"的证据，而且显得越发的理直气壮了。——只可惜，前述的那一类基本问题依然顽固的换了一个方式又表达出来，而且这一次是以最夺目也最令人震撼的方式表达为两项互有关联的系统性危机：(1)、随着灵长物类的"文明能力"之巨大扩展，整个人种暴露出关乎存亡的总体社会危机；(2)、随着进化晚期的"人文潜能"之极端调动，整个人体暴露出病患倍增的生理适应危机。

前一项，我在《人类的没落与自我拯救的限度》一文中已有所陈述；本文着重讨论后一项问题。

不过需要提前说明的是，我的观点将又一次挑战目前通行的医学理论体系，就像上文不免触犯了目前占主导地位的社会学理论体系一样。实话说，我一点儿也不想别出心裁，这样做未曾给我带来任何好处。但如果让我为了顺应时代的潮流而去蒙蔽自己也蒙蔽他人，则实在有违我的良知。不是说现在的医生明知故犯、谋财害命，而是包括医患双方的所有人都沉溺在"生物进化"和"文明进步"的同一片泥淖里而不能自拔，甚至不能自知。"不自知"或"不自觉"正是人类文明化生存方式的一贯状态，犹如一切处在所谓"进化"（而实质上是"衰弱化"或"残弱化"）途中的生物们无需"有所知"却照例足可活过来那样没有分别。不同点也许仅仅在于，虽然人类大抵是最为自恋或自我期许最高的一种动物，但它实际上很可能是最缺乏这等资格的末代至弱生灵。若然，反衬之下，人类未免又像是一族最可怜也最愚蠢的虚骄轻狂物种。

鉴于此，人们最好重新审视一下自身的天赋素质，也就是最好把自己固有的傲慢与无知转化为谦卑与明哲。在中国古语里，"自知者明"、"自胜者强"（《道德经》第三十三章），所谓"明哲"之含义全在于"保身"。对于那些表面上"能力低下"而骨子里赋有"强存质素"的低等生物来说，它们尽可以弃"自知自胜"

于不顾，但对于弱不禁风的人类而言，他们还是持以"明哲保身"的惜命宗旨为妙，尤其当他们身不由己地坠落于自个缔造的专门用来戕害自身的文明生态罗网之后，这种需要就显得愈发迫切了。

为了便于阅览以下各节，我建议读者务必首先细心领会前置于本篇的《递弱演化的自然律纲要》一文之精义。此外，我在这里也先行罗列几条要目，以为后文参酌：

一、无论在无机界、有机界、生物界乃至人文界，宇宙物演始终遵循"递弱代偿法则"而运行之。

二、因此，原始物态或物种的存在度或生存度总体偏高；反之，后衍高级物种的存续效价倾向低落。

三、生物"遗传"属性之本相在于拷贝其原型不变，这样有利于阻滞载体生存度的衰减；生物"变异"属性是原样遗传得不到保持的一种无奈和变通，故而它本质上属于"畸形"或"畸变"。

四、"畸变"因此必然成为自然选择的淘汰对象，大凡"变异"的成功率一般不会超过0.1%或者更低；即便通过中性漂移的变异积累而达成新种，它也注定是更衰弱的产物，是谓"衰变"。

五、人类作为38亿年生物史上最末端的畸变或衰变物种，其生理秩序自然就是一系列病理构造的集成，他因此不免演成病魔的化身。

六、更糟糕的是，这种并不美妙的畸病之躯，也须历经千百万年以上的时间，方能建立起机体内外环境的脆弱平衡；然而，短短数千年的"文明进程"遽然造就了一派"超自然"的生存格局，于是，某种全面的"失适应"危机被引爆开来。

基于上述，我将人类的全部疾病简略分析为如下三大类别，一望而知，它显然是一局系统的三个组分或一脉进程的三个阶段：

Ⅰ、进化病。（即畸变叠加的病态之总和，它是人类所有疾病的主体和基础）

Ⅱ、文明病。（即人文生态的新病之总和，它可被视为进化病的变态继续，且以指数递增方式引领现在和未来的病变发展方向）

Ⅲ、医源性疾病。（即通过对抗上列两类病患所产生的更尖锐的伤害，它可被视为文明病的特殊部分，且形成进行性依赖关系）

这三类疾病的名称并不是我的发明，医学界早有使用。但，在既往的概念里，它们仅仅被看作是个别的、反常的现象，因而其内涵与外延都极为狭小。在我这里，它们却囊括了人类疾病之全体，甚至表达着人体构造的态势和人种衰竭的趋势，因而具有完全不同的生物学、医学乃至自然哲学之意蕴。

我当然希望借此改善人类的养生理念和健康前景。不过，我并不奢望通过单纯的观念调整或医疗变革就能起到扭转大局的作用。它涉及整个人类文明生存方式的重建问题。故，以下之所谈，仅限于学理性的主线铺陈，它只是我的一个名为《人体哲理与现代医疗批判》的系列讲座提纲，其粗疏与单薄在所难免。你若据此作为自家保健行为的指南，则你最好事先想明白，你能否像陶渊明魂游世外或鲁宾逊飘落孤岛那样脱离现代文明而独善其身，倘不能，我看还是有分寸地回归于现实——亦即有分寸地超逸于现实——为妥。

一、"人体"的本质: 宇宙物演的临末形态

◆ 从苏格拉底说："认识你自己"；到保罗·高更的画题："我们从哪里来？我们是谁？我们到哪里去？"—其中所强调的无非是，当人类无休止地追逐外界与外物之时，他们可曾认真想过：人自身的内质及其自然处境究竟是什么？

◆ 再则，"文明"只是一个短暂的历程（万年左右），可"人体"却是一个久远的造化（以亿年计）。拿一孔之见，去遮蔽天地之道，这就是"现代文明"的短浅视界；拿一时之需，去作践固有之本，这就是"现代医疗"的主体功用。

◆ "人"或"人体"是什么？—这是一个必须具有宏大眼光才能回答的问题，因为人体是宇宙物演的末流，是自然物性的集成，故而它首先是一个哲学问题；如果把这个出发点搞错了，整个医学系统必定出错。

◆ "现代医疗"与"现代文明"同质。即，文明体系对人类的自戕性守护与医疗体系对人体的守护性自戕互为表里，携手共进，它们作为同一个反馈系统的不同角色，自然承担着一起将人类推向深渊的相辅相成之使命。

◆ 因此，有关疑义必须一一澄清，有关话题只能从头说起。

◆**"生命"的概念：自然理化因素之集萃**

◆ "生命"是什么？—历史上，东方说是"天地的造物"，但何者不是天地的造物？西方说是"上帝的骄子"，但上帝之子为何伤病累累？—直到达尔文时代仍无定义，故赫胥黎调侃说："生命就是逃避死亡"。（此外还有活力论、自生论、巴斯德的生源

论等，不赘述。可见，倘若找不见生命的自然位置，也就找不见生命的概念。）

◆ 尔后，量子物理学家薛定谔以及普利高津等人从热力学角度说，生命是负熵或耗散结构，但他们没有发现，宇宙间一切开放系统的能量耗散构态与其质量递减势态相统一，所以宏观上它并不能违背热力学第二定律，而在微观上耗散结构无疑是最薄弱的结构。（而且，越高级的耗散结构能耗越多，越高级的耗散结构也越脆弱，这才是问题的关键，看不到这一点就不能理解有关结构体系的内在本质和演化动向。）

◆ 简介达尔文"自然选择"学说及其"进化论"[林耐的一次定型分类学；居维叶的多次灾变神创论；拉马克的获得性状遗传学说；达尔文乘贝格尔舰环球考察及其人工选择实验与自然选择学说；赫胥黎的"斗狗"式宣扬；海克尔发现"胚胎重演律"；进化论至此成为显学，现代生物科学至此确立。（不过，对于"科学"的"真理性"或"真含量"，你当然应该有所保留。）]

◆ 简介孟德尔遗传学研究[1、分离定律：红白花豌豆杂交，表型不同的花色与种子形状；2、自由组合定律：子叶黄色的饱满豌豆与绿皱豌豆；由此发现"遗传因子"（后称"基因"）。遗传学至此确立，当代"分子生物学"由此发端。]

◆ 直到20世纪中叶前后，生命的分子起源（米勒－奥巴林实验）与分子结构（沃森和克里克猜想DNA双螺旋结构）学说问世，人们才明白，生命不过是"分子编码"而已，或者说，是分子进化的产物。（谈DNA、脱氧核糖核酸；RNA、核糖核酸；以及氨基酸与蛋白质等。就其组成元素来看，主要有碳、氢、氧、氮、硫、磷等。就其分子演化来看，则它是继"粒子进化"

和"原子进化"之后的"分子进化"的产物，历经：无机分子→有机分子→有机大分子→生物大分子，最终达成细胞结构和机体结构。）

◆ 问题在于，作为基础的分子物性或分子编码，它对生命意味着什么？

◆ 有机体的本质：DNA的运载体

◆ **不难发现，越原始的东西，越具有奠基性和决定性，也就是对后衍发展状态越具有基础规定性。**（但，人们其实仍然没有理解"从能量奇点到质量物态→从无机物类到有机分子→从非生命界到生命界→从低等生物到灵长人类"等如此一系"自然进化序列"的实质性含义。）

◆ **于是，就有了"不朽的双螺旋"**（里查德·道金斯语。它从受精卵拷贝到人体的每个细胞核中，分46卷，数万万页，信息量相当于一个中型图书馆，有效指令码仅占3 ~ 5%；全身所有细胞的DNA拉直长度200亿公里，约等于地球到冥王星的距离），**而有机体不过是DNA制造更多DNA的工具或运载体**（也叫"生存机器"），**就像鸡不过是鸡蛋制造更多鸡蛋的工具一样。**（机体被一代代抛弃，基因却永续不绝。）

◆ **基因如何制备自己的"生存机器"？譬如：北极熊的皮毛；杜鹃的刁钻；雌螳螂的险恶；人智的预反应能力；等等。这里涉及基因的"遥控"问题。**（作为生物大分子的"基因进化"，其突变选择过程必须经过性状表达的考验，也就是说，它必须在有机体的先天规定中预备好一切后天可能遭遇的变数，因此，它的信息编码系统是以超量叠加的方式盲目谱成的。这里讲的是自然选择作用于基因的"适应预置"问题，它表现为"预先置备的适应范围"越来越宽，即生物进化系统的"先天适应能力"越来越强，但它也表征着后衍高等物种的生存境遇倾向于越来越复杂而困顿。）

- **这就形成了两种结果：**

（一）、**基因的操纵性**[基因决定一切，包括性格气质、思维倾向、乃至行为方式等。譬如，蜜蜂社群中有一种传染病叫作"袭蛹症"或"腐臭病"，生物学家罗森比勒通过杂交实验发现，蜂群分为"卫生型"（拖出病蛹）、"易感染型"（无动于衷）和奇特的"中间型"（人工揭开蜡盖才有拖蛹行为），表明生物的每一种"动作"甚至"动机"都是被基因预先决定的。]

（二）、某种预定的"后天反应区间"或"适应性范围"（由此引出自扁形动物以降各种生物都不同程度有所具备的"智化学习能力"以及"社会行为反应"。）

- **也由此引出如下一系列"被决定的生存方式与游戏规则"。**

◆ 被决定的生存方式与游戏规则

- **亲缘利他主义。**[基因自私与有限利他。即同类或同型基因之间倾向于相互扶持，这样有利于该类基因的扩大和播散，此乃亲属之间利他互助的天然动因。其主要影响因素：一、亲缘关系指数：同卵孪生兄弟姊妹（以及无性裂殖如单细胞）是1；同胞兄弟姐妹及父母与子女是1/2；爷奶叔舅姑姨甥侄以及异父或异母兄弟姐妹是1/4；第一代堂表兄弟姐妹是1/8；第二代堂表兄弟姐妹是1/32；第三代堂表兄弟姐妹是1/128；依此类推。这里也表达着遗传进化病的概率梯度。二、绿须效应：即亲缘关系识别问题，否则利他行为无从实施，如因群交或群婚体制下之为父者不识其子，故而动物和人类的"父性"均远较"母性"为差，可见"恶父慈母"或"严父慈母"之谓自有其天道渊源。三、由于子代的繁殖预期高于亲代，故呈"利他的不对称性"，即亲代对子代的付出远大于子代对亲代的报偿，这是造成"可怜天下父母心"现象的根源。亲缘利他现象证明了"基因选择"（相对于"个体选择"或"群体选择"）以及"基因决定利他行为"的规定性，故有"霍尔丹戏言"：兄弟溺水，以高于亲缘分母数为基因不赔本的施救原则。这个利他行为的前身即是单细胞转向同一基因体系的多细胞融合体，或者说，是多细胞融合体得以演成的基础。]

◆ **争斗行为倾向**。[动物社群为位阶和领地而争斗，犹如人类社团的内战和外战。动物的惊惧、愤怒和争斗情绪表现为冠毛、鬃毛和体毛的竖起，人类也是怒发冲冠、汗毛竖立（看不清，故见表皮血管扩张发红或收缩发白的面相）；反之，动物求和或顺从，表现为伏身、夹尾、垂目、蜷缩等缩小身体的举动，于是人类也就有了屈膝、鞠躬、低眉、弯腰的礼节；最后，动物示威则呲牙咧嘴，示好则收起爪牙，人类因此采用作揖、握手来打招呼；甚至动物与人都用重复摇晃动作来舒缓心理紧张。]

◆ **疏理体毛的安抚举措和语言的功能**。[莫里斯提出，鸟类疏理羽毛是为了干爽飞行和卫生无病；至猿类已附加上讨好交往的功能，就像它们简单的声调信号一样；人类的语言交往信号因此首先保留了这种"疏理游戏规则"，如语调（比语言内容更具导向性和冲击力）、自语（用以缓解和调适自我之焦虑）、寒暄（用于各种场合，几成聚会专用语境以及公务限制语境）等"情绪性和疏理性交谈"，其次才是"信息性和探究性交谈"。]

◆ **性别战争与恋爱博弈**。（史密斯谓之ESS：evolutionarily stable strategy，即"进化的稳定策略"。性别战争：从配子细胞的演变肇始，涉及"谁养孩子"？恋爱博弈：也叫"幸福家庭策略"，从雌性矜持开场；随后雌性一方会分化出"高傲矜持"与"放荡淫乱"两型；雄性一方也会分化出"忠诚不渝"与"薄情寡义"两型；"基因收益"与"求偶育后支出"的波动；最终矜持雌方约占5/6，忠诚雄体约占5/8。说起来，自觉或不自觉地，人类的求偶行为方式与此如出一辙，切莫把人性与兽性截然分开。）

◆ **乱伦禁忌与喜新厌旧**。["伦理道德"也与DNA有关，譬如"乱伦禁忌"首先起源于动物群落之中，此乃"避免隐性遗传病的纯合子高发率"之自然选择规定，人类氏族亲缘社会以及宗法社会时期的"男女大防"之种种规约，其实就是这一"生物社会法统"的继续；再如"青梅竹马"的罕见和"喜新厌旧"的普遍，也是生物亲缘社会为规避乱伦所必须设定的选择规定。此外还有"不食同类"等生物性道德准则亦然，它的"良善"素性导源于同种之间传染病的巨大危害。再如，动物中多见"雄性示美"，表面上看似乎人类反其道而行之，实则人类将"雄性示强"原则发挥到极端所致，俨如虎豹豺狼等无需示美一样，实际上，在人类的求偶关系中，仍旧一定程度地保持着"雄性示美（强）"和"雌性选择"之遗风。]

◆ 可见，一切生命的生存方式和行为方式都是某种自然进程的规定性产物。

◆ 而且，高级形态的机体或物种，所执行的都是低级前体的预设规定。

◆ 若然，则一般所谓的"高等生物"或"高级阶段"，倒更像是其原始低端存在者的奴仆和工具（譬如前述之DNA分子与生物有机体的关系，即有机体只不过是DNA为了自身的繁衍扩张和存续发展所制备的生存机器罢了）。**说起来这还只是一个看似违反常识的表观现象，它的背后会不会隐藏着某种更深刻的自然律令或宇宙法则呢？**

◆ 人体大观：自然物演的寄居形式

◆ **从宇宙的起源谈起。**（热力学第二定律提示，能量分布的无序化即熵增过程是不可逆转的；爱因斯坦的质能转换方程提示，宇宙中的质量物态是奇点状态下的宇宙能量衰变或自然熵增递变的产物；若然，则质量物态的演化很有可能继续循着无序衰变的熵增路线前衍。只不过，它的演动方式与简一单纯的熵能递变在表现形态上势必大为不同：即，物化实体只能以"分化感应结构"或"分化→感应化→结构化"的残弱态嬗变系统来实现自身的存续过程。这段话太抽象，我换一个表述方式，就是说，物质是能量的衰变存在形态，因此宇宙物质的演化路径一开始就注定要继续衰变下去，这个衰变进程就体现为无机物态的变构进程和生物物种的变异进程，而生物变异的衰弱化进程，从生理病理学的角度看，就是地地道道的畸形化进程，是谓"畸变"。）

◆ **即是说，既然生命是宇宙物态序列的后衍产物，则生物进化的"生理结构叠加序列"必与物演进程的"实体结构繁化序列"相一致。**[看"粒子→原子→分子→细胞→机体"的叠加繁化结构：夸克、轻子和玻色子构成亚原子粒子，质子、中子和电子构成原子，各种原子再叠合相聚构成类型繁华的无机分子乃至有机大分子，有机大分子进而聚合为构态复杂的生物大分子如RNA、DNA和氨基酸等，至此细胞结构应运而生，单细胞进一步叠加聚合又缔造了多细胞有机体，后生生物的变异进化大戏就在这样一系列物演基础上得以开场。相应地，看生物进化的极致结构人体，其生理建构以亚原子离子（胞膜极化和水电解质塑成内环境）、分子态代谢（能量代谢和组织更新的唯一凭借）、DNA编码（生命信息和遗传变异的决定因素）和多细胞分化（解剖结构和生理秩序的性状表达）为基础。显而易见，说"生命是宇宙结构的集萃"或"人体是生物结构的极品"应该是十分贴切的。不过，这也就注定了生命的微弱和人体的孱羸，因为生物及其人类毕竟都是自然递弱演化的终极产物。]

◆ **宇宙物演与生物进化共同表现出如下特点：**

A. 后衍者的时空分布递减。（即越原始的物态或物种，其在宇宙中的质量分布越大、衍存时效越长。譬如：奇性物态或粒子物态即暗能量和暗物质构成宇宙总质量的95%以上；原子物态构成恒星系；分子物态构成行星系；生命物态仅薄薄地覆盖极少数行星表面；再看生物系：原始单细胞菌类或藻类构成土壤和水体生命的主体；多细胞生物族即全体动植物的质量总和居第二位；高智生物人类即便超量繁殖到危及自身生存的程度也照例只能忝列末位。而且，后位存在者的存在时间一定越来越短暂。凡此皆标志着衍存载体及其衍存形势的逐级劣化。）

B. 后衍者呈现出递弱与残缺态势。（从元素周期表上就可以看出，前位元素坚韧而圆满，中位元素残缺而活跃，后位元素失稳而闪灭。碳元素的残化与活跃奠定了有机分子和生物系统的基础，此后的生命不得不续演这个由它给定了主题和情节的活报剧，于是就有了：单细胞生物的相对圆满与自足；多细胞生物的偏向分演与异养代谢；中级后生动物的两性分裂与社群组合；直到高等人类的智质分化与社会密构。倘若看表面，似乎后衍生物的属性和能力倾向增高，然而，这正是由于它们的生存形势日趋恶化，从而不得不提升自身的活跃度或能动性的一种无奈。）

C. 后衍者的稳定度及生存度倾向失灭。（即使无休止地提高其能动属性和智力潜能，到头来仍然无助于补偿高等生物在进化途中一路丢失的衍存稳定性或曰赓续生存度，结果是，越进化、越高级的物种，其畸变频率越高、病患种类越多、绝灭速度越快。不信你看：亚细胞病毒或单细胞菌藻生存了38亿年，迄今无病无灾、繁衍不绝；多细胞植物已见病恙，多细胞动物死灭纷纷；爬行类如恐龙者嚣张不足一亿八千万年而骤亡；哺乳类动物总体上才问世不足九千万年却绝大多数早已灭顶；而按照"线粒体夏娃"学说认定现代智人诞生于14万年前，则等于宣告直立人仅仅存活了300万年左右就统统灭绝了，就算这个假说还有待确证，你只要瞧瞧现代智人文明自戕、疾病猛增的那么个活法，就可以断言，他们的"好日子"大约已经濒临尽头了。）

◆ **总结：**

（一）、生命是自然物演序列的弱化存态，人体是生物进化链条上的至弱一环，由此决定了人类动荡的生存素质和人体飘摇的病态素质；

（二）、"遗传"是生命接力延续的必须，"变异"是生物结构失稳的表现，由此决定了人体的生理和病理机制都一定导源于这个前期进程；

（三）、变异是随机的，但自然选择是定向的，达尔文的"适者生存"说有问题，它预示着人体的"适应潜力"和"生理储备"

不免趋于耗竭；

（四）、这种趋势一直贯彻到人类文明化的整个进程之中，并呈现出愈加恶化的倾向，它预示着人体疾病必将随文明程度的提高而暴涨；

（五）、基于上述，即便人类社会专此设立应付这种变局的医疗保健机构，它也照例会成为戕害人体的新节点，尽管你还不得不依赖它。

二、生物史的造就：人体生理与人类文明

◆ 人类是自然物质衰变演化的阶段性产物，因此我们只有了解了整个自然史，才能真正了解人性的本原。（前面所讲，就属这类话题）

◆ 同时，人体又是生物系统畸变进化的终末型载体，也就是说，它在最贴近于自身完成态的自然史阶段上，隶属于生物系列，因此，了解生物进化史，是打开人体奥秘的钥匙。（动物学家德斯蒙德·莫里斯在《裸猿》一书的引言中打趣说，人类只为自己拥有"最发达的大脑而自豪，其实他们的阴茎也是所有灵长目动物中最粗大的，但他们有意推诿，宁愿把这一殊荣授予大猩猩"。他又说："这种不寻常的、高度进化的动物不惜花大量时间研究自己的高级活动，而对自己的基本活动却不闻不问"。）

◆ 由于亿万种生物一概发端于原始单细胞生物，而一切多细胞后生生物和一切有机体均由细胞组成，因此，了解原始单细胞的宿性，是本讲有关课题的重要着眼点。（当代基因工程最主要的实验标本依然是单细胞生物，除了它构型简单、

易于操作而外，更关键的是，只有它才是人体组织系统最根本的基础。）

◆ 再者，由于生物物种的繁华是建立在基因突变的基础之上的，因此，越后衍、越高级的物种，与人类的基因同型率越高，它们相当于人体的一面透镜，可以让我们直接窥见自身的底蕴。（医学研究一贯采用动物实验的方法，即源于此。）

◆ 最后，由于基因突变保持着某种给定的变异频率，人体不可能在短暂的文明期发生任何重要的变化，因此，了解人类生存的原生态，即文明前态，才能真正搞清楚与人体相适应的生活方式。（老子、柏拉图、卢梭、叔本华等哲学家们总是倾向于朝后看，道理类同。）

◆ 总之，本讲试图揭开渊源于生物史上的人体和建立在文明史上的医学之间，可能存在怎样的矛盾和问题。

◆ 生物史与细胞生态

◆ 起初，有机大分子构成细胞膜与原生质胞浆，谓之"原核细胞"；尔后分化出细胞器与细胞核，谓之"真核细胞"；多细胞有机体由真核细胞组成。（原核细胞：蓝绿藻、细菌、立克次体、螺旋体及支原体。真核细胞：绿藻、眼虫、变形虫、纤毛虫等。值得注意的是，最原始的原核细胞具有最强大的生命力和侵袭力，如近年来不断污染太湖和滇池的就是蓝绿藻，而且导致高等动物感染以及人类发生传染病的致病菌也多为原核细胞。顺便说一句，一般认为高级物种占有种间竞争优势，殊不知从更广阔的视角上看，反倒是低等物种其实更容易侵犯和战胜高等物种。）

◆ 先看原始单细胞的生存环境与生存状态。（谈：原始地球、还原型大气、无臭氧层、上万倍二氧化碳、等等，生存条件极端恶劣。单细胞生物具备面对各种苛酷环境的适应力，可生存于诸如火山口的90℃热泉、含盐量高达23%以上的死海、难以测出水分的沙漠、以及酸碱度极高的废弃矿液中等等。此外，它的生理储备几无限量，且无衰老寿终之死，代谢可采取自养与异养、厌氧与需氧的不同模式，甚至连病毒侵袭对它都只能产生变异效应，即可能换一个编码型和表现型而继续生存。）

◆ **再看原始多细胞生物的细胞处境。**[多孔动物如海绵，腔肠动物如水螅、海葵，等等，这些原始多细胞融合体多是二胚层生物，即细胞排列成两层的组织，此刻的细胞分化度低、细胞生态与单细胞差别不大，机体生命力旺盛，可分割再生，物种寿限长达数亿年或更长时间而不衰。至扁形动物（最原始的三胚层动物）后分割再生现象少见。]

◆ **接着看越来越高级而复杂的有机体内的细胞处境。**（单细胞的"面积/体积"比值极大，是人体的30万倍左右，这样特别有利于它与外界进行物质能量交换。但进化至三胚层动物阶段以降，机体细胞的"膜遮蔽"现象逐渐严重起来，它势必造成"细胞窒碍"的后果，即给各细胞造成"信息遮蔽、营养遮蔽、呼吸遮蔽"的三重困局。此刻的细胞不得不分化变形，以便构成组织体系，从而通过有机体的整体调配来缓解各个细胞的营养失衡，由此造成越高级的生命结构其细胞单元的独立生存度越低，系统依赖性越大，反过来，又由此促成生物机体的系统结构倾向于越来越复杂，形成恶性循环。在这个过程中，细胞的分化程度也相应变得越来越高，而分化程度越高的细胞一定越脆弱，可比较干细胞、上皮细胞与神经细胞的差别：干细胞的分化程度最低，因此它生机勃勃、前途无量，尽可以向任何细胞系发展；上皮细胞次之，故而尚能保有不断脱落又不断再生的潜能；神经细胞的分化程度最高，结果它的生命力也最薄弱，只要缺氧数分钟，它就会坏死液化，且无力再生，所留下的组织空缺只好听任胶原纤维来补成瘢痕。)

◆ **人体平均是由大约1000万亿个细胞组成的。因此，人体各类细胞的生存状态或生存环境（内环境）是至关重要的。**（谈"体液与内环境"的概念：细胞外液构成内环境，包括血浆、组织间液、淋巴液、脑脊液；细胞外液与细胞内液的交换；血液是关键。内环境涉及温度、渗透压、酸碱度的稳定以及营养物质和氧气的供给等；此外，它还受到其他多种因素的影响，譬如饮食成分、呼吸环境、血液黏稠度、排泄系统状况、以及各种各样的生理或病理变化，等等。这个"内环境"相当于让所有体细胞变成了温室中的花朵，反过来看，要维持内环境的稳定又显得格外困难，因此，从大节上着眼，可以说所有高等动物、尤其是人体的基本架构就极其脆弱。)

◆ **最后审视文明化了的人体细胞内环境状况。**（人体内环境须历经亿万年整个多细胞生物进化史的逐渐磨砺方能形成，然而，短短数千年的文明，却让我们的饮食结构和生存环境都发生了巨大的改变，这种改变正在超出或已经超出了内环境所许可的微调范围，结果导致血液粘稠度增高、内环境酸化和有毒物质蓄积等严重后患，由此造成的显性或隐性损害无法估量，它至少与上千种疾病的发生发展有某种程度的关联。具体细节，容后另议。)

◆ **结论：从生物史上看，细胞生态的逐级恶化才是造成机体结构和生理功能趋向于复杂化的原因。**（下一节的内容就是对这个问题的引申讨论）

◆ 生物史与器官功能

◆ **原始单细胞的质膜功能和细胞器功能。**（细胞膜的结构：流动性类脂双分子层，即所谓"液态镶嵌模型"。它是细胞体的屏障膜、呼吸膜、营养膜和信息膜，其上分布的各种受体，类似于机体的感受器。胞内细胞质中形成多种细胞器，类似于机体器官系统的雏形，譬如：内质网参与物质代谢、线粒体负责能量代谢、溶酶体涉及细胞防御、细胞核主导分裂增殖、等等。可以毫不夸张地说，原始单细胞本身就是一个最简单、最完整、最高效也最强健的生命单元。）

◆ **低等生物的简单生存方式及其稳态组织功能。**[低等生物的细胞分化只有两类，那就是负责营养的细胞群与负责增殖的细胞群，如团藻，由此奠定了后世所有生物包括人类在内的基本属性，谓之"食色，性也"（告子语）。按理说，生命只要满足了这两项欲求，即可安然永存，然而，这种简单生存方式与稳态组织功能之间的恰当匹配偏偏不能恒久维系，于是就生出了后来那些无穷的欲望和无尽的追求，相应地，也就生出了后辈那些复杂而又易于失衡的组织器官系统。仅以感觉器官为例，从扁形动物朦胧的初眼，发展到飞禽走兽敏锐的五官，它只表明越后衍、越高级的物种，其依存关系越繁难，求生处境越艰辛而已。]

◆ **高等动物复杂分化的生存形势及其相应的器官、系统功能配置。**[依循生存形势的艰危化发展，生物机体的畸形化衰变也就层层推进：它由最初同类细胞聚合而成的简约"组织"（像团藻那样的滋养细胞群或增殖细胞群），演变为不同组织构合而成的特种"器官"（像由内膜、肌层、传导纤维和外包膜构成的心脏），再进化为不同器官配套而成的功能"系统"（像由心脏、动脉、微循环毛细血管、静脉配成的循环系统），最后成就为各功能系统联署合一的别致"机体"（像循环系统必须与呼吸系统、消化系统、泌尿系统以及运动系统等协调运作才能实现其生理功能）。这个所谓的"进化"过程乍一看似乎精彩纷呈，实质上却是硬生生地将原本那个简捷、高效而又格外稳定的生存方式扭曲为复杂、低效而又动辄紊乱的求存困局，其演进路径大抵如下：胞质膜→内胚层细胞→腔肠动物的原肠胚→高等动物的胃肠器官和消化系统；外胚层组织→水生动物的鳃→陆生动物润化功能的呼吸道和肺；细胞核→孤雌繁殖的有丝分裂→水生动物的体外受精→陆生动物防干燥、多营养的卵胚过程乃至胎生哺乳系统；等等。]

◆ **各器官及系统的进化强迫动势。**[自然选择下的"生物进化"完全是一种强迫动势，整个过程及其结果其实一点也不美妙。试看：原始单细胞生物起初只需阳光一缕，营养即告自给自足（光合作用），是谓"自养型"生态。尔后的多细胞有机体，除植物一系续此而行，动物们则全然丢失了这样简便的生存方式，它们必须摄入其他生命体作为自身的物质能量来源，是谓"异养型"生物。这就迫使动物们必须备有某种觅食工具和能动属性，于是，从初始之鞭毛，到后衍之肌肉、骨骼、肌腱、关节等一整套运动系统就此赘生。添加这般巨大的负担，当然需要消耗更多的能源，也就需要更复杂的消化系统、呼吸系统、循环系统等等为之辅助，如此环环逼迫，层层加码，到头来，这些后缀的重负倒显得成了一系列不可或缺的必要装备了。可见，所谓"变异进化"，就是"在某种身不由己的情势下不断地自找麻烦和自添累赘的过程"。]

◆ **结果导致器官结构复杂化、系统机能脆弱化以及功能储备递减化之总体趋势。**（譬如：淡水原生动物或海洋低等生物，它们分别处在液体渗透压明显低于或高于自身胞浆的危险环境中，其内外差别常常高达十倍乃至数十倍以上，然而它们并没有专门排泄水分和盐分的肾脏器官和泌尿系统却安然无恙，它们的胞膜调节功能足以处理两者之间的悬差平衡。相比之下，要是把人类的血细胞和体细胞置于这样的液态内环境中，则它们顷刻之间就会积水崩解或脱水死亡，纵然人体把自己肾脏器官五倍左右的功能储备全都调动出来也无济于事，临床上把远比这种局面轻微不知多少倍的情形称之为"水电解质平衡紊乱"。就是说，高等动物和人类的复杂精致的各种器官，表面上看似乎"进化"的功能齐备而有余，实则早已"退化"不堪，几近衰竭。现代医学理论为之唱尽赞歌，未知躲在暗处的低等先辈们是否正在为如此夜郎自大的昏聩子孙歔歔神伤。）

◆ 生物史与神经系统

- **仍然从细胞多胚层的进化谈起。**[从单细胞的全方位敞开、单胚层的大面积开放、至腔肠动物呈双胚层半遮面、再到扁形动物进化为三胚层全遮蔽，位于中胚层的大部细胞被完全封死，外胚层之神经元因此不得不发生，由以协调各个细胞（乃至各个组织器官）之间的营养输送和功能配置，这就是"神经细胞"（亦称"神经元"）或"神经组织"得以发生的原委。介绍神经细胞的结构与功能：由胞体（位于中枢）和突起（神经纤维）构成，胞突分多个树突和一个轴突，分别起接受信息和传导信息的作用，是细胞受体功能的特化，也是细胞畸变演化的典型。]

- **神经系统的结构进化与功能配置。**[大致如下：组织分化→神经网；器官分化→神经节；系统分化→脊髓下中枢；外向运动系统及感官系统复杂化→丘脑网状系统即情绪应激系统成熟（植物神经系统：交感神经、副交感神经分化）；再进一步就是大脑皮层高级中枢。这个进化步骤，标志着机体微观内环境的繁琐难调和机体宏观外环境的复杂难处。]

◆ **神经系统的中枢化和全控性问题。**[高度中枢化之后，不免出现机体各分属组织对神经系统的过度依赖性，谓之"N系依赖"。譬如：神经损伤导致肌肉失营养性萎缩；惊吓、过度刺激、甚至包括文化暗示均可导致癔病发生；潜意识影响可能造成人体内外系统性反应失常（弗洛伊德学说）；等等。]

◆ **神经系统的复杂化和自扰性问题。**[分化程度越高的组织细胞越脆弱，譬如神经元或脑组织最易遭受损伤、最难修复损伤却又最不允许损伤，即它的损伤殃及范围最大，危害程度最深，故而高等动物和人类的死亡以"脑死亡"为标志。再则，复杂和精致的结构易于产生凌乱与干扰，人类的神经系统就是最好的例证，譬如：心理紧张足以导致器质性胃病、神经衰弱、高血压、脑血管硬化、脏器功能衰退、乃至过劳死；思绪焦虑可能导致精神失调甚至精神分裂；等等。顺便谈谈体液激素调节系统的辅助、以及反馈平衡的配套性和脆弱性。（从略）]

◆ **结论：神经系统的长足进化和过度复杂化导致有机体始终处于调节失衡的状态，此乃人类独享的"亚健康状态"得以发生的主要原因之一。**（自古中医"重调理、重养生"，讲究"药石常备、老庄常谈"，其可以正面评说的道理即在于此。）

◆ 生物史与免疫系统

◆ 原始单细胞和原生动物的质膜屏障、吞噬作用及生化免疫因子。[原始单细胞生物至少具备三种免疫功能：a. 具有极强选择性的质膜屏障（即胞膜屏障），相当于人体的皮肤屏障、血脑屏障和胎盘屏障等；b. 吞噬作用，高等动物体内的免疫吞噬细胞如白细胞之中性粒细胞、单核细胞及巨噬细胞等就是原始单细胞同类功能的特化与强化；c. 产生免疫因子，如抗病毒干扰素、溶酶体释放酸性水解酶等，人体 TB 淋巴细胞即属此项固有机能的特化。注意：原始单细胞生物独霸地球20亿年以上，其免疫选择可谓严格之至，除极少数可能被类病毒或病毒侵扰外，单细胞自身的结构周全状态使得"菌类感染"现象（即单细胞之间相互犯乱寄生）成为举世难见之罕例。]

◆ **低等生物的简单强健及其体细胞的原始免疫功能保留。**（低等生物结构简单，细胞分化程度不高，因此除个别病毒外，不具有一般宿主的寄生条件，再加上其所有体细胞都保留着某种原始单细胞的免疫功能，故而它越原始低级，感染概率反而越小，亦即体细胞的原始免疫功能越强。）

◆ **高等动物的免疫系统与其粗糙不洁的生活方式之关系。**（高等动物譬如脊椎动物和哺乳动物，机体结构复杂化，特种细胞脆弱化，也就是各类高分化细胞的固有免疫功能退化，于是只好缔造出特种免疫细胞、免疫器官以及免疫系统，这表明，它们被病毒、菌类以及各种低等生物感染侵犯的几率大大提高。但因其生活粗糙、茹毛饮血，一方面处于持续的受染致敏状态，故而基础免疫力偏强；另一方面由于生食多酶、营养全面、食料污染变质的情形少见，加之对体弱者或免疫缺陷型的选择淘汰过程十分严酷，所以，在野生动物界，感染患病的概率总体上仍然偏低。）

◆ 总之，处于自然生物史各阶段的物种，由于它们分别面临如下境况：（1）、较低的寄生体分化；（2）、自身结构简单强健，且未形成特化的宿主条件；（3）、保留了较多的原始细胞非特异性免疫功能；（4）、茹毛饮血，食无变质，特异性污染环节少；（5）、生活粗糙，机体常处免疫致敏状态；故病患率极低。

◆ 人类、尤其是现代智人，其生存情境大变：

A. 用火过程中的人体免疫功能退化。（人类用火熟食已有55万年以上，此时间段足以导致消化系统以及全身相关系统的某些常规免疫素质发生基因型上的蜕变，所谓"常规免疫"之对象，可能包括目前看来格外凶狠的各种致病菌、病毒、寄生虫甚至多种传染性病原体，详情难以估量。）

B. 文明化过程中的人体免疫负担剧增。（新石器文明距今仅一万余年，信史文明不过三、五千年，繁华的工业文明或1788年产业革命距今才二百多年，导致人类的生活环境和生活方式陡然剧变，人体根本来不及发生任何适应性变异。但，食物生产、加工、运输、保存环节大增，污染环节亦大增，且时间拖延又无可避免，遂使食品变质成为常态；再加上城市化人口密度提高以及交通发展，促进异域致敏源或感染源广泛播散；等等，诸如此类的各种变数皆导致人体免疫负担剧增。）

C. 复杂人体与精致免疫的系统匹配问题。（过度复杂的人体要求极端精致的免疫系统，加之上述免疫负担增重，如各种感冒不绝如缕，交叉感染无处不在，导致免疫系统功能紊乱，于是出现种种"自体免疫性疾病"，也就是免疫系统持续或间断性攻击自体细胞组织结构的病害，如风湿病、肾小球肾炎、迁延性肝炎、甲状腺炎、红斑狼疮、类风湿等。此乃复杂导致自扰或复杂导致脆弱的范例。）

D. 高度进化与细胞返祖的对应性压力。（除了环境破坏、免疫紊乱、紧张焦虑、遗传劣生等文明因素致癌外，还有一个与进化有关的"癌症基础问题"，那就是高度进化与细胞返祖的对应性压力问题，即高分化细胞具有低分化间变的逆反倾向，正如尼斯等人所言："生命本身就是处在某种程度的癌前状态"，因为高分化、低增殖的机体多细胞抑制结构才是反常的细胞生存状态。）

◆ **结论：生物史进化与文明史进化双双导致人体免疫系统不堪重负。**

◆ **生物史与人体生理**

◆ **变异进化即畸变选择。**（所谓"变异"都是随机发生的"畸变"，是遗传失范的表征。1、由于是畸变，故尽皆淘汰，能被定向选择存留下来的极少；2、由于是畸变，故即使存留下来，生存状态也难免变糟。例如：单细胞变成多细胞融合体；鱼变成陆生动物；树猴变成直立猿；等，试问哪一步不是滑向衰落？哪一步不是运行在从"常态→变态→病态"的末路上呢？不妨作个假想，如果某人生出两个脑袋或三眼六耳，固然聪明有加、出类拔萃，但他是否能存活下来先就大成疑问，纵使千般呵护、居然成人，他那高度进化的畸形怪相是否会获得同类异性的欣赏？倘不能，这等"优良品种"如何传宗接代？又如何发扬光大呢？再试想，即便由于某种原因，相对笨拙的正常人统统陷入困境，唯有他慧眼独具，能够找见潜藏更深的生存资料，结果迫使众美女转而投入他的怀抱，终于令其儿孙满堂、子嗣繁荣，那么，这群新一代的丑恶变种不是难免会将资源环境破坏得更为不堪，从而也让他们死灭得更加快捷吗？）

◆ **畸变选择即生理建构。**（对畸变加以自然选择，可存留的突变基因和变异性状逐步积累，且须一一配合，环环相扣，由此形成新种，也形成了另一套生理系统。例如：腔肠变成胃囊，就必须有平滑肌和括约肌配套，由此造成食料潴留就必须有胃液分泌和粘膜腺体，乃至肝、胆、胰等化学消化系统，结果形成了胃溃疡、胃炎、胃癌以及肝、胆、胰上的一系列病理基础；再如：机体结构复杂、氧耗增多，就必须配以呼吸系统，这又要求循环系统和造血系统必须跟进，由此形成层层逼迫的畸态构造，也形成层层叠加的病理基础如支气管肺病、心血管病和血液病等等。总而言之，它的每一步畸变，在发生突变的当时都是病态的，在累积突变的过程中都是病理性的，只不过，人们随后又稀里糊涂地把它的系统化或体系化叫作"生理"而已。）

◆ **人体生理建构的生物学原则。**[1、基因求存原则。它的基本要求是增殖与能量，即性与食，由此构成马斯洛所谓的第一优势需求层次（即"生理"需求，是为"生理"的本原概念），而它恰好是原始单细胞的全部需要。2、如果原始状态能够完全维护当然最好，如果畸变或衰变不可遏制，则只好进行配套维护，哪怕由此造成系统性衰变也无可奈何，这就是其他各层次需求相继出现的原因（即"安全、归属、尊重、自我实现"等后项需求，是乃后衍物种倾向弱化、残化和社会化的继发性产物）；3、其结果是，生理结构越复杂，需要修补的漏洞越多，于是弄成恶性循环。]

◆ **从这个视角来看"健康"。**（可以有三种结论：1、与上述第一条相对应，凡属饮食与性能力未损伤者，皆为健康；2、与上述第二条相对应，在任何情况下，你都不可能完全健康；3、与上述第三条相对应，你的生活状态越文明、越进

步、越高级，你就必然越不健康。前两条可以说明你在什么
情况下才需要看病，后一条可以说明你应采取的保健措施。）

◆ 结论：

（1）、生理建构导源于变异进化，但变异进化过程直接就是
畸变选择过程，换言之，有必要把进化理念从"适者生存"改为"畸
变求存"。

（2）、可见，生理渊源于病理，病理又渊源于生理，二者互
为因果，层层滚动，难解难分；如此纠缠蔓延的结果是，生物
序列的健康系数倾向下移。

◆ 生物史与人体病理

◆ **生物结构与生理扰动**。（"结构度"递增，则"扰动量"递增，
在所有自然结构中二者皆成正比关系。人体乃生物结构度最
高的载体，扰动之繁自不可免。所谓"生理扰动"，就是指
"生理波动或自发调节的频率与幅度"，它的进行性增高本身，
就是一个完整的病理过程，也是整个病理学的基础。例如：
低等动物与高等动物的差别，一定是高等动物面临更多的病
变；又如：冷血动物与恒温动物的差别，也一定是恒温动物
为了维持机体基本功能和代谢酶系活性而必须调动更多的生
理要素，并相应引发更多的病理反应；再如：临床上常见的
植物神经系统紊乱，几乎从来不是这个低级神经系统本身发
生了什么问题，反而多是由于高级皮层的精神扰动所致。）

◆ **生理扰动与病理调节**。（一般说来，某种"生理扰动"的调
适过程恰恰是某种保护机制，如"发烧"有助于提高免疫力、"疼
痛"有助于警示和防范不确定性损伤、"炎症"就是局部防御
反应、"腹泻"就是肠道排毒反应、"咳嗽"就是呼吸道清理反应、

等等，但也正是它引起了不适，此即所谓"病理变化"或"病理调节"。可见，生理即病理，或动态调节的生理即病理。显然，这些不同称谓的内涵原本完全是同一回事。）

◆ **所谓"疾病"的一般状态。**[可见，一般所谓的"疾病"，就是指"生理扰动引起不适感"，这种情形与生理调节过程没有分别；反倒是那些没有不适感的扰动格外危险，常常从根本上超出了生理感应和反应的范围，譬如：X光或核辐射、无味化学品、工矿重金属、细微粉尘污染、光照强度或时间的改变（扰乱生物钟）等；再如：紧张、焦虑、抑郁等；还有那些反而让人生理上产生快感的，例如：酗酒、吸烟、吸毒、滥交、过量饮食等；然而，这一切恰恰是文明的产物，或文明生活方式的一部分。这些不表现为病态不适或生理扰动的隐性侵害，到头来反而会造成最深在的系统性远期损伤。]

◆ **生物病理动态。**（反过来，看看后生动物的痛苦表现：如昆虫的蛹化、羽化；爬行动物的蜕皮；哺乳动物的孕产反应。站在原始前体物种的立场上看，这才更像是病态。可见，病理即生理，或连续配套的病理即生理。）

◆ **人体病理生理动态。**[从人的新生、成长、衰老到渐进性死亡，整个过程是病理还是生理？试看：分娩（在一般动物看来属极度难产）、新生儿黄疸（哺乳动物幼体之通病）、湿疹（营养越好的幼儿越多见）、腹泻（哺乳期断奶辅食的幼儿多见）；成长期的缺钙（人间最严重）、换牙（人间最痛苦）、躁动（青春期男女遭遇文明态压抑或挑逗）；老年性的骨质疏松（一般动物活不到骨折期）、痴呆（被人视为一般动物的正常状态）、动脉硬化（四岁开始的高营养病）、心脑血管意外（约占人类死亡的80%）等。这些所谓的"病变"在动物中极少发生。足见，人生就是病态的，而文明人生则是病态的锦上添花，可谓"病态的绚烂"或"绚烂的病态"而已。]

◆ 结论：病理即生理。即在大多数情况下，或在一定的不适范围内，疾病与健康没有分别。换言之，生物史就是病态的生理建构史，文明史更是生理的病态建构史。

◆ **生物史与人类文明**

◆ **从大脑皮层只能代谢葡萄单糖谈起。**（人类新皮层中枢细胞的过度分化，使其连一般体细胞的多源物质代谢功能都大部丢失了，脑神经细胞只能通过对葡萄单糖的三羧酸循环来获取能量，脂肪与蛋白质中潜藏的能量它已统统不能直接利用了。于是，人类早期只好像一般灵长动物那样广摄水果之类的甜食，以寻求碳水化合物，不足之时便收集草籽服食，因为草籽是多糖类淀粉的富集胚体，"农业文明"由此启动。现在已知，将野麦草或野燕麦培植为大麦小麦可能起源于古埃及或两河文明，黄河流域的原始先民最早将狗尾巴草培育成耐旱的谷粟，长江流域的远古定居者则不得不承担转化稻草种子为水稻大米之辛劳。）

◆ **生殖与迁徙。**（旧石器时代末期，随着智化能力和生存技巧的提高，生殖存活量逐步抬升，这标志着人类的自然生存形势出现了新的危机，"迁徙文明"因此而成为必须，第四纪冰期导致大陆板块之间易于交通，人类从此遍布全球，终而至于把自己在空间上的生存余地挤兑到零点。）

◆ **裸毛与衣物。**[现存193种猴类和猿类皆有披毛，唯独人类是"裸猿"。体毛脱落原因：由逍遥"丛林猿"畸变为落地"狩猎猿"，导致活动量大增，结果是：奔命挥汗、散热困难、秃毛斑驳、丑不可言；此其一说。其余各说简介如下：下树返海说（背毛向后下符合水流方向、皮下脂肪增厚、手变灵巧以利捉鱼、但何以无鳃却见肺活量增加？）；用火取暖说（穴居烤火、体温得以保持、但何以胸毛尚存而背毛尽脱？）；幼态延续说（初生猿无毛、如初生之熊兔鸡犬皆无毛、维持幼态使之一裸到底、但中老年后何以不见体毛增生反见毛发失落？）；对偶育后维持性感说（无性周期、雌性先裸、触觉性感、以利繁衍、外翻红唇如阴唇、隆起乳房似臀形等、听来动人，细思唐突，故似难于独成一说）；诸如此类，不一而足。总之，也许是上述多因素的综合作用,加上被迫北迁的缘故,"着衣文明"必须发生。]

◆ **文明进展与定居**。[农耕平原无洞穴，体弱多病又必须要求遮风挡雨的居住条件，于是早期只好浅挖地窖半穴居〈地窝子〉，逐步进入"室居文明"，从此彻底背离了"草木四季青、鸟兽风雨行"的潇洒与刚健。]

◆ **这个过程最终引出的后果如下**：（"文明病"一节再予详述）

　i. **用火文明：熟食与免疫退化、保暖与伤风成病、等**；

　ii. **农业文明：籽食高血糖、高谷胶、外加生态破坏、等**；

　iii. **牧业文明：肉食与高粘血症、高脂血症和酸血症、等**；

　iv. **工业文明：环境污染、体能退化、营养过度及营养不良、等**；

　v. **信息文明:信息暴涨与神经紧张、以及机体机能全面失调、等**。

◆ **结论**：

　（1）、文明史是生物史的继续，而不是人类突发奇想或自觉努力的结果。

　（2）、短促而急速的文明化进程，从根本上背离了人体的先天生理秩序。

◆ **建立在自然史上的医学视野**

- 此处所谓的"自然史"是一个广义语境，它包括生物史和文明史，也涵盖医疗史。

- 基于上述，有必要重释"疾病"的概念：

（一）、它大多属于适应性或非适应性畸变，正是这种畸变导致了生命的进化，是谓"进化病"。

（二）、其次才是后天的适应性或非适应性反应，超出这个反应的幅度或区间（即自体调适范围），即构成"文明病"。

现代医学理论的偏差。（所犯的是人类的通病：1、赞美进化，于是不能理解自然演进的实质；2、自我欣赏，于是不明白人类在自然界的位置；3、生理、病理截然割裂，于是分不清疾病与正常、医疗干预和保养调节的分寸。总之，使整个医学从基础导向上发生了系统性偏差。）

现代医疗实践的失误。（1、医学从理念到操作，一般倾向于过度干预；2、病人或被误导或出于自发，总是倾向于小病大医；3、双方一致迷信科学，结果倾向于更加具体的文明危害，即医源性损害。于是造成：）

（三）、医疗介入更加直接地扰动甚至加害于有机体的生理调节和病理修复过程，从而造成显性或隐性的"医源性疾病"

- 总结：有了上面这些铺垫，我们才能真正理解"人体与自然、进化与文明、生理与病理"的基本状况，此乃后述各项具体问题的基础。

三、"进化病"概论

◆ 临床疾病分类的道理与缺陷

◆ 既往疾病分类，重点着眼于方便临床治疗或人为干预。

◆ 所以，内外儿妇、眼耳口鼻、心肝肺肾、脑骨牙皮等分科愈来愈细，目前已达到进入医院如入迷宫的程度。

◆ 它的合理性在于研究和诊治的深入细化，但这恰恰是把某种进步性损害引向纵深的路标和步骤。

◆ 结果，它一方面直接拓展了医疗干预的渠道，另一方面间接诱导病人甘愿陷入医疗泥潭。

◆ 这种医患之间的配合关系，既有可能是无意识的自发过程，也有可能是发生于信息不对称条件下的有意识误导或胁迫。

◆ 基于前述的理论导向，我们完全有理由换一个角度对人类的所有"疾病"给出某种深入而全新的分类，它简单、明瞭，特别有助于人们清晰地领悟人体疾病的发生渊源和内在本质，并进而清醒地把握自我保健和医疗介入的分寸。

◆ 分类如左:（1）、进化病；（2）、文明病；（3）、医源性疾病。

◆ 以下分别加以论述。

◆"进化病"导论

◆ 过去也叫做"遗传病"，旧称呼的缺点是：

a. 范围被缩得极小；（说家族史，却不辨先天性"进化遗传"与后天性"习惯传承"所造成的致病性影响之区别。）

b. 看不出发生的原因和理由；（让先天因素空洞化，却增加了很多无稽的诱因。）

c. 为对它的胡乱治疗留出了可以任意变通的余地；[既然是先天遗传病，理论上就应该没有多少医疗干预的余地，然而实际在临床上反见深度介入，如对待高脂血症（由丛林

猿进化成狩猎猿的高能代谢方式）、秃顶（脑部高耗能代谢
的保护性散热机制）、狐臭（原始分群求偶境况下泌离腺分
泌的必要"性信号"）等，说明不当治疗的不利后果（譬如，
高脂血症的药物治疗通常是全然无效的，万一有效则会招
致机体物能代谢的隐性紊乱，由此造成的损害可能远远大
于它的正面效应，且其药物毒副作用更似雪上加霜，而本
来只需合理调节饮食结构即可平安无事）。]

d.同时又为治不好它预备了充分的托词；

**e.然后还对排除在外的其他"病变"划出了医疗干预的无
限空间，这一点最重要。**

◆ **其实，几乎所有疾病都与遗传有关，区别仅在于"遗传或
变异的原因及其必要性"。**[例如：感冒（上呼吸道感染），
病毒性侵扰，遗传度14%，属于最古老的细胞病之余绪，只
是发病率远高于单细胞时代，导源于体细胞或上呼吸道细胞
的胞体免疫功能退让给机体免疫系统所致；自然病程7 ~ 14
天；低遗传度表达为先天免疫型对是否感染和病情轻重的影
响。实际上连自杀都与遗传有关，海明威及其父兄皆自杀而
亡，与天生多血质气质有关，此性格有利于落地猿在全新的
陌生环境中开创新生活，却不利于其在过度紧张纷扰的现代
社会氛围中求存。]

◆ **再则，"生殖"或"生育"是一切生物属性和生物本能的核心，
正如尼斯所言："自然选择不保证健康，只负责生殖"。因为
生殖生育更直接地体现着基因的利益，也更关乎物种的存
续。**[在亿万年的进化过程中，突变累积的畸病因子不可胜
数，其中大多为隐性基因病，即以杂合子隐性状态来规避自
然选择的淘汰。如正常情况下，1/1000杂合子携带者遗传为

纯合子发病者的概率是其平方积，即百万分之一，故超出自然选择的极限。此外，大凡有利于生殖者，即便是病态，也不受选择清除，譬如，狂躁抑郁症因有助于才华表现、行为成功、且性能力偏强，反而呈选择型扩增；这种情况还见于增加受精卵着床率的许多病态基因，因为不自觉的正常超早期流产率可能高达20%以上，结果导致如苯酮酸尿症（苯丙氨酸代谢异常、纯合子者智力发育障碍）等胚胎成活率显著偏高。再如，非洲的镰状细胞杂合子者既不发病也不易被疟原虫侵害，故在疟疾盛行期杂合子携带者倾向增加，此谓之"杂合子优势"，很多见。另外，生殖期后的中老年基因病也不被淘汰，如多数癌症、冠心病、老年痴呆等。]

◆ **所谓"进化病"，无非是指某些选择性或中性的变异进化性状，在后衍环境或特定场合表达为不适应性或超出正态分布的情形。**[例如性变态：从同性恋（发端于动物性讨好；单性别社会组织隔离；教育期延长求偶期拖后；父母性角色倒置等）到窥淫癖（动物偷情夙性的文明化宣泄，如看不够的黄色书刊和爱情影视片、好评托尔斯泰的《安娜·卡列尼娜》等）。前者尚属少数，但有增多趋势，后者早已成为普遍的文化现象，可谓之为"病"否？若然，倒像是某种渗透人性的社会病。补充说明：关于"同性恋"，在动物界少见，主要表现为某种后期社会分化现象，即社会地位较低的同性成员向种群领主以性交姿态示好而已；关于"窥淫癖"，源自动物偷情有利于种群繁衍之规定，雄性尤然，故而人类文明社会的对偶婚制历来很难稳定。]

◆ **显而易见，"进化"是"畸病化"的基础铺垫，"畸病化"是"进化"的变态延展。**

◆ 生育进化病

◆ 直立导致骨盆变形，前后径缩小，胎儿却增大，腹凸超常，母体孕期调动过度，引发妊娠反应与妊娠中毒、妊娠骨质软化、甚至妊娠心脏病；等。[就连"爱情癫狂症"、"儿女揪心症"等都是进化的产物，即随着寒武纪后两性分化的演进，求偶和繁殖过程变得越来越复杂而艰难。试看：从原始单细胞的孤雌分裂繁殖，到两性水生鱼类的体外排卵受精，再到陆生卵生动物的体内受精与孵化照料，直至哺乳动物的宫内孕育与幼体乳养。而且整个繁育过程倾向延长，繁育比率倾向减少，由此又导致两性求偶过程的复杂化和亲代抚幼情愫的强烈化，即求偶过程必须将养育后代的协作因素考虑在内，养育后代必须将母性父性的恋子情怀调动出来。（可参阅《知鱼之乐》之"另论'可怜天下父母心'"一文）]

◆ 由于生殖进化倾向繁复化，导致人类出现266天特长孕期，围产期疾病大增。（狗的孕期才63天左右；硕大黑熊的孕期也不过200天，黑猩猩孕期230天；大猩猩255天。）

◆ 流产、早产与早产儿。（流产率增高；流产危害性也增高；习惯性流产与短程产期终止信号的返祖现象有关；早产因而在某种意义上属于母体自身的保护机制；但早产儿不免发育障碍。）

◆ 在整个动物界，只有人类面临难产麻烦。（也只有人类分娩需要他者助产。婴儿正常面向母亲背侧娩出，即枕前位、头朝下娩出，难产率极高。大头为主因：类人猿脑容量400ml，新生幼仔200ml，为1/2，故初生即可活动自如；80万年前蓝田猿人脑容量780ml；人类脑容量1350ml，新生儿385ml，不到1/3，故出生后软弱无能，但已达妇女产道扩张之极限，由此引起宫缩无力、胎位不正、产道狭窄、子宫破裂等严重后果。)

◆ **胎儿畸形率增高。**（先天性、病毒性、药物性、分娩性、等等，在哺乳动物界无出其右者。）

◆ **新生儿损伤增多。**（窒息、颅内出血、肌肉神经损伤、骨折、等等，在整个生物界无出其右者。）

◆ **再看妊娠反应与进化失调的关系。妊娠过程表达着两方面的问题：(1)、妊娠过程复杂化所致的进化失调**（包括上述各项);(2)、胎儿发育复杂化导致与母体的竞争关系失调（下述前列各项）。

◆ **妊娠高血糖：**（胎儿分泌"人胎盘催乳素"hPL，它与母亲的胰岛素结合，使母体血糖异常升高，以利争夺养分；母体只好分泌更多的胰岛素，双方呈拔河态势，竟可使母体胰岛素高达上百倍。）

◆ **妊娠高血压：**（妊娠早期，胎盘细胞会破坏调整血流的神经和小动脉肌肉，使母体无法减少流向胎盘的血液；胎盘还制造若干使母亲全身血管收缩的物质，导致妊娠高血压以增加对胎儿的供血量。）

◆ **定植与流产淘汰：**（原本受精卵定植不足22%，流产率78%，此乃母体淘汰不良合子细胞的保护机制；胎儿则倾向于大量分泌"人绒毛膜促性腺激素"hCG，它与母体的黄体化激素受体结合，刺激母体继续分泌黄体酮并阻断月经，加强定植效果。这也是造成人类胚胎畸形率增高的原因之一。）

◆ **此外，因哺乳期变长，结果一方面易发乳腺炎，另一方面又会因哺乳不足促发乳腺癌。**[文明化以后，问题愈多，由于生育模式改变（怀孕次数减少、哺乳期缩短），导致月经频率过繁（古人一生约150次；现为500次上下），造成性激素水平一直处于大幅度摆动的状态，此乃妇女子宫癌、卵巢癌和乳腺癌等性器官恶性肿瘤急遽增加的不可克服的原因。]

◆ **妇科疾病：宫颈糜烂、阴道炎、附件炎、盆腔炎与宫颈癌。**（皆为"性感增进病"，即由于越高级的物种其产仔比率越低，养育难度越大，结果迫使后衍物种的性活动状态越来越高昂，直至人类完全丧失了性活动的间歇期，表现为生育年龄段的性欲持续亢奋状态，也就是民谚所说的"动物知够不知羞，人类知羞不知够"的那种状态。另外，此类疾病也与生殖器官的结构复杂化等其他诸多进化因素有关。）

◆ 在这里，**"生育病变史"**同步于**"生物进化史"**，二者并驾齐驱、联袂共舞，一如孪生兄妹、亲密无间。

◆ 直立进化病

◆ 属**"系统性进化病"**之宏观表现。（"系统性进化病"是指生理结构进化必然导致的系统失衡或系统平衡重新配置引出的病态。譬如细胞组织高分化导致"再生失能"，若要恢复低分化再生能力则会增加癌变几率；这种例证比比皆是。"直立进化病"就是其中的一个比较常见也比较明显的类别。）

◆ **为了对抗直立所致的重力关系改变，遂发生一系列血流动力学应变，于是，血压增高，心脏负荷加重，是乃心血管病的主要原因。**（除长颈鹿等个别例外，一般动物的心脏位置与其颅脑高度大体上呈平行关系。人类直立后，心脑位差悬殊，遂要求心脏泵力和血压一并增加，否则即不能保证脑部所需的供血量。）

◆ **另外，直立导致维持体姿的肌肉负担大大加重，导致负重骨骼结构和关节组织变性或变形，导致体位相关的腹腔和盆**

腔器官发生扭变和垂落，导致由平稳爬行转向晃动耸立的共济平衡失调，由此造成如下一系列疾病或疾病基础：

1、**脊柱病：**椎间盘膨出或脱出、脊椎骨折、脊柱裂、颈椎病、等。

2、**腰腿病：**腰肌劳损、半月板损伤、踝损伤、下肢静脉曲张、等。

3、**腹膜悬挂病：**肠扭转、胃下垂、子宫下垂、脱肛、痔疮、等。

4、**骨病：**罗圈腿、骨盆变形、股骨头骨折、跟骨骨折、等。

5、**平衡病：**跌倒损伤、麦尼尔氏综合征、帕金森氏病、等。

◆ 再深究一步，直立造成的最大影响就是"脑容量扩张"。（因为，对于俯身爬行的动物来说，脑容量稍微增大即会导致其整体运动平衡失调，这就好比在一根挑平的竹竿前端加载物体必致竹竿倾落，若将竹竿直立起来，哪怕给其顶端加载数倍于前的负荷也无碍于其持重平衡，可见，直立是猿人脑容量增大的前提条件。然而，也正是由于这一看似简单的体姿变迁，才引出了前一节所述之诸如"难产"等生育进化病，以及后一节所述之种种高智进化病。）

◆ 总之，人类是唯一直立而行的动物，他因此而自觉尊贵，也因此而不自觉伤身，前者属主观性的孤芳自赏，后者属客观性的衰残凋谢，所得所失，孰轻孰重，岂非一目了然？

◆ 高智进化病

◆ 首先需要说明，"低智"才是动物的保护机制，"高智"属性是其载体生存度严重下移的代偿产物。[万物之所以"无智"或"低智"，乃是由于它们的存在度偏高，因而无需"智能"之类的东西辅佐就可以安然稳存的缘故，随着物演衰变，智质相应派生，可见智慧一开始就是某类载体之存境趋危的不良指标（有关这个话题，请参阅我的《物演通论》之卷二，或《知鱼之乐》之"听蚊子说：智者多忧"一文）。人的大脑约有100亿个神经元，分化程度与组织程度之高可见一斑；人体的下中枢和神经节系统也格外复杂而致密；凡此进化成果皆构成所有神经精神疾患得以发生的基础。]

- **神经营养性疾病：**小儿麻痹、某些胃病、植物神经功能紊乱、神经血管性水肿、等。

- **神经病：**三叉神经痛、末梢神经炎、瘫痪病、面瘫、神经瘤等。

- **脑病：**脑震荡、脑血管病、脑炎、脑肿瘤、等。

- **内分泌紊乱症：**脑垂体病、甲状腺病、以及各种激素分泌失调疾病。

- **神经衰弱病：**神经衰弱、失眠、偏头痛、等。

- **癔病，即歇斯底里病：**可表现为各种非器质性异常与不适。

- **精神病：**潜意识精神扰动、抑郁症、精神分裂、等。

- 实际上，全身各器官、各系统的器质性和功能性疾病，多多少少都与它有关。

- 总之，神经系统进化是机体复杂结构要求协调的产物，但它因此恰恰成为协调不良的原因，并构成所有失协调性疾病的基础。

◆ 器官进化病

- **消化系统：**如阑尾炎（草食盲肠退化）、疝气（坠睾通道不闭与直立腹压增高）、**胰腺炎**（杂食性进化病）、**肝胆病**（杂食性毒素降解负担过重、狩猎猿拖延进食时间间隔）、**等**。

- **泌尿系统：**（从单细胞的质膜渗透压交换，到高等动物的肾小球细胞特化，人类的泌尿系统疾病即沿此进化途径逐步袭来。如：高温、脱水与尿路结石；肾功能紊乱、尿闭与水中毒；尿路感染、肾衰与尿毒症；免疫对肾脏的自体侵害与肾小球肾炎等。）

- **呼吸系统：**（同样，从单细胞简捷稳定的细胞膜呼吸，至呼吸器官与呼吸系统的逐级特化，此乃所有呼吸病的根源。如：呼吸道粘膜组织构型极易遭受微生物侵袭；呼吸道结缔组织脆弱化是支气管扩张病的基础；呼吸道肌层组织反应异变是哮喘病的基础；肺泡特化是呼吸衰竭的发病基础；等。）

- **循环系统：**（狮子捕食必须群体围猎，豹子捕食必须潜伏等待，其目的都是为了缩短追赶距离，否则体温升高和心脏超负荷运转均会造成致命损害，即是说，运动及循环系统的问题，来自于生物进化过程所必然带出的生存形势之艰难化格局。如：心肌高度特化与种种心肌病变；心肌高度肥大与冠状动脉供血相对不足；终生维持高心搏出量与心功能衰竭倾向；以及心脏成为最主要的限寿器官等。）

- **血液系统：**（从普通细胞全都具备直接面对大气层进行质膜氧交换的潜能，进化到所有机体细胞必须仰赖血液红细胞一刻不停地输送氧气供给，由此引出的麻烦难以尽述。仅看红细胞数量规定与血红蛋白代谢程序：成年人体每立方毫米血液中约有500万个红细胞，其平均寿期120天，内含的血红蛋白分子由574个氨基酸分子组成，它们排列成四条互相缠绕在一起的长链，形成毫厘不爽的立体球形，如此复杂的结构在人的一生中以每秒约400万亿个的速度重复制造6万亿亿亿次以上。借此理解诸如贫血、高原多血、血粘度构成、以及种种血液病的进化基础。）

- **感官系统**：[哲学病：感官和感知的作用不在于"求真"，而在于"求存"，人们不能自觉这个规定，昏然相信"眼见为实"之类的浅谈，从而发生了对"认识"和"知识"体系的全面误解；实际上，感官系统化（随后是知觉系统化或逻辑系统化）是进化境遇复杂化的扭曲型产物，其目的只在于建立某种"依存识辨系统"，而不在于建立任何"真知系统"或"真理系统"（有兴趣的读者可参阅我的其他哲学著作）。但最终却闹出了种种幻觉和伪知识，以及种种五官科疾病，如：角膜病、青光眼、玻璃体混浊、视网膜剥离、聋哑病、中耳炎、鼻炎、等不一而足。]

- **总之，一切器质性疾病，均是在递弱进化的生理基础上形成和发生的。**

◆ 生态进化病

- **迟钝性畸变。**（生物进化过程就是生物分化过程，这使地球生物圈和生物生态系统变得越来越复杂，也使生物依存关系和生物信息源变得越来越纷纭，由此导致生物感知系统的灵敏度既不得不有所扩张，又不得不有所压缩。例如，一般哺乳动物的嗅觉灵敏度是人的数十倍以上，狗更高达100万倍以上；再者，人的视觉光谱和听觉声谱变窄，如猕猴、鸿雁、蜜蜂等能看见紫外线和X射线；鲸、豚等能听见次声波，蝙蝠能感受超声波；于是，人类只好依靠一个愈益畸形的大脑袋来处理信息缺损留下的盲区。当然，迟钝化又恰恰是为了截略低效信息频段或减轻信息超载，因而它应属于一种保护机制；甚至文字的发明使丰富的图像信息变成抽象单调的符号，也可以算作是这种保护机制的非生理性延伸；不料它最终竟弄成了一个不太美妙的结局：作为文明人的主要信息源，不免造成现实反应隔膜，这就是某些文人"书越读越蠢"即变成了"书呆子"的病根所在，也是整个人类"文化越多越混"即变成了"文明疯子"的病根所在。）

- **过敏性疾病**。（生物分化过程的复杂或变态，又会造成生物依存关系的扰乱或病态，如哮喘和皮肤过敏病等，多为花粉所致。恐龙被花朵灭绝，此前无花，何来花粉病？IgE，人体正常的免疫球蛋白E，居然是主要致病因素；此与过度防御、精致防御、候选防御等有关，即与极端精密的免疫进化所引起的扰动性混乱有关，也与体外寄生虫防御以及毒素灭活防御等所引起的免疫识别混乱有关。）

- **牙病**。（从尖牙利爪的原始肉食动物或以树芽草叶为食的植食动物，演变到人类用火熟食乃至流质精食，渐次导致嘴嚼肌废用萎顿，上下颌骨与齿槽骨退化后缩，固有的32颗恒牙排列不下，牙病和牙医因此而一并昌盛发达。）

- **爪病**。（直立后，前肢腾空，肌力丧失，形同残废，加之生存形势恶化，不得不与天地作对、与猛兽为敌，于是只好造用工具以弥补之，结果导致手的畸形进化，进而导致脑分区畸形和全脑过度发育，由此引领人类的自然求存反应趋向偏执，所谓"文明生态"就是这种偏执求存形态的最终结果。）

- **后视盲**。（始于千万年前的南方古猿时代和百万年前的旧石器时代，直立远眺和使用工具要求视觉测距精确。于是，从水生鱼类到陆生动物的绝大多数都是接近于360度全视野的双侧目位，发展到人类却必须两眼向前靠拢，借助双目视差以形成三维视图，由此造成视野不足180度的后视盲区。此盲区还影响到大脑的后向思维，致使人类总是倾向于朝前看，到头来，只剩下少许思想家还略微保留了一点儿回望身后而不求进取的动物睿智，结果令他们显得特别反动和迂腐。）

- **天敌缺失病。**（人类的高度进化，使得他们的天敌就是他们自身，于是从此缺失了畸病淘汰的自然机制，仿佛鹿群长期生活在没有虎豹豺狼的环境中不免发生偏向退化那样，优生学问题由此而来。这个问题也构成"社会进化病"的一部分，故，留在下节谈。）

- **总之，所有生物均生活在"生物社会"之中，生物进化必然导致相关物种的生态变迁与社会变构，最终引出"人类社会"的别致生存格局：一种与自然生存格局或自然生理结构相悖逆的自戕型生态环境。**

◆ 社会进化病

- **优生学问题。**[由于：1、天敌缺位或自然压力减低；2、社会压力增高或血缘、道德聚合力增高；结果导致畸病主体不被淘汰、畸病基因广泛传播。如：红绿色盲、血友病、先天性心脏病、胱氨酸尿症、镰状细胞病（HbS病）、红细胞葡萄糖–6–磷酸脱氢酶（G_6PD）缺乏症、等等。这个倾向最终将导致人类的非适应性基因缺陷越来越普遍和严重。]

- **人类的"社会交往进化"，除了与智质性状化的社会结构度增高有关以外，也与最基本的体质生理代偿状态有关。**（譬如，哺乳动物多会哭，哭是幼仔的第一表情，是因出生时独立生存能力不足，表示痛苦和不安。动物不会笑，笑是哭的派生形式和异化信号，故很相似，呈间断扬声态即可。由于人类幼儿初生时连依附能力都没有，故而必须具备更富魅力的表情，特示解除警报和高兴，微笑是由于缺乏攀附母亲的能力，用以引诱母亲拥抱，长大成人后表示保持友好距离，足见人类社会交际之复杂诡谲，现如今，某些职业人已染上"微笑僵化病"或"僵笑症"，令人哭笑不得。）

◆ **社会密构问题所致的各种心理疾病和行为异常**：["人类氏族社会"是从"动物亲缘社会"中增长出来的，整个"生物社会"结构（含"人类社会"）的演动趋势倾向于越来越致密，正是这个自然的或自发的"社会变构"或"社会密构"态势缔造出了种种社会进化病。它在高等脊椎动物或哺乳动物的野生社群中早有表达，只是比较轻微而已，但若将其集中在动物园里则会大规模爆发。有学者研究发现，所谓"刑事犯罪"大多是一种社会性心理行为疾病，莫里斯称其为"人类动物园综合征"。]

◆ **少年幽闭症**。（任何人都不可能在身体外貌上健全无缺陷，任何人也不可能没有些许文化心理偏执，超亲缘、大群量的社会密构格局使每个少年人的先天生理缺陷和后天心理弱点展露无遗，从而导致不同程度的自卑与自闭，故，此病发病率极高，且随社会进步和社会交际频率上升而日益增高。）

◆ **嫉妒**。（动物中很少见。导源于人类社会结构的等级序位差别加大、社会动荡度和个人际遇变动的偶然性亦日趋增大，激发人与人攀比时的心态失平衡，由此引出一系列心理病和行为异常。）

◆ **仇恨**。（动物中较少见，或是不易观察到其持久状态。导源于生物系统种内竞争的激烈化倾向，尤其是人类社会的利益冲突越来越纷乱复杂，引发不可抑制的持续型恼恨、报复性伤害、集团化争斗、乃至阶级态仇杀。）

◆ **狂躁**。[在猛兽及肉食性动物中多见，因捕猎和遭遇天敌时都需要借此达成快速而有效的生理调动。故而人类的暴躁（尤

其是男性）亦在一定程度上呈现有利态势，狂躁型抑郁症因此被选择蔓延。（回顾"进化病概论"一节）]

◆ **抑郁**。（只在动物园中可见。人类的密聚式生产和城市化生存相当于某种动物园生态，所造成的种种社会压抑令人无从抵制和发泄，故而发病率越来越高。）

◆ **紧张**。（野生动物的紧张是偶发的和长间歇性的，而沉溺于社会勾斗的人类，其心理紧张是持续性的，这与生物进化的总体生存形势越来越艰难有关，更与人类文明的社会生存格局越来越别扭有关，由此又会引发许多其他精神性或器质性疾病。）

◆ 值得注意的是，它们的恶化倾向——即其自然发展前景或其人文生态前途——就构成了"社会型文明病"。（后文另议）

◆"进化病"前瞻

◆ "进化病"的前瞻就是"文明病"。

◆ 进化病是渐进的、有层次的，因而它还是构成生理秩序的基础。所谓"生理秩序"就是指身体所具备的系统配套和相互制约的良性机制，这就保证了它在一般自然状态下不至于显化为病理的或病态的格局。

◆ 也就是说，进化病的危害是被天然控制在暂且不危及物种生存和繁衍的范围内的，虽然它会导致后衍物种的生理储备衰减、侵害耐受力降低、病理转化率或发病率倾向增高、以及物种总体寿限缩短。

◆ 这就是处于进化上位梯级的所有高等动物，包括灵长目动物，只要让它们生活在自然野生状态下，就很少得病的原因。

◆ 但，文明病的形势就大为不同了，它的危害是剧烈的、短促的、甚至是致命的，它会把一切潜在的进化病全面调动出来，而且最终任其施暴于全体人类的每一分子。

◆ 有一句中国古话说得十分贴切："天作孽犹可违，自作孽不可活"。对于进化病，我们尚可在一定程度上调节保养，然而对于文明病，只怕我们将面临越处理越糟糕的局面。

◆ 从下一节开始，我们讨论"文明病"。

四、"文明病"概论

◆"文明病"导论

◆ 它实际上属于"进化病"的一部分，因为，如前所述，"文明"就是自然进化系列的必然结果和特定阶段。但它无疑是最激进、最迅速、最短促、最失衡的一个部分，故有必要设为一个专题来讨论。（不要忘了，人类终究不过是灵长目动物的一个变种而已。）

◆ "文明化"的基本内涵，就是从"体质性状变异"转进为"智质性状变革"，它有如下几大特征：[动物社群组织形态的改变必须经由基因突变累积和体质性状变异方能完成，也就是必须通过物种更替才能缓慢地实现社会变型；人类社会结构形态的改变却可以经由思想意识创新和智质性状变革来实现，也就是可以通过逻辑变革和类体质性状改造（即工具体系置换）来迅速贯彻。（详论请参阅我的哲学专著《物演通论》卷三）]

（一）、呈剧烈加速度效应；[丛林猿、直立猿、狩猎猿（旧石器时代）、玩火猿、烧陶猿、农耕猿（新石器时代）、科学猿、工业猿、信息猿（近现代文明），时间逐级加快，从千万年计到百十年计。]

（二）、**转型幅度扩张效应**；（显微镜、望远镜、摄像传播代表视觉扩张；电话、收音机、微波通讯代表听觉扩张；火车、轮船、汽车、飞机、火箭代表运动器官扩张；电脑、因特网代表脑器官及神经系统扩张；等等，且其效能提高程度均达千万倍以上。此即上述所谓的"智质性状"或"类体质性状"是也。）

（三）、**体质生理变量与生存境遇变量的差异化效应。**（所有生物的变异速度与其生存境遇的变化速度呈大致同步或缓态滞后的关系，如：从厌氧代谢到有氧代谢、从自养状态到异养食物链关系、等。唯有人类的体质生理变异相对于疾速变迁的人文境遇而言显得严重滞后，由此带来适应困境与相关疾病，是谓"文明病"。其严峻性在于，它是一场在整个生物史的各个物种中间从未发生过的"全面失适应"危机。）

◆ **什么叫"文明"？"文明"就是把事情越处理越多、也越处理越糟的过程。** [譬如行路一事，古人赤脚徒步，就近同样解决了所有的生存问题，简便而安全，有谁见过步行走路撞死在树上的怪事？今人汽车飞机，似乎还嫌不快，为此衍生出无尽的名堂和上千种职业：开矿炼钢、机械制造、修路架桥、交通管制等等，到头来你仍然不过是为了吃一口饭而已，结果它还造成严重的交通事故和环境污染，每年因此伤亡人数（全世界统计300万人左右其中死亡50万人）远多于打一场常规局部战争，真是何苦来哉！从医学角度看，它还表现为自孕期胎儿一直到风烛残年的文明病之顺序发生，而且同样呈现为分化系数越来越高、现象形态越来越怪、危害程度越来越深的倾向。]

◆ 相形之下，巴基斯坦北部远离文明的罕萨人缺医少病，仅见外伤、沙眼和白内障。[白内障与喜马拉雅南麓高山、雪地的强紫外光有关（不排除臭氧层破坏累及）。麦卡里森与之共处九年的考察结果。（引自《现代医疗批判》〔澳〕罗斯·霍恩 著）]

◆ 文明导致了哪些结果：环境、生态、气候、生存条件、生活方式、人际关系、婚配结构、社会紧张、等等，我们择要而谈。

◆ 生态型文明病

◆ 此处所谓的"生态"有三种含义：（1）、指人类之"生活状态或生活形态"；（2）、指自然之"生物生态系统"；（3）、在多数情况下，兼指上述两系"生存状态"之交互影响。（"文明"就是快速无止境地远离自然外境与天然内质；"文明史"就是把这个危险的间距不断扩展的序列和尺度；"文明社会"就是被抛甩在宇宙存境边缘的生物悬隔结构；"文明人"就是被身不由己地推进到物演失存临界点的最后一线生命载体；也就是说，这一切又恰恰是某种自然进程的产物，或者说，是某种宇宙过程的必然。）

◆ 人类健康的生态基础。（以历时300～500万年的丛林猿到狩猎猿时代之生态为参照：近自然；少人口；血缘聚；生粗食；重体力；宽心智。文明生态与之恰恰相反：远自然、人密聚、大社会、精细食、轻体力、重心智；俨然走上了一条与其进化环境完全背离的畏途。）

◆ 另论"科学"问题。[不是通常所谓的"双刃剑"，而是彻头彻尾的"单刃刀",其唯一成效就是砍掉了人类的生存气数（因为没有科学以前人类照样生存，而且可能生存的更闲适也更安宁）。当然，要看清这一点须做远期观察。举例：1、爱迪生发明小小电灯泡与全人类统统陷于生物钟紊乱，由此奠定了一系列现代疫病的基础；2、农业科技与人口危机（马尔萨斯问题：生物生殖量大于其现实生存量）、全球生态破坏、吃饱饭与糖尿病（固有的节能基因病态化、发病率从0.1～0.2%激增到4～6%以上并呈普世流行趋向）、大棚菜与中间代谢产物如亚硝酸盐（催熟与毒素：植物果实为种籽而生，甜美吸引动物食后播种，半生则苦涩含毒，可致癌）、抗病虫害的基因工程新种（一定是增加了某种未知的生物毒素，故更危险）；3、至于工业科技和后工业文明浪潮更是一泄千里（例证俯拾即是，令人无以言表），它彻底改变了人类的生存环境和生存方式，并正在把人类的生理失适应态势引向纵深。]

- **近视眼、白内障等。**[现代儿童近视眼暴增，与下列因素有关：长期使用非太阳光谱的电灯光（脱离进化适应的光谱频段易致眼疲劳）、城市建筑过密阻挡远方视线（进化中建立的日常视距为数千米以上）、城市视野的色觉覆盖偏差（绿色处于人类可见光波长的中段最适区间）、以及文化源性用眼过度（有谁见过咬文嚼字死读书的猴子）。至于现代白内障高发率，与臭氧层破坏、紫外光过量、灯源光照时间过长、以及其他种种环境性或职业性光污染等多种因素均有关联。]

- **人口密度增高导致性变态。**[如同性恋或性倒错〈男不男、女不女、女权主义等〉；单身贵族（含旧时的僧侣、修女、单身汉、老处女和现代的不婚乱交者)；丁克家庭（婚而不育者）等。但由于科技文明造成人口过量，这种变态恰好有利于现代社会，反倒是正常异性恋和生育者应属"病态"范畴。与此不婚不育之同时，性解放、性乱交以及铺天盖地的性文化风靡人寰，而在生物界，大凡骤然临危的种群，总会见到"濒死性活跃"现象，就像"竹子开花"是竹子将死的征兆那样（属超常繁衍的自救机制），依此看来，人类性文化的喧嚣隐含着社会危机的深刻内蕴,或者说,性活动放肆是文明危化的指标之一。]

◆ **生活方式变态问题。**（熟食烹饪与营养失调；精细饮食与直肠癌变；幼学重负与发育不良；人工绿化与过敏哮喘；情爱横流与艾滋疫情；避孕人流与子宫病患；文职上班与体能萎靡；火车飞机与血栓栓塞；烟酒嗜好与依赖成瘾；商业竞存与焦虑成疾；如此等等，不胜枚举。）

◆ **最重要的是，紧张与应激释放激素和脂肪酸入血，造成持续化的组织细胞内环境扰动；而内环境这个基础条件的异变，足以将任何机体生理程序转化为某种人体病理过程。**

◆ 环境型文明病

◆ **人类应变环境的生理基础。**（关于最适于人类生存的环境，当然只能以文明化以前为参照，甚至应该以现代智人问世以前的自然环境为参照，因为，毕竟人类的生理体系是在整个陆生动物四亿年的进化过程中实现的，那是一个山清水秀、林木参天、万物竞存、人迹未现的清朗世界。穴居和用火首次启动了局部空气污染，农业垦荒首次开创了大规模砍伐森林的生态破坏活动，农牧业技术发展接着点燃了人口暴涨的导火索，工矿业文明则把空气、土壤、地表水体连同人性一起彻底污染殆尽。须知人体血液矿物质或元素离子水平与其生活局域水土中的含量曲线呈平行关系，可见外部环境污染

对人体内环境的正相关浸渗效应。需要强调的是，环境污染
和生态破坏不是偶然的失误，而是文明进程的必然，它与生
物衰变演化的路径和指向完全一致，只不过，这一次，它表
现在文明社会这个更庞然的有机结构中，使之照例走向衰败，
并终将裹挟着作为生物极品的人类同归于尽。)

◆ **环境污染性疾病。**[最早明确发现的是日本的水俣病（其实，
欧州要早得多，譬如头发检测证明贝多芬死于铅中毒，他酷
爱吃多瑙河中的鱼，当时河旁铅厂林立），1956年，在熊本
县水俣市，有机汞污染河海，富集于鱼体，人食之中毒，结
果造成严重脑损害，主要症状有：隧道视野、运动失调、震
颤痉挛、步行困难、弱智失聪、语言障碍、终至神经错乱而亡；
孕妇中毒还引起婴儿弱智或死胎。]

◆ **目前的污染已经发展到无所不在的地步：空气污染、水污
染、臭氧层破坏导致紫外线污染、田地污染导致农作物内重
金属富集、农药残留和化学催熟等导致蔬菜水果含毒、养殖
业普遍发生饲料污染与抗生素污染、此外还有噪声污染、粉
尘污染、光污染、辐射污染、生化污染、等等，不一而足，
污染物和污染方式正呈现出花样翻新、层出不穷的繁荣景象。**
（3/4的慢性病与环境污染有关：如高血压与吸入二氧化硫有
关；癌症、白血病、帕金森病倾向年轻化；血小板减少性紫
癜、不育不孕症等发病率直线上升；诸如此类的事例和病案
不可胜数。）

◆ **以下仅举化学污染之两例：**

　A. 二恶英。（已知毒性最强的一级致癌物，欧美国家至今亦
　难防范。有五个特点：脂溶性、热稳定性、低挥发性、环
　境长存性、人体内半衰期6 ~ 8年。剧毒，致死量为一次服入、
　吸入或皮肤接触1 ~ 2毫克,毒性比氰化钠高出50 ~ 100倍,

比砒霜高出900倍。来源有：白色污染、工业废弃物、农业
淤肥污染、不洁畜禽饲料、废弃物和塑料品燃烧、汽车尾
气、造纸污水与烧纸烟雾、香烟气溶胶、等，几乎无处不
在。慢性中毒不易觉察，仅有头痛、头晕、恶心、眼皮肿
胀、皮肤和呼吸道刺激；进而全身不适、神经系统功能紊乱、
流产、畸胎死胎、癌症等。）

B. 邻苯二甲酸酯。（起软化作用的化学品，有类激素作用，
广泛用于塑料制品、食品包装、玩具、PVC建材、化妆品、
医用材料和服装等，导致男性睾酮水平下降；肥胖；胰岛
素抵抗即Ⅱ型糖尿病；等。世界各国禁而不止。）

◆ **另外，还有一组相当多见且呈急剧增长态势的"环境改善
病"，它表明，一切人工环境大抵都是有害无益的。**[例如：
脊髓灰白质炎（即"小儿麻痹症"），病原体属肠道常有病
毒，古时多在一岁前感染，轻若伤风；现在由于生活条件改
善，发病期推迟到童年后期，结果反见炎症反应加重而致瘫
痪。又如，花粉过敏症，与普遍绿化有关，目前发病率增至
城镇居民的20%左右，原因：*a.*人工培植花木改变了植物固
有的抗原性；*b.*交通改善方便了异地植物的大规模迁移；发
病原理：人体免疫系统对陌生抗原的失适应型变态反应。再
如，城市高等级玻璃幕墙建筑和城市夜间照明改善，引致光
污染。等等。]

◆ **职业病。这是人类生产力增进的产物，如果这种所谓的"进
步"趋势不能遏止，则此类疾病只会越来越多，也越来越离奇。**
[例如：化妆品皮肤毒害（原本仅是演员的职业病，目前正
在向所有女性漫延）；化学中毒（化工厂、实验室、化学原
料使用行业、油漆塑胶业等，目前正在向新型家具餐具行业
和家居人群漫延）；尘肺、矽肺（矿业、水泥业、坑道作业等，

非植被吸收型的城市化环境使空气粉尘度大增）；电磁辐射
（机房、电子设备、微波通信等，目前由于无线通讯的广泛
使用而超越职业限制）；核辐射（核电站、痕量测定实验室等，
如果核电站广泛建立则空气中的辐射粒子相应增加）；噪音
伤害（纺织厂、大型机械等，机械化和人机融合趋势使环境
基本噪音分贝值倾向抬高）；等等。]

◆ **微环境与居室、办公室综合症。**（类人猿阶段风餐露宿，此
乃人体居住环境的基础适应态；尔后改为山洞穴居，尚有冬
暖夏凉之效，但温感适应幅度变窄、光感调节初步受扰；再
改为土木居室，又显冷热幅度波动过大，空气流动置换不足，
于是古医所谓"伤风"、"寒热"、"传染"之类的疾病开始抬头；
而今房屋密闭，加之过度装修，遂致螨虫病、空调病、煤气
中毒、幽闭变态、过敏原增量、苯醛类污染、光照过度型生
物钟扰乱、阳光不足型缺钙病和抑郁症、等等；真正是江河
日下、颓势如流。）

◆ **饮食安全问题。**（土壤污染和滥用农药导致农作物普遍污染、
水体全面污染导致江海鱼虾毒素富集、大棚菜和非时令菜的
中间代谢产物堆积、笼养鸡和圈养牛的不良饲料和抗菌素危
害、转基因食品不可预测的远期隐忧、等等，目前已经见不
到符合自然生态标准的新鲜食品原料了。此外，要么是半成
品：涉及长期堆放致潜隐变质、多工序加工致营养流失、外
加生物性怪菌污染和化学性防腐处理等问题，样样伤身；要
么是成品：如餐饮业或快餐食品，它们的特点是高热能、高
油脂、浓味精、重盐酱、多色素、大食量，样样害人。这还
不算现代文明别出心裁的瘦肉精、催红素、吊白块、三聚氰
胺、等等，用中国农夫的话说："这是从城里人那儿传来的发明，
所以还给城里人"。）

◆ **免疫退化疾病与自体免疫疾病。**[在机体结构复杂化和免疫系统繁琐化的进化病基础上，又因数万年来用火熟食、用水洁食、乃至工业消毒和家居消毒，结果造成日益严重的机体局部免疫退化，尤其是消化道免疫退化（如动辄发生上吐下泻的急性胃肠炎或集体性食物中毒即源于此）；城市人口高密型的交叉感染、地区性和国际性外来生物迁移所致的过敏元增量、生存焦虑和精神紧张造成的免疫反应变态，以及前述的其他种种科技性、社会性、内环境和生物钟扰乱性等潜隐因素，导致自体免疫性疾病越来越多，也越来越严重。（所谓"自体免疫性疾病"，即是由于"免疫识别误差引发自体侵扰"的那一类疾病，其中常见的有：风湿病与风湿性心脏病、慢性活动型肝炎及至肝硬化、肾小球肾炎、萎缩性胃炎、溃疡性结肠炎、慢性淋巴细胞性甲状腺炎与甲状腺机能亢进、原发性肾上腺皮质功能减退症、系统性红斑狼疮、类风湿性关节炎、皮肌炎、硬皮病、银屑病、自体免疫性溶血性贫血、特发性血小板减少性紫癜、甚至包括外伤后交感性眼炎或睾丸炎、以及感染后脑脊髓炎或多发性神经炎等等，简直达到了全身各组织器官无所不扰、无微不至的程度。）]

◆ **总之，文明化进程必然导致环境破坏，所谓"环境破坏"包括一般所谓的"环境改善"；麻烦在于，由此造成的非适应性病理扰动从古至今始终处于进行性的发展和纵深运动之中。**

◆ 营养型文明病

◆ **人类营养的生物学原则。**（以灵长目动物的总体生存方式为参照：1、植食为主，杂食为辅；2、低能量、低糖、低脂肪；

3、无盐、无调料、更无化学添加剂；4、不过火、全生食；5、除幼体外，无精食、保持大纤维量；6、进食时间无间隔。上百万年的直立人和文明化以前的现代智人，其摄食方式亦大体如此。然而仅仅数千年，局面似乎完全翻转过来了，于是，某种"以头立地"的本末倒置的生活方式全面铺开，"生理颠覆"时代来临。）

◆ **"吃饱"问题：**（马尔萨斯学说最早提出了一个生物学上的重大问题：所有生物的正常生殖能力或"生殖实现量"远远大于其自然生活比数或"现实生存量"，因而启发了达尔文对"生存斗争"以及"种内竞争"的理解，为此达尔文在《物种起源》一书的"绪论"里还特别鸣谢马尔萨斯。这一点很重要，它表明，所有生物都是吃不饱饭的，或者说，所有动物进化得来的生理机制都必须以"半饥饿适应"为前提。人类当然也不例外。然而，农业文明和农业科技的发展已经打破了这一最基本的生物学规定，由此正在引起一场巨大的"饱食灾变"——即营养过度类疾病或所谓的"富贵病"是也。它不仅仅限于如糖尿病、高脂血症、动脉硬化、高血压、心脑血管病、肥胖病、骨质疏松症等这样几种多发病，而且，它还潜在地影响着整个人类的生理基础与病理前途。）

◆ **"吃肉"问题：**[从狩猎猿开始，人类的先祖才大量吃肉，这与它们更久远的植食性生理基础发生了冲突和矛盾。早先由于总体能量倾向匮乏，偶然才得饱餐一顿，这个问题还不突出；如今肉食充溢、脑满肠肥、脂肪堆积（精瘦肉里的脂肪含量亦高达18%以上）、血液黏稠化（微循环受阻）和细胞间液酸化（其中另有蛋白摄入量超高的因素存在），结果导致体细胞持续缺氧和内环境严重偏差，此乃数不清的疾病得以悄然兴起的主要原因之一。譬如癌症，实验证明：细胞持续缺氧可致癌变；癌细胞能够适应二氧化碳浓积下的无氧代谢；原位癌和转移癌在血粘度增高壅滞小循环的情况下才能避开免疫攻击；此足以解释目前癌症高发率远超遗传概率的现象。]

◆ "吃粮"问题：（"粮食"为人类所独享，凡有"独特"之意者皆有"非适应"之嫌，此其不妙之一；它属多糖淀粉，精纯的碳水化合物，尽可少食而获取高能，古人长处饥饿之境且体力劳动繁重，故二者还算匹配，今人饱食终日而又体力支出不足，遂致尿糖与肥胖，此其不妙之二；谷粟稻黍多含谷胶类物质，即使不堕入高脂高蛋白的肉食陷阱，它也倾向于增高人类的血液黏稠度，甚至有过之而无不及，所以素食主义并不比肉食主义高明，也所以自古东方人的平均寿命并不比西方人高，此其不妙之三；即便如此，意犹未尽，下段继续。）

◆ "吃精"问题：（动物要获得醣类能源，必须大量吞食草叶植物，由此补足了各类稀缺要素，人类是"精米细面、吃好吃饱"，摄入总量虽减，热能早已超标，结果就引出一组在生物界罕见的"另类营养不良疾病"：维生素缺乏、微量元素失衡、儿童期与老年期缺钙、等等，此其不妙之四；所有植食性动物，不乏嚼之无尽的纤维素来清理冲刷肠道，虽见边吃边拉之不雅，断无臭物内积之忧患，人类是"食不厌精、脍不厌细"，肉蛋奶粮，皆无残渣，结果又引起另一组在动物界罕见的"别样排泄不良疾病"：便秘普遍发生，然后粪便滞留的毒素又酿成直肠癌发病率直线上升，此其不妙之五。）

◆ "吃盐"问题：[38亿年前原始单细胞生物所赖以生存的原始海洋，其含盐量必定低于或等于一般细胞浆和有机体所恰守的0.9%生理盐水浓度，因为那时的地壳尚未隆升、裸露和风化，海床岩石内的盐类不能充分溶解于水中（现在海洋盐浓度多在3.5%上下，波罗的海0.8%，死海23%）。也就是说，由原始生态和原始细胞给定的生理盐浓度成为所有后衍物种的统一标准。故此，除了人类之外，没有哪种动物需要经常专门找盐吃，因为在自然食物链中，这个标准盐浓度基本保证了各个物种的盐量供给。大约是由于狩猎猿和农耕人过于劳苦，常处于汗流浃背的失盐状态，或者，更可能是由于文明人仍不能习惯肉食的腥膻与粮食的甜淡，从此食盐不止，且用量日增，结果落下了人类的第一桩"成瘾"恶习（日常食盐量大于生理需要量的5 ~ 10倍以上），它比后发的"酒瘾"或"毒瘾"要严重而普遍得多，危害也大得多：不仅造成肾脏负担加重、造成高血压，还构成许多疾病的潜在背景因素。]

◆ **补充资料：爱斯基摩人的病态亚文明。**[1941年，在丹麦的格陵兰岛东海岸，霍贾德、佩德森和科彭哈根共同进行了约1000人的小样本研究，结果表明：爱斯基摩人的平均寿命只有27.5岁。他们的食品95%是高脂纯肉食，如北极海豹等（注意：说海洋性食品有利健康多属误谈），由此造成对传染病抵抗力低下、骨质疏松、高脂血症、高血粘度、及其一系列继发性或关联性疾病。要知道，他们从来不缺乏户外活动和清新空气，最终却丝毫无助于受损健康的维护，可见饮食营养状态的改变具有何等重大的影响力。（引自《现代医疗批判》〔澳〕罗斯·霍恩 著）]

◆ 实际上，前列各项仅属问题的一小部分，而且，哪怕只是打算朝着与文明危害相反的方向略微靠拢，你都会发现它几乎是不可能的。[譬如：目前认为，"生鲜果蔬主义"是最好的饮食结构，但你立刻面临如下若干难题：1、目前的蔬菜水果多为反时令产品（且不论它们还是经过人工选择的反自然产品），而且多为半生采摘（以便运输贮藏），于是内含毒素明显增加（一切植物原本就含有各种毒素，问题在于是否与之取得了长期选择的解毒适应），岂可大量食用？2、现代市场上的蔬菜水果，难得遇见不施化肥、不喷农药、不用催熟剂、不搞新品变种的原生产物，若然，多食等于自找中毒；3、要求生吃，还不得加盐，以免破坏维生素，增加钠氯损害，但这样一来，又少了一道解毒消毒的工序，而且口感极差，试问几人能长期坚持？4、植食性动物终日不停嘴的吃，方能保证能量供给，姑且不论人脑需要更多单糖能源，也不论人类已经把盲肠退化成了阑尾，仅看一个最小的问题：现代人谁能一天到晚大嚼果菜而不去上班挣钱？到头来失业困顿，不饿死你才怪！除上列各例之外，还有更多麻烦问题难以处理，如：服用化合维生素问题；补钙两难问题；低脂饮食造成脂溶性营养素缺失问题；低蛋白饮食导致氨基酸比例失均衡问题；节食半饥饿引发营养不良问题；长期引用无污染纯净水导致电解质平衡紊乱问题；等等，限于篇幅，从略不谈。总之，你若胆敢"回归自然"，必定叫你更快灭亡。]

◆ 看来，这些被人们礼赞了千百年的"文明进步"之祸患，你还不得不承受下去，尽管正是这类名堂构成了人类现代疾病和未来伤亡的基本要素。

◆ 感染型文明病

◆ 一般认为，感染病或传染病是纯粹的生物源性疾病，其实不然，它与人类的进化状态、生存状态、免疫状态等高度相关。[病毒、细菌不仅是人类的先祖，而且也是维持生命系统的环境基础，如氧气、洁净水等（最初或）主要就是单细胞菌类的贡献。它们无处不在，并与任何形式的有机体建立了共生关系，因为一切后衍生物必须与它们取得协调才能获准生存。从理论上讲，它们不可能对经过长期"自然选择"（也包括前存之病毒和菌类的选择）筛选过的正常生物有机体造成损害。一般而言，它们只对免疫屏障受损的伤病体或内环境酸化的尸体产生侵蚀作用，从而保持整个生物系统循环再生所要求的基本生态条件。换言之，亿万年的进化适应过程，使得DNA单体或RNA生物大分子（文明弱化的人类将其称为"病毒"）以及单细胞生物（进化畸变的人类将其称为"细菌"）不可能成为天然生命的宿敌，而只能是"条件致病因素"或"条件致病菌"，对人类而言，这个"条件"就是"背离自然生态的文明生存方式"。譬如，在动物和人类的口腔、呼吸道、肠道和阴道中，都有大量的"正常寄居菌群"，它们非但不会致病，反倒构成一种必要的自体清洁机制，甚至构成某种不可或缺的互利共生关系（如肠道寄居菌与分解消化功能）。]

◆ **感染病或传染病的形成因素：**(以下所列举的，也就是所谓"易感者"或"高危人群"的概念成因，以及所谓"致病菌"或"病原微生物"的概念成因。)

（1）、进化导致细胞形态功能畸变、机体结构过度复杂、生理内环境极端脆弱，使之终于成为微生物的别样温床；

（2）、文明用火熟食导致消化道免疫功能退化，进而造成所有开放腔孔免疫力低下，从此彻底敞开了入口感染通道；

（3）、文明饮食结构导致血液黏稠度增高和机体内环境酸化，使人体内外的正常寄居菌或共生菌变成了条件致病菌；

（4）、文明社会生态导致工作紧张、生活动荡、心理焦虑、精神抑郁，长此一往不免造成生理功能和免疫反应紊乱；

（5）、文明化和城市化进程导致人口密度过高，人际交往过繁，结果大大缩短了致病微生物的宿主迁转传播路径；

（6）、上列综合致病条件等于激活了致病微生物在人体中的循环增毒培养过程，使之成为所谓的"反向疫苗"。[注释：一般活疫苗，是将致病毒株引入不易感的动物体内培养上百代，使其在不致病的压制条件下毒力衰减而成；反之，如果某种病菌在易感物种中广泛传播且反复发作，则有致病毒力增加的倾向。从自然选择的角度看，任何微生物与寄主的关系，当然是以无害共生或微恙播散的状态为最佳，例如，呼吸道寄生菌只需引发喷嚏、消化道寄生菌只需引起便溏即适可而止，此时宿主尚无病形，活动自如，这样才最有利于寄生菌传播扩大自身的生存空间，倘若寄生体动辄致宿主于死命，则它必然落得同归于尽被淘汰的下场。只有一种情况例外，那就是，在宿主极端易感、极端密集、且供量庞大，以至于在其疾速毙命前足以将寄生者更大范围地播散开来，烈性致病菌才有生存扩张的胜算。——而人类的文明生态恰恰就为所有"病菌"（其实原本是"正常寄生菌"或"条件致病菌"）提供了这样一种无比美好的等死宿主群量。例如，有研究发现，霍乱弧菌的致病力在古时并不具有致命性，仅在近代因人群易感、传播快速而致增毒株大行其道。]

◆ 文明化的生活方式不仅使人类变成微生物的易感载体，就连人类豢养的动物即家畜家禽也被殃及：凡是放养动物，很少得病；一旦圈养或供给人工饲料，即见各种传染病发生；

这相当于做了一个大样本数的"动物实验",它确证了"文明生态"对"自然共生关系"的破坏效应。(放养的牛、羊、猪和散养的鸡,很少见口蹄疫、炭疽、副结核性肠炎、禽流感、猪流感、以及其他千奇百怪的瘟病,更不会出现像"疯牛病"或"朊病毒"那样的人造魔头。我曾在陕西周至老县城的深山里看到,当地老乡养的牛,每年春夏秋三季是完全放任于山林之中的,除了摔伤或熊豹咬伤,从来无病,只在过冬时才把它们找回来圈养,结果这段时间也是唯一的患病期。这种情形,世界各国多有报导,不足为奇,就像所有野生动物只见外伤和残老却很少得病一样。)

◆ 历史证明,传染病发病率与文明化社会度呈正比相关。

◆ 据《中国传染病史料》统计,中国疫年与非疫年的比例分别为:两汉三国时期1:7.6,两晋南北朝时期1:4.9,隋唐五代时期1:6.5,两宋时期1:3.19,元朝1:2.3,明朝1:1.77,清朝1:1.23。就次数来说,据《中国救荒史》的不完全统计分别是,周代一次,秦汉时期13次,三国两晋时期17次,两宋金元时期32次,明代64次,清朝74次。显然传染病的发生频率一直呈递增态势。[中国古代记载疫情的文献很多,《尚书》、《诗经》、《国语》、《左传》、《史记》和《汉书》中都有笔录,《五行志》里还记载了传染病的发生和防治情形。从医疗方式上也可以看出人间疾病的发生发展:上古无所谓医术,只有驱邪破邪的巫医,叫"苗父",苗父作法时,用草扎成狗形(刍狗),上面缠以绢布,绘以图案,面北祷告,寥寥数语即可治病;至周代,叫"疾医",医家问世,医药初成,到战国时期,人有大家扁鹊,书有《内经》简本;但中医真正普及于世,是在两汉以后,此时文明大进,伴以百病丛生,于是游方郎中满地走,以张仲景、华佗为翘楚,《黄帝内经》

也终于成全，至此，"病家"与"医家"相互促进，蓬勃发展；待到宋时，连大文豪苏轼亦曾创办"安乐坊"，用以隔离和救治病人，可见疾病蔚然成风之一斑。]

◆ **再看欧洲，公元前430年，一场瘟疫席卷古希腊，夺走了1/4希腊城邦人的生命**（据修昔底德记载，在公元前431年，开始了西方史上最早的大规模战争之一伯罗奔尼撒战争。这次战争之前，古希腊人从来没有遭到像天花这样的传染病的攻击，虽然那时候可能已有流感、结核和白喉等病发生。伯罗奔尼撒战争使得新型流行病从非洲传到了波斯即今天的伊朗一带，再于公元前430年殃及希腊。这次重大传染病造成的后果非常惨重，它使得雅典军队的1/4死亡，瘟疫继续在南部希腊肆虐，导致各城邦人口数量骤减）；**公元165 – 180年，罗马帝国发生黑死病瘟疫，导致了1/3的人口死亡**（那时候罗马是安东尼称帝，史书称之为"安东尼时期黑死病"，瘟疫肆虐15年左右，导致罗马帝国本土一片萧瑟。很快，过了不到两代人的时间，至公元211～266年间，罗马又遭到第二次传染病的大袭击。这两次瘟疫横行之后，再加上其他一些原因，罗马帝国元气大伤，从此逐步趋向衰落）；**公元700～1050年间是日本史上的"瘟疫时代"；公元846年，在入侵法国的诺曼人中间爆发天花，诺曼人杀死了所有的病人和看护病人的人；公元1347～1351年，中世纪的西欧蔓延黑死病，许多地方1/3到1/2的人口被消灭**（1345年冬，一支来自中亚的军队进攻热那亚领地法卡，久攻不下，抛入"黑死病"患者尸体，恰值教会灭绝淫猫，遂致鼠疫横行。后传至俄国，连莫斯科大公和东正教教主均死于此疾。以后多次复发，100年间夺去2500万人命）；**1665年由于鼠疫大流行，牛顿所在剑桥大学停课，牛顿返回沃尔斯索普躲了18个月，**

发现"万有引力"定律（苹果落下的故事即发生于斯时）。**此外，十六世纪的梅毒**（此病源在北美印第安人处，原本似无异常反应。后传至欧洲，改称"那不勒斯病"，1494年法兰西国王查理八世率军远征意大利，多国兵士在该地染病而撤军，此后梅毒逐渐扩散并猖獗于欧、亚、非各大陆），**十七世纪的天花、十八世纪的伤寒、十九世纪的霍乱、乃至二十世纪的大流感、艾滋病等，西方世界的疫病照例与日俱增，且愈益棘手。**（有资料显示，自上世纪70年代以来，新出现的传染病以每年1种或以上的速度增加。现在全世界有约40种传染病是上一代人从未听说过的。在过去的5年内，WHO〈世界卫生组织〉在全世界范围内确定了超过1100种的疾病流行。近代"西医"或"医学科学"的突飞猛进，即是以更为恶化与强化的形式表征着文明社会的病态动向。）

- **文明致病与菌株增毒的历史印证。**[1、十四世纪的黑死病（淋巴腺鼠疫）是从东亚经中亚传入欧洲的，此前亚洲的文明程度高于欧洲，传入欧洲时菌株毒性增强，加之当时的欧洲人竟将猫儿叫春看作淫荡流布，为文明宗教意识所不容，遂造成更大损伤。2、十五世纪末哥伦布发现新大陆后，在欧洲文明生态中酿成的各种传染病才传入美洲，足见美洲原始生存方式与传染病无缘，于是也就没有对此类增毒菌株的特异性免疫力，遂致90%的印第安人死灭，结果劳动力匮乏，引出黑奴贸易。3、梅毒从美洲新大陆传入欧洲，但当时土著人并不显现为疾病，反倒是在欧洲文明人身上才见发作，并且是在逐步增毒后广泛流传到非洲和亚洲殖民地。诸如此类的例证还有很多，兹不赘述。]

- **关键不在于因何"感染"，而在于因何"发病"。**（如脊髓灰质炎病毒的感染者甚多，发病者甚少。再如，非洲仅有3%HIV

阳性者发作成艾滋病，多数感染者终生携带而无恙。另外，野生动物全然不讲卫生，细菌感染源可谓无穷无尽，何以历来病灾不侵？）

◆ **关于"正常共生菌"、"条件致病菌"与"病原微生物"的争论之简介。**（据罗斯·霍恩研究追述，历史上，最早是〈法〉安托万·比钱普与路易斯·巴斯德的争论，争论的焦点在于细菌的"多型说"与"单型说"，即致病菌究竟是"有条件的变体"还是"独立的物种"。十九世纪中叶，比钱普观察酵母菌提出细菌变体与条件致病观念；1907年A·尼塞和R·马辛两博士发现了B大肠杆菌的类变异现象；1890年苏格兰病理学家威廉·拉塞尔在癌症组织中发现微菌，后称"拉塞尔体"，1901年O·施密特医生在癌症病人血液中发现寄生菌，1923年后，冯·布雷默研究确认癌症是一种体质病，与饮食和生活方式有关，微生物仅属共生现象或属转化性致病关系。1916年，恩德莱因博士发现血液PH值呈酸性或强碱性与细菌变成条件致病菌有关。A·沃伊辛早就发现，人肺内始终存在数百万个结核菌，何时成病另有原因。但医学界对这类研究历来不感兴趣。）

◆ **总之，"感染"和"传染"问题很可能不是一个单纯的微生物学问题；就连它变成微生物学问题都很可能是近现代文明的浅薄偏执和近现代医学的着意误导。**

◆ 精神型文明病

◆ **人类精神建构的生物学原则。**[由感性到理性、由简单到复杂、由愉悦到痛苦，总之，它与生物衰变演化的进程与步骤如出一辙，即展开为感性（发端于低等扁形动物，以视听触动为求存引导）→知性（肇始于脊索或脊椎动物，借识别判断来解决多向选择）→理性（演成于哺乳灵长类动物，靠概念命题推导以维系复杂依存）的这样一系进化脉络，并相继排列为逐层递弱或优势递减的感知鲜明效应或精神冲击效应（详论请参阅《物演通论》卷二）。枯燥的话题姑且不谈，仅看人类的"文化艺术感动阶梯"即可一目了然："音乐"是激发情绪的，因而受众最广、粉丝最多，古时唐诗宋词都是配以诗歌或燕曲才得以传唱；"绘画"必须具象识辨和描摹，故引人喜爱，后来倾向"抽象画"，结果欣赏者骤减；"文字"符号全以理性逻辑承载，因此不仅喜好者寥寥，还给更多少年儿童从天性深处带来痛苦。它们的作用力（或者说是与生命的关联度）也每况愈下：殉情者比比皆是，可有谁见过因为做不出一道数学题而自杀的"殉理者"？换言之，紧张的心态、复杂的理性和缜密的逻辑知识系统与深层人性或基本生理相悖逆。]

◆ **人类心理建构的生物学原则。**[生物进化系列最典型地表达着物演弱化进程，从无机界到生命界，物质的存在度业已衰变到如此地步，使得任何生物都不得不衍生出某种"求存能力"或曰"代偿属性"，以弥补由于其生存效价的递减所带来的失存危机。建构上述"求存能力"的基本原则就是"趋利避害"，而引动"趋利避害"最灵敏的指标就是肉体上或精神上的七情六欲及其苦乐感受。心理上的苦乐感应形同脉冲，它必须回归于某个既定的"沉静基线"或"无聊中值"才能使之继续保持最恰当的刺激反应状态，是谓"苦乐均衡原理"。但麻烦在于，随着生物递弱演化的发展，越高级的物种其生理感应或精神感知的能力越强，也就是其心理震荡的幅度和频率倾向增大，这与它们越来越复杂艰危的生存形势相适应。结果，一方面是刺激源和信息量暴涨，另一方面是感受力和反应度剧增，这就是造成文明化人类不免发生越来越严重的心理失调和精神焦虑的原委（注："焦虑"是一种"避害预反应"机制）。——这个焦虑化过程的临床病理形态就是神经衰弱乃至精神崩溃。]

◆ **神经衰弱病：神经衰弱、失眠、偏头痛等**。（诸如此类的病象仅见于文明人类。）

◆ **癔病，即歇斯底里**。（属于纯粹精神性、心理性或情绪性的非器质性病变。）

◆ **精神病：潜意识精神病、抑郁症、精神分裂等**。（目前已呈流行病态势。）

◆ **而且，持续性"应激状态"必然导致"代谢紊乱综合症"或曰"生理系统紊乱综合征"**。（所谓"应激状态"，是指类如羊遇见狼之一瞬、或如地震坍压在废墟中多日而不死的机体过度调动状态或生理紧张调动状态。大体表现是：神经肌肉紧张，肾上腺皮质激素持续增量分泌，肾血流量及尿量减少，血压和血糖升高，体内糖元和脂肪分解加速，血液和体液PH值偏向酸化，呼吸心跳加快，代谢率相应上扬等等，其余有关的机体细微变化则实属一言难尽。这种情形在一般动物中应该是很少遇到的，然而，对于生存复杂性越来越增大、社会紧张度越来越增高的人类而言，某种程度的"持续性焦虑"或"连续型应激"就可能成为日常生活的必须状态，长此下去不免引发一系列全身病理变化，是谓"代谢紊乱综合症"，它实质上属于神经失调型或中枢失调型的全生理系统扰乱现象，其典型病征是"六高一脂"：高血压、高血糖、高血脂、高尿酸血症、高胰岛素血症、高粘血症和脂肪肝，并最终导致机体各器官发生器质性病变和机能衰竭。）

◆ 值得注意的是，后现代文明或信息文明正在促使这类综合性病症进一步高发和恶化。

◆ 现在的先兆是，浮躁和嚣闹变成了常态，激越和癫狂变成了时尚。可以期待,及至人类能够相互普遍地欣赏精神变态的"美"与"乐"之际,"精神文明"才算发展到了辉煌的顶峰。(眼下流行的音乐、绘画、歌舞、影视等无处不显此疯癫躁狂之端倪。)

◆ 以下，看几组相关实验和调查：[它有助于读者领会"焦虑"得以发生的原因及其后果。(数据资料引自《我们为什么生病》〔美〕R.M.尼斯与G.C.威廉斯 著）]

I. 恐惧焦虑实验：观察一群小观赏鱼对其捕食者小口鲈鱼的反应。根据小观赏鱼对鲈鱼的反应将其分为三组：胆小躲起来的、普通游开的、胆大盯住捕食者的，分别与鲈鱼放在一只鱼缸里,60小时后,40%胆小鱼和15%的普通鱼存活,胆大组无一幸免。(本项实验表明，恐惧焦虑情绪是一种面临威胁或不确定局势下的生理和心理保护机制，它使焦虑主体处于应激调动状态，有利于对不良境遇作出快速而准确的规避变通反应。再看下面另一组实验。)

II. 情绪反应敏感度实验：心理学家对焦虑机制的测试，犹如信号检测之理论依据：① 信号的响度；② 信号与噪音的比率；③ 把噪音当作信号的代价（误报的代价）；④ 把信号当作噪音的代价（漏报的代价）。设想你自己单独在丛林中，传来树枝折断声，紧张之余，你必须当即判断并作出适当反应：① 是老虎或猴子的可能性各有多大？② 此地出现老虎或猴子的可能性各有多大？③ 逃跑的代价（不必逃跑而逃跑的代价）；④ 真是老虎而没有逃跑的代价（应逃跑而未逃跑的代价）。焦虑水平决定着直觉判断的快速和准确，决定着生存机会。(但,反过来说，如果处在过度或持续焦虑的状态中，则反而会造成严重的心理和生理紊乱，从而导致判断与现实分裂，甚至造成精神错乱症候。现代文明或现代社会就相当于让人长期不间断地处于比这种原始密林更错综复杂的动荡环境中，因此才会出现下面的调查统计结果。）

III. 很久以来，抑郁症自杀就是北美青年人仅次于车祸的第二大死因，约10%的青年人经历过一次严重抑郁症，动过轻生的念头，且此项发病率继续呈直线上升态势，在所有工业化国家几乎每十年增加一倍。[国内有关研究表明，这种情形在我国的民国时代、文化大革命时期和现代化改革过程中同样存在。其特点为：人人经历，普遍发生，自杀率不断增高（茨威格、海明威、王国维、老舍等等），以至于上至哲学界（叔本华、加缪等）下至民间专业网站都在讨论它。举例:如工作紧张单调、长期失业无着、生活穷困潦倒、破产债务缠身、高倍通货膨胀、股市剧烈动荡、儿童学习超负荷、囚犯出狱不适应、消费攀比造成的欲望高涨而又不得满足、甚至仅是城市拥挤建筑的室内采光不良等等，诸此问题均可构成焦虑性心理疾患或抑郁症的诱发因素。]

IV. 另外，加州大学洛杉矶分校的米歇尔·拉里和米塞·麦克尔研究发现，猴群中的高等级雄猴的兴奋性神经递质（血清素，serotonin）要比其他雄猴高两倍，当其失去统治地位时，它们的血清素立刻下降，而且随之出现委琐、木僵、拒绝进食等抑郁症病状。更加惊人的是，如果随机选择任一个服用抗抑郁症药物的雄猴取代猴王位置，例如服用prozac以提高血清素，则每个雄猴都会表现出猴王固有的生理现象。[英国精神病学家普莱斯 J. Price 认为，抑郁是生物社群等级化的产物，抑郁有利于"自愿服从"，或者说，"自愿服从"有利于消除抑郁。纽约州立大学的约翰·哈顿（John·Hartung）提出，威胁到上级的高能力者易患抑郁症，直到他训练自己大智若愚、锋芒不露为止。很多人过分低估自己就是出于这个缘故。这里显示，"社会组织化进程"及其"社会阶层化压抑"本身就会不可避免地引发抑郁症。]

◆ 总之，人类正处在社会进步的狂潮之中，而所谓"社会进步"就是社会结构致密化、社会压抑加剧化、社会竞争激烈化、社会局势动荡化以及社会生活紧张化的总和，由此注定了文明病、焦虑症和其他种种精神失调从总体上看都不可能得到缓解，而只会倾向愈益恶化。

◆ 社会型文明病

◆ 人类应变社会的生物学基础。[既往认为，"社会"是人类独有的产物，是人类生产关系或交往关系的总和，等等，其实一概大谬不然。这里需要首先建立"自然社会"与"生物社会"的概念，"自然社会"是指这样一系结构化递弱演进的终极形态：粒子结构→原子结构→分子结构→细胞结构→机体结构→社会结构，足见"社会"是一种自然产物或自然结构化产物。"生物社会"是指：生物系统体外分化或残化的生机重构之结构实体。它可分为原始生物初级社会、后生动物中级社会、以及直立智人晚级社会等相继发展的三个阶段。初级社会以"前分化、亚结构"为其特征，中级社会以"体质性状分化的低结构态"为其特征，人类晚级社会以"智质性状分化的高结构态"为其特征。这就不免使人类陷于某种超体质、超生理的变态生存格局和异常生存压力之中。其基本特点为：1、高度残化与低度个体生存效价；2、高度不公与高度结构化；3、高度依赖与高度动荡；此三者一致引出了令人难以适应的"生存紧张"与"生存艰危"的恶化倾向。
（详论请参阅《物演通论》卷三）]

◆ **前面讲过的生态、环境、营养、感染和精神等各型文明病，均可视为本节内容的一部分。**（下面仅以若干个别问题为例来探讨，万不及一。）

◆ **贫穷引发的疾病。**["文明发扬"和"社会进步"的一项重要指标就是"贫富悬殊倾向增大"。有统计表明，目前世界上最富有的人，其财富居然超过6个穷国的年财政收入之和，再有，世界首富的500人，其财产总值竟等于或大于4亿穷人的财产量；另据联合国下属的一个研究机构于2006年12月5日发布报告说：全球2%的人拥有世界50%的财富，此外还有一个数据也很惊人，全球50%的穷人只拥有世界1%的财富；如此巨大的贫富悬差，可以肯定是史无前例的。自十五世纪全球化以来，亚洲、非洲动辄饿死千百万人，全球性难民潮风起云涌，世界各地到处都有由贫穷造成的饥饿、系统性营养不良和儿童发育不良病案，还造成多种继发性疾病和传染病。如前所述，动物界亦有普遍饥馑现象和种内生存斗争，但它一般呈现均平缓行态势并终于塑成半饥半饱型生理平衡（而且所有生物会在灾年或不利境遇下反馈性自动减低生殖量），而人类社会的阶级分化倾向和动荡加速趋势却不断引发种内压迫与同种剥削之惨剧（诗云"朱门酒肉臭，路有冻死骨"），并由此形成新疫情的策源地（例如非洲西尼罗热、昏睡病、拉沙热、埃博拉出血热等）。]

◆ **战争引发的伤病。**[在动物界，同类之间仅仅争夺领地和雌性资源，且呈仪式化格斗，很少发生致命性损伤。但人类社会的战争历来造成大量死伤且呈增长趋势（秦赵长平之战活埋俘虏40余万人、一战仅凡尔登局部战场的伤亡人数就高达百万以上），以至医学脑分区（如语言中枢、命名中枢、精细动作中枢等）的研究竟因千奇百怪的脑部枪伤而得以揭示和启动。另外，战争之地也常常就是瘟疫之源（如前述的黑死病和那不勒斯病、以及一战后期的西班牙大流感、二战时流行的坏疽病等）。]

◆ **失业问题。**（仅见于人类文明社会，且呈进行性恶化趋势，即文明程度越高、科学技术和生产力越发展，它就越显严重，被马克思称之为"有机构成增高定律"，这真是一个离奇怪诞的伤人机制。世界各国的社会保障体制因此而不得不逐渐创立起来，然而它丝毫不表示这个由文明进步滋生的弊端得到了解决，反而是社会经济基础日益溃烂的征候，今日东西方各国的领导人最头痛的从政难题之一仍然是失业问题即为明证。目前"失业综合征"已构成一系列严重的医学疾病群，抑郁症不过是它最明显的冰山一角罢了。）

◆ **异常生活方式病和流行病**：（所谓"异常生活方式"，广义上是相对于文明化以前的自然态生活方式而言，狭义上则是特指某类疾病得以发生的相关社会生活变局而言。广义上已如前述，不复赘言。狭义上可以艾滋病为例：目前主流医学界认为，艾滋病是HIV感染所致，但有专家学者提出，该病毒究竟是继发感染，甚至是正常寄居，还是确定性单一病原体，实在大可怀疑。其他疑点姑且不谈，试问HIV难道是突然降临于世的特异性有机大分子？不然的话，何以此前不见它肆虐致病，却偏偏在今天才顷刻间变得面目狰狞起来？还有一问，群体性注射方式吸毒和商业化男妓同性乱交等极荒唐而时髦的变态行径，以及其他种种颠三倒四、折损命脉的现代民生习俗，难道就一定不是艾滋病的头号祸首？要知道，当代的性解放与远古的群婚制全然不在同一个生存平台上，人世间的总体生活方式及其生理病理环境早已不可同日而语了。可以断言，艾滋病首先是一种地地道道的"现代社会乱象病"，就像癌症首先是一个名副其实的"异常生活方式病"一样，其次才谈得上别样因素的附加作用。另外，诸如艾滋病、恶性肿瘤、心脑血管病等，甚至包括颈椎病、近视眼、心理失调、过劳症候群、网虫综合征等，都变成了新时代的"流行病"，以至于学界不得不考虑修订流行病的概念——"流行病"的原本概念主要是指生物源性的感染病和传染病，现在则泛指由于异常生活方式划一而导致某些疾病呈社会化大爆发的情形。）

◆ 总之，人类社会的动荡危局也体现在对人体健康的系统性负面影响上；反过来，不难设想，人类机体的病态发展又必将引起社会结构进一步动荡。这种"结构系统松懈"与"结构组分脆弱"的互动关系，最好地注解了自然结构演化与生物社会运动的趋弱法则。

◆"文明病"前瞻

◆ 心理学家约翰·博尔比曾提出"EEA"概念：Environment of evolutionary adaptation.即"进化过程中所适应的环境"。但实际上，无论从心理上或生理上，EEA都是无效的，原因如下：

◆ "文明病"的发生学原理。[文明病的发生，导源于体质生理系统的滞后态基础（越原始的基因比例越大以及越基层的生理形成时间越长）与智质文明进化的加速度发展（越高级的文明形态发展速度越快以及越现代的生存格局延续时间越短）之间的矛盾。即"体质原生态"与"生存文明态"之间的矛盾。二者距离越大，矛盾就越尖锐。]

◆ **因此，它的趋势只可能日益恶化，除非人类彻底改变自己的文明形态和生存方式。**[这一点难以指望（可参阅《物演通论》及其附录三："人类的没落与自我拯救的限度"）。目前形势的严重程度令人触目惊心，只看两例：1、自文明化以降，人类的新病发生率或临床病种数量一直与时俱进，与日俱增，从以创伤为主的几十种病发展到现在的上万种病，而且多数疾病在人群中的流行发病率也大幅飙升。2、从二十世纪中叶迄至二十一世纪初之五十年间，英国男子精子数量大约平均下降了50%；中国方面的调研结果与之相似，即近40年来男子精子计数总体减少35%，不但精子总量剧减，异常精子以及活动力下降精子所占比例亦然大增。可见未来的世界人口状况势将呈现为另一番凄凉景象。特别令人不安的是，生物学界对熊猫等濒危物种的研究发现，两性高等动物在临近灭绝前，通常首先会出现雄性生育力退化、精子数目减少、精子游动滞塞等异常征兆，而且一旦发生这种情况，则救助前景不容乐观，此与偷猎捕杀过量、生存林地减缩、生态食物链遭破坏等人为因素所致的濒危预后全然不同，它很可能预示着该物种的自然寿限或天然生机已临近耗竭。若然，人类目前的相关病理指标恐怕含蓄着双重警示："人类物种的天道衰弱"与"文明生态的自我作践"。]

◆ **眼下，更可怕的生物科技阴影正在袭来。**[分子生物学的发展，基因工程和转基因实验的广泛应用，势必造成人间生态的下一波巨变，其影响所及至少会达到两个层面：宏观上，它将造成直接扭曲地球生物圈固有风貌的全方位影响；微观上，它将造成直接扭曲人类传统生活和人体既成构造的内化型影响。这个巨变和影响的深远危害目前还无法做出精确估量，但，有关专家早已提出一系列警告：转基因植物可能大规模排挤天然植被从而导致更严重的生态破坏；转基因动物可能促进上下链物种灭绝或等位物种不可控变态；转基因食品可能造成人类营养系统质变并对人体造成不可测远期负面影响；单细胞基因重组实验随时可能缔造出某种非自然型致病菌和失免疫型大瘟疫；克隆技术和基因导入技术几乎不可避免地要走向"克隆人"甚至"基因工程人"之境地，由此势将引发各种诡异莫测的道德危机、社会危机、人伦危机（血缘辈分和亲缘关系混乱，甚至造成人际识别混淆）、乃至于"人本危机"（即人变成非人、异人或变态人的种系败坏之险象）、等等。]

◆ **生态环境的进一步恶化，反而又需要某种"基因工程人"才能适应。**[也就是说，上述之"人本危机"，按目前的发展态势看，几乎注定会成为整个社会必须采取的"人本主义救亡措施"，例如：臭氧层继续破坏以及核电业继续扩张或核武器广泛投用，就需要制造出"耐辐射的人类品种"；空气、水体和土壤继续污染以至常态呼吸和饮食一概无从延续，就必须制造出"耐污染或耐腐蚀的人类新种"；甚至仅因为人间竞争继续恶化，现行的智商、情商、财商等人性指标不足以应付，就必然会有人去钻研制造出智商更高超、情商更阴沉、财商更贪婪的"超人变种"，从而让现在看来正常的"自然人"或"生物人"无法生存，也就是让所有做母亲的不再敢用自然方式生育后代，因为那样的子嗣届时已然无异于今日所谓的"弱智"或"先天愚型"等返祖类笨伯；等等。若然，就像眼下因为气候异常就必须制备出耐旱、耐涝、耐盐碱、耐酸雨的农作物新品种一样，不久的将来，"人"这种东西也同样只能从实验室里或工厂流水线上生产出来。不过，果真如此的话，"人"这种产品就会面临两种尴尬而恐怖的危局：其一、怪病横生，就像当今问世的克隆动物或转基因试验品那样绝大多数因残、夭、畸、病而遭主动或被动剔除；其二、快速赴死，就像当今市场上的各种商品或电脑芯片那样被快速淘汰和轮换。及至发展到方生方死之时，也就是人类这个至弱物种彻底抵达失存临界线的终极标志。换言之，任何一种"新人类"的寿限都必定倾向于递减，宛如递弱代偿法则支配下的自然物类或物种都必定趋向于衰变一样。可以想象，这大约就是人类以"文明进步的正常方式"（"非正常方式"指大规模核战争、普世性人造瘟疫或不可抗自然灾变等）步入寿终灭绝前的最后景况。]

◆ 凡此种种，令人不寒而栗，且迄今看不到任何改善的迹象，甚至看不到任何改良的意愿。是故我对当代的人类不抱希望，也对后世的前途不表乐观——但，对后人而言，如何处理这样一个系统性困境，却是他们不得不仓惶直面的首要课题。

五、"医源性疾病"概论

◆ "医源性疾病"导论

◆ 它实际上属于"文明病"的一部分，但却是其最纵深、最尖锐、最直接、也最容易迷惑人的一个部分，故有必要设为一个专题来讨论。

◆ 本来，医疗只是一缕缓和调理的清风，但若适逢秋叶萧瑟，则它立刻就会变成一股摧枯拉朽的力量。[譬如中医，它原本是人文初诞之时、人祸荼毒尚浅、人间病恙少见的产物，所以《黄帝内经》留有斯言："不治已病治未病，不治已乱治未乱"。自那时起，不管从医者是否自觉，医用的药物历

来大多是安慰剂，医疗的效果其实也大多是暗示之效。有关
"安慰剂"（无关于药的理化成分而相关于药的心理作用）和
"暗示"（人类本质上就是一种"由信而知、取信则灵"的文
化动物，或者说，人类文化本质上就是一个信仰暗示系统）
的概念，限于篇幅，不再多谈。但读者应该明白，人体疾病
绝大多数都循其"自然病程"而呈自愈倾向，医生的干预一
般不过是迎合这一自发过程，然后浪得虚名而已。这还是往
好里说的结果，实际情形可能比这还要糟糕：由于现代医疗
动辄采取过度干预和无度用药的缘故，他给患者造成的损害
可能远远大于疾病本身的危害，其后果是，此一波疾病经过
虎狼医的治疗蹂躏总算勉强自愈，但却为下一波疾病预埋了
中毒发作的前因和伏笔，是谓"疗后循环致病"问题。]

◆ **现代医疗的昌盛与现代人体的衰朽相匹配，现代医学的苛
酷与现代文明的暴烈相匹配。**（前面反复谈过，由于进化过
程就是弱化衰变或生物畸变的同一过程，更由于晚近之文明
生态与久远之生理建构之间矛盾重重，致使人类存境处在万
物叠续之金字塔上最易崩坍的顶端，也使人体生理处于生物
畸病之百宝箱中最易爆出的前沿；惟因如此，人间不能没有
五花八门的医术，人体不能不被三天两头地修理，但，格外
糟糕的是，生物社会此刻也同步演进到了内部结构破溃的晚
级文明阶段，医疗体系也相应发展到了污泥浊水横流的无良
商业境界；两相汇合的结果是，"衰败的人体"只好交由"腐
败的医疗"继续加以摧残。说起来，这倒也符合自然流变的
总趋势，故而它很可能属于"落花流水春去也"的人世宿命。）

◆ **也就是说，医疗的现代化过程恰好与社会的商业化过程合
流，于是，一个"善意的初衷"逐步演变成"居心叵测的合
法操作体系"，甚至演变成"意识形态化的人性摧毁系统"。**

（世界各国的医疗费用迅速飙升，各项开支日趋增大，其增长率超过人口增长率的十五倍不止，但各种疾患的发病率却不减反升，整个医疗体系正呈现出严重变质的倾向。难怪罗斯·霍恩抨击说："医药界需要疾病的存在，因为它唯一的兴趣是能够找见赚钱的'疗法'"；"医生都是受金钱杠杆控制的木偶"；此言不虚。试看另一组统计数字，着实令人错愕：1973年以色列医生罢医，致使每天就诊的病人从65000人减至7000人，罢医持续了一个月，据耶路撒冷殡仪馆统计，这期间城乡人口的死亡率降低了50%；1976年哥伦比亚首都波哥大的医生罢医52天，只处理急诊，拒绝治疗其他一切病人，结果受累区域的死亡人数下降了35%；还是在1976年，美国洛杉矶医生举行怠工，病人死亡率下降了18%，若罢工则会更低。它表明，现代医疗的总效果或净效果是负面的和残忍的，这真是一个绝妙的讽刺。）

◆ **医生并不比一般人寿命长，这表明他们并不知道如何维护生命。反过来，他们也不知道自己如何把病人给治死了，因为医药杂志和论文筛选都被控制在成为世界首富的医药商手中，至于药效和药物毒性的内幕，医生更是无从知晓。显然，医生也是受蒙蔽者。**（据有关方面调查，世界上最著名的医学专业杂志，其董事会主要成员或控股势力早已被最富有的医药商或金融大亨所取代。有人怀疑，很久以来，所有不利于现行医疗体制的研究成果和实验论文，都会被由精选出来的观点齐一的学术泰斗们所组成的学术审查委员会拒之门外。如此酿成的现代医药理论自然会把所有医务人员被动导向某一既定的学术思想轨道，再加上借用不断开办和组织各类医药讲座或专业学习给医生主动洗脑，从而使之不自觉地沦为层出不穷且毒性日益加剧的种种新药的热情推销员，这还不算白衣天使们被其他中小医药商使用更为露骨的贿买手段所造成的利诱型影响。）

◆ **医源性疾病的问题，实质上是科技化和商业化的社会结构性问题在医疗领域的体现，它的普遍性和系统性早已渗透于文明社会的各个方面，并且还会无可阻挡地继续恶化下去。**（由人类文明引发或表征的堕落趋势无处不在，它必然体现在政治、经济、文化、法律、军事、医疗、甚至科研、教育和艺术等各个领域，其内质或原因，本文无瑕讨论，有兴趣的读者，请参阅我的《物演通论》或《知鱼之乐》等哲论著述。）

◆ 正当性医源病

◆ 由于生物进化和文明进化的累积，人类早已成为生命体系中"病态的体现"、"畸病的载体"或曰"病胚子"，所以，求医看病成为必需。

◆ 然而，即使是这类正当的医疗，它也会造成医源性损害或医源性疾病，并且是连环性的、进行性的损害或病变。

◆ 例如：（1）严格指征的少儿扁桃体切除术与终生相伴的慢性咽炎、多发性上呼吸道感染及其并发症；（2）给贫血患者或生育期妇女进行补铁治疗引发血铁管制失效、高感染率以及癌症高发率；（3）给缺钙儿童或骨质疏松症老人进行补钙治疗引起神经系统功能紊乱、异位组织钙沉积、胆结石、尿路结石等。（4）胆结石、胆囊炎等胆囊摘除造成脂肪泻和脂溶性维生素缺乏症；（5）阑尾炎切除、各类急腹症、胎位不正剖宫产与肠粘连、肠梗阻、盆腔炎等并发症或继发症；（6）原发性高血压长期用药造成肝功能损伤和肝硬化腹水；（7）癌症的化疗、放疗加重痛苦和加速死亡；（8）银屑病即牛皮癣的类癌病变与化疗；（9）自体免疫性疾病如风湿活动、急性肾小球肾炎、红斑狼疮等进行免疫抑制治疗或运用激素治疗导致高感染率、远期癌症、激素病以及内分泌靶器官永久性失能；（10）HIV艾滋病毒携带者或乙肝检测阳性者用药后变成发病者；等等，不一而足。

◆ 更严重的是，长期用药造成耐药菌株，也造成更大规模的传染和更为苛毒的治疗，从而给未来留下无法预测的危险，如结核病、支原体肺炎、霉菌性阴道炎以及其他种种抗感染治疗。

◆ 必须格外注意，许多一般认为是"应该"或"必须"求治的医疗行为，其实根本不需要治疗或者不需要如此过分的治疗。

◆ 诊断性医源病

◆ 化验检查和仪器检测等诊断辅助手段原本只具有参考价值，现遭滥用，且与日俱增、花样翻新。给病人带来极大的经济负担和心理压力。

◆ 检验正常值问题。[正态分布问题（所谓"异常"大多是对钟形分布概率的误解）；系统误差问题（涉及人员技术水平、仪器设备偏失、以及试剂质量、季节温差、光照强度等多种影响）；个别误差问题（涉及因素更多，甚至受检者的饮食、情绪变化都在影响之列）。所以，真正的好医生从来不以化验检测结果定夺诊断。]

◆ 直接造成三种医源性损害：

（1）、理化损害。（X光辐射损害，电磁波损害，胎儿超声损害以及导管、穿刺、腔镜等创伤性损害等等。）

（2）、**心理损害**。（*a*.恐吓症，经常足以致人死命。如：糖尿病临界化验值引发的持续节食性损害；癌症误诊导致"病人"发生剧烈抑郁性损害乃至自杀；*b*.暗示病，经常足以致人患病。如：不必要的心电图及心脏检测致使受检者变成"假性心脏病患者"，从此生活失常、活动受限、药物滥用；种种癔病如肝功能检测引起的肝痛、眼底检查引起的视觉障碍、胃镜检查引起的持久胃痛；等等。）

（3）、**交叉感染**。（抽血、探头体表接触、腔镜内置接触、等等。）

◆ 纯粹为了搜刮钱财，医院方面居然设定检验收入指标；开出各种昂贵检验、CT、核磁共振的医生可享有丰厚回扣。

◆ 美其名曰"收集防范性资料"，荒唐到儿童割扁桃体也查艾滋、一般割阑尾统统进行活体病理检查的程度，贪鄙之状令人发指。

◆《华商报》2005年9月11日载，铜川刘先生查乙肝，四家医院四种结果。更严重的是干脆全出假报告，据报导，在某些男科性病医院，凡就诊检查者无一正常。

◆ 诱人进行"定期体检"，但复杂细致而又指标可疑的现代检查，几乎无人能够完全正常，于是凭空制造出无穷无尽的疑似"病人"。

◆ 凡此种种，或苟且阴暗，或冠冕堂皇，其最终目的无非是将广大民众无一遗漏地导入系统性医源病的门户。

◆ 治疗性医源病

◆ 先谈三个问题：

第一、大多数不适或病变无需治疗，人体自会调整克服，或通过饮食作息调养梳理，否则即为"多余治疗"。(例如：感冒、低烧、咳嗽、腹泻；轻微短时的胃痛、头痛、关节痛等；老年性腰腿痛、高脂血症、血压波动、血糖波动、冠状动脉灌注量下降等；甚至相当一部分明确的疾病如成年后的轻微风湿病、痛风症、局部炎症等。至于"颈椎病"之类的新名堂，最好置之不理，顶多自我调理即可，要知道"亚健康"属文明常态。)

第二、即使病变严重，一般也只需要辅助治疗，否则即为"过度治疗"。[例如，治疗感冒大挂吊瓶输液导致隐性药物中毒；治疗腹泻乱用止泻药导致消化道待排毒素进入血液；治疗老年性膝关节组织退行性变居然进行半月板手术导致患者近乎残废；甚至还有对早中期冠心病给以介入性导管造影和支架手术导致病人数年后该支冠状动脉完全堵塞的可怕案例(正常情况下一年半至三年再堵塞率30%以上)；等等。]

第三、任何多余或过度的治疗，都会造成不同程度的显性或隐性伤害，并成为今后得病的诱因或原因。(长期以来，人们不断罹患的各种新病或反复发作的各种旧病，有相当大一部分都是前次不当治疗的恶性后果或余绪，只不过这种情形很难被查证，而医生总会给你找见一个有据可查的新病因或新说法，足以叫你心服口服，并心甘情愿地再接受下一轮更猛烈更"有效"的治疗。)

- **疗法损害**：譬如静脉输液引起脉管炎和血栓病、甲状腺放疗造成甲低或癌变等等，不再例举。(现在连头晕、鼻塞、幼儿哭闹撒娇、妇人生气胸闷等都给输液治疗，令人匪夷所思。)
- **交叉感染**：牙科治疗、注射、输血等引起血道交叉感染(艾滋、乙肝、菌血症及其并发症等）；**吸氧、呼吸器治疗、甚至进入门诊和住院环境引起呼吸道交叉感染**（上感、肺结核、支原体等）；**接触高免疫状态的医护人员引起罕见高危型交叉感染**（甚至感染亲属。如：爆发型萎缩性肝坏死、伤寒、耐药结核病、麻风病等）；**等等**。

◆ **总之，警惕医院和医生就应该像西方人警惕政府和政客一样，不可稍有松懈。**（因为二者都处于信息或权力不对称的极端优势地位和极端易腐状态。）

◆ **药物性医源病**

◆ **"是药三分毒"应改做：凡药皆为毒，凡苦皆有害。**（此乃生物味觉之定则，即在生物进化的过程中，任何物种必须将对自身不利的东西感受为苦涩不适的样态，而将富有营养和能量的东西品尝为香甜的滋味，否则该物种必遭淘汰。故此，一切苦药皆为毒药，一切毒药皆应排斥。现在人们把药物当作日常用品，甚至说什么"良药苦口"之类的昏话，足见文明的荒诞，业已把人类这种生物扭曲到了何等不识好歹、不知死活的地步。医药学上和临床上通常把"药物毒性作用"称为"副作用"，其实是在缓和并掩盖问题的真相。）

◆ **关键在于，它们的"正作用"到底有多大？甚至是否有必要？**
[例如：降脂药物"吉非罗齐"，有明确的致癌危险、肝胆损伤、并致胎儿死亡，可见其毒性之烈；而血脂增高原属机体正常代谢的阶段性能源调动机制，老来即使有一定危害也须历经数十年时间才会显现，届时早该寿终正寝，何必提前吞药自裁？再如所谓的"抗病毒药"，如果真能抗病毒，人体所有大分子结构不免全部受累，就像目前泛滥成灾的抗菌素必然

伤及人体所有细胞结构一样（随后谈）。]

◆ 链霉素、庆大霉素等引发听力障碍和内耳损伤；红霉素引
起肝损伤；氯霉素引起造血系统损伤；四环霉素引起氟牙和
钙沉积障碍；等。问题在于，今日改换的同类新药，其未知
副作用可能更上一层楼。（新药问题后面另谈）

◆ 从抗菌素的作用原理看它对人体细胞的全面损害。（如质膜毒
害，即抗菌素一般作用于细菌胞膜，深则累及膜质细胞器。
单细胞生物是一切后生生物的鼻祖，人体即由亿万单细胞组
成，故而使用抗菌素对有机体的隐形损害程度目前无法估量，
但你此后之患病，未必没有它的因素。再者，使用各类抗菌
素相当于进行耐药菌株的快速人工选择，结果形成人与细菌
的恶性"军备竞赛"，由于细菌的裂殖周期最短只有20分钟，
其变异频率或突变累积速率比人体高得太多，因此，放在一
个长远时间段上考量，人类最终必输无疑。）

◆ 许多疾病完全是药物中毒的后果，或已明确是药物治疗的并
发症。[例如：亚急性脊髓视神经病（SMON）与氯碘羟喹类药
物有关；胎儿畸形与丙咪嗪、性激素、抗肿瘤药以及苯妥英钠、
奎宁、安定等常用药有关；麻醉药易致神经系统或脑组织损
伤；抗凝药易致眼底出血、内脏出血或脑出血等；扩血管药
和利尿剂会引起钠水储留和电解质平衡紊乱，且最终导致降
压无效；所有药物均不同程度地引起肝损坏、肾脏负荷加重
以及其他多器官、多系统的显性或隐性损伤；等等。]

◆ 许多药物会完全破坏人体局部组织结构及其生理功能。[例
如：激素对靶器官的反馈性抑制。"替代疗法"不可轻用，
如胰岛素造成胰岛组织萎缩（尽量不用）、乱用睾酮造成睾
丸功能完全萎靡废弛（小心壮阳药）。再如氨甲酰胆碱对心

肌传导组织的不可逆损伤、布洛芬对胃肠道粘膜细胞的溃疡型破坏、木通对肾脏器官的衰竭性毒杀、等等。]

◆ 但，现在的医生正倾向于用"药物的海洋"来淹死你。（目前"大处方"满天飞，它早已不是一般意义上的安慰剂，而是典型的毒害剂；再说安慰剂也伤人，因为现在临床上根本找不见纯粹用淀粉或蒸馏水制备的安慰剂，而是用不相干的化学药剂充当安慰剂。）

◆ 早在十九世纪后半叶，奥利弗·温德尔·霍姆斯（1809—1894年）就曾用这样幽默的警句告诫世人："如果所有药物都被抛入大海，那么，这对人类是一大幸事，但对鱼类却是一大灾难。"

◆ 介入性医源病

◆ 先谈"排异反应"，再谈"免疫抑制疗法"。（生物有机体对任何侵入性异己要素必须建立识别和排斥功能，否则它连一天也活不下去，这就是所谓的"机体免疫系统"。介入性治疗就是明晃晃地将外物插进或置于体内，其损害性不言而喻。更麻烦的是，机体免疫系统必然对异物产生持续性排斥反应，从而造成局部或全身性病理过程，也逼迫医疗上不得不对免疫系统采取压制措施，结果不免造成更坏的后果。前述之"冠状动脉支架"即为一例，此所以病人术后必须终生服用强效降脂与抗凝药物，最终还逃不掉再堵塞的厄运。）

◆ 一般来说，这种做法大多属于万不得已而为之的最后应急手段，若能严格把握适用指征，尚可视为是患者得以苟延残喘之福音。但问题是，它的成本、伤痛和后延性损害不可轻觑。（须知这类治疗带来的损伤和痛苦有时比疾病本身还要严重；

更甚者，倘若不能严格把握适用指征，或以医方的利益考量为导向，则其简直无异于谋财害命。）

◆ **所有创伤性外科手术亦可视为"短阵介入"。**（从紧张焦虑开始、麻醉、创伤、感染、抗感染治疗、并发症和后遗症等，一般需要长期恢复，大多造成轻重不等的远期损伤。）

◆ **妇女避孕、带环、人工流产等。**（带环：痛经、出血过多、性激素分泌紊乱及性周期紊乱、盆腔炎症反应等；人流再加上两项：子宫创伤和未来受精卵着床障碍；当然药物避孕也不美妙:性激素扰乱、累积性药毒、肝肾损害、肥胖、甚至致癌等。但现代人已经养不起多个孩子，或者受不了现代养孩子的繁琐与烦难，看你安敢不在上列戕害中笑纳一端或多端？）

◆ **假性器官植入。**[如：心瓣膜（易生血栓，须再加上抗血栓治疗）；矫形材料置入、齿槽骨植牙手术、关节腔人工材料置换（均有可能涉及后期排异反应问题）；等等。]

◆ **器官置换。**（肝、肾、心等器官移植：配型难、创伤大、必须长期服用免疫抑制剂，不良后果是，癌症和感染性炎症的发病概率大增，从而引发一系列没完没了的延续性折腾和损害。）

◆ **内置化用药。**（即药物内置缓释介入。目前方兴未艾，深层弊端一如前述，范围扩大后更多的远期问题有待观察。）

◆ **透析疗法。**（肾衰或血液中毒用，交叉感染和输血反应长期化。）

◆ **此外，各种器械诊治手段也会造成多种损伤。**（如各种内窥镜、各种长期引流管、骨钉、钢板托架、心脏起博器、等等。从近处看，它们给病人带来一定效益。）

◆ **之所以把介入疗法也列为一个专类，是由于它正在快速发**

展，大有逐步成为正常人加强某种生理作用或器官功能的常规举措之势。（譬如目前已经流行的美容矫形〈如乳胶问题〉；以及目前正在热议的芯片置入；等。从长远看，它将给人类带来严重祸患。）

◆ **失误性医源病**

◆ 我们前面讲过"正当性医源病"，现在来看另一类情况。

◆ 首先是自觉或不自觉的"过度医疗"问题。（儿童割包皮、孕妇剖宫产、小病大治、大病乱治、无病药养、有病药死、等等。）

◆ 同一个不良文明处境，足以造成种种不同的症状，然后医生根据不同症状将其区划为他们都记不住名字的种种疾病，分而治之，以毒攻毒，结果造成毒上加毒，病上加病。（也因此，误诊误治在所难免。）

◆ 例如：仅"慢性微热"一项，"鉴别诊断"就涉及隐性感染、结核病、风湿病、类风湿等结缔组织病、血液病、恶性肿瘤等。再如，"浮肿"可能是心脏病、肾病、肝病、内分泌失调、血管神经性水肿等。许多疾病的早期症状与感冒无异，如出血热、心肌炎、血液病、艾滋病等。（这是文明病系统化或大爆发的必然结果，也怪不得医生。）

◆ 另一类"医疗失误"看似纯属"医疗事故"，其实也与医疗工作过度复杂和过度紧张有关，试问谁工作不出错？例如：手术器具或敷料遗留缝合；摘除正常器官；拿错药或用错药；病情耽搁；等等。（官司上升是必然趋势，造成"防御性诊治"，费用进一步增加，社会危害进一步加重。）

◆ 真正的麻烦在于：（1）、一般所谓的正确医疗过程，其本身就存在着某种系统性偏差；(2)、整个社会结构及其工商业系统，都在有意无意地支持或强化这种偏差；(3)、医药工作者、生产者和销售者出于自身利益，都合乎情理地倾向于故意夸大和利用这种偏差。

◆ 这才是问题的要害，也是这个问题不可能从根本上解决的原因。

◆"医源性疾病"前瞻

◆ 文明化的发展势不可挡，医疗复杂化与技术苛性化的发展也将势不可挡，所以，不待说，"医源性疾病"纵深化和扩大化的前景势在必行。（具体到每一类病变上会怎么样，以及还会制造出什么千奇百怪的麻烦，现在都只能有所预感，却无法想象其细节。但通常，某种趋势最终所带出的后果，总比人们预先的想象要宏伟壮观得多。）

◆ 未来的纵深发展，还会导出另外两类前所未见的大问题。一是"社会反作用"问题（道德或道统维系力问题）；二是"自然反作用"问题（人为变革人种问题）；而且二者互相影响，恶性循环。

◆ 前者仅以"孕期性别鉴定"以及"亲子鉴定"为例。（性别失衡、性犯罪增加、性行为失常以及传统家庭结构进一步动摇，这是眼下已见端倪的例证。若引入随后下项问题，则必致社会形势大激荡。）

◆ 后者仅以"基因疗法"、"克隆技术"和"生物芯片"为例。（a."基因疗法"涉及基因组合紊乱的远期效应问题；b."克隆技术"必从器官克隆、宠物克隆发展到人体克隆，而越复杂的克隆对象越容易出现克隆失准或克隆突变问题；c.生物芯片"涉及人造智能和人造体能的重大后果，它将使所有"自然人"直接变成"后天智障人"和"无伤残疾人"。）

◆ **总之，按照目前的思路和做法，一切"改善性"的初衷最终都不免演变为"恶性化"的后果。**（就像科技发展史在其他各个领域所证明的那样。实际上，有史以来，人类行为的总体后果从未与其事先之企图或期望相吻合，可这丝毫也不妨碍人们照样有所企图，有所期待，还有更夸张的行为，以及更荒诞的后果。）

六、最后的箴言：保健、就医与用药原则

◆ **本文以论述"人体哲理"为宗旨，就主题而言，至此已告尾声。下面落于实用层面之所谈，因删减太多，省略太过，故而不成系统，仅供读者在大节上参考。**（在原讲座里，此后的部分偏重。有兴趣的读者可留意我的有关讲座或其讲演录。）

◆ 保健问题专论

◆ **"健康"的概念。**（由于进化病的先天性或先决性，也由于文明病的覆盖力与恶化态，人们今天所谓的"健康"其实至多就是"亚健康"而已。确认这一点有两项好处：1、不要关心健康评价，而要关心生活方式；2、不要动辄求医问药，而要提防医源损伤。）

◆ **"保健"的概念。改"疾病——治疗"模式为"生活方式——自保健康"模式。**（反"进化病、文明病、医源病"而动的三原则：1、抛弃人类优越论，承认自身脆弱；2、有限反文

明而动，适度溯原始活法；3、尽量远离医院，切忌滥用药物。当然，由于进化与文明已成定局，身陷其中的任何人都不可能拔着头发离地似的超然物外，因此，你必须仔细琢磨我所强调的"有限"、"适度"、"尽量"、"切忌"之分寸，其两难之困顿自不可免。）

◆ **现在的"保健"全拿金钱来衡量，似乎花钱就能买来健康，其实恰恰相反。**（因为，消费主义正是文明浊流的潮头，你花钱越多，一定受害越大。）

◆ **以"衣食住行"为例："衣"求素丝粗棉；"食"求原生果蔬；"住"求陋室阳光；"行"求短腿赤脚。**

◆ **莫提"返璞归真"，但求"顺乎自然"。**[过度追求"返璞归真"，如山林别墅之类，反成奢侈，它要求更深的陷入文明竞争体制，更贪婪地攫取金钱和经济资源，否则无法支撑这种比现代普通生活方式更超前也更浮华的造作，故虚有其表而已（除非你能茅舍青灯、赤身裸体、采猎于野、耕耘自足、隔离文明、屏蔽信息、弃智绝学、拒斥新异、举家山林、自得其乐，但这等境界似乎连黄帝时代的隐士广成子和先秦时代的达人老庄之辈亦未曾企及）。所谓"顺乎自然"，指既不与现实抗争，也不与现实苟同，内心边缘化，行为自主化，尽量采取与自然原生态相合或相近的简朴方式生活，此事说来容易作来难。譬如，唯有遵行"日出而作，日落而息"的生活节律（晚上7、8点睡眠、早上4、5点起床）方可与人体生物钟取得深度协调，试问，仅此一项，时下几人能恪守无误？]

◆ **显然，这里最重要的首先是改变观念：摒弃"进化论"与"进步论"的浅层曲解，体察"今不如昔论"的深长意味。**（此即人类文明中长存而渐衰的"保守"与"复古"的文化价值之所在。）

◆ 饮食问题专论

◆ 在对人体的后天影响因素中，"饮食"无疑占据了最大的比重。

◆ 反动于人类饮食进化序列。即奉行 "以古为优" 或 "原始优化层级" 的原则。（植食优于肉食、果蔬优于粮食、生食优于熟食、粗加工优于精加工、原生态优于人造物〈如蜂蜜优于纯糖、野生品优于培植品〉等。）

◆ "素食主义" 并非最佳饮食结构。（谷物类食品的缺点：高能量、多谷胶、低纤维。长期大量食用玉米还引起糙皮病〈皮肤粗糙褪色、口舌疼痛、消化道不适或腹泻、乃至心理失调或烦躁等〉。）

◆ 先谈 "血液循环系统"（大、小、微循环）的生理作用和机制，由此引出文明化饮食的三大根本弊端：（1）、由高脂肪、高蛋白、高谷胶引起的 "高粘血症"；（2）、由高脂肪酸、高氨基酸、高丙酮乳酸引起的 "酸血症"；（3）、由低纤维素即精食和肠道壅滞即便秘引起的 "血中毒症"；（血液循环系统是保证代谢物输送和保持内环境恒定的基本环节，高粘血症导致小循环和微循环不畅、酸血症导致机体细胞内环境紊乱、血中毒症导致肝肾解毒排泄负担增重，凡此都造成全身性不良反应，影响广泛而深刻。）

◆ 不同饮食的胃肠排空时间差异。（以40岁男性为例，胃排空：果蔬类1～3小时左右；谷物类4～6小时；肉蛋类12～24小时。肠排空：果蔬类24小时以内；谷物类48小时左右；肉蛋类72小时以上。胃肠排空时间越长对人体越不利。）

◆ 国人早知 "精食" 之害，故有《韩非子·扬权》斯言："夫香美脆味，厚酒肥肉，甘口而疾形。……故去甚去泰（太），身乃无害"。至于孔子说"食不厌精，脍不厌细"，乃如鲁迅所言，是缺什么喊什么的产物，与"甚"、"泰"无关。

◆ 补充：关于"想吃什么就是缺什么"即"食欲天然合理"说的问题：

（一）、**总体不成立。**（主要受幼年饮食口味熏陶、尤其是父母煮饭烹调习惯之影响，故大多不能反映生理需要。）

（二）、**否定态成立。**[如妊娠早期厌食与呕吐，是由于食物毒素此刻最容易伤害胚胎，故属保护机制，应顺势禁食或少食，无碍胚胎发育。再如，儿童厌恶蔬菜有一定合理性，因为所有植物在进化中都产生毒素以自卫，人体虽相应出现解毒机制，然幼儿期尚未健全，故莫逼儿童过多吃菜，更莫吃新品种蔬菜。（当然现在儿童不肯吃菜，还与精细食品干扰正常口感以及缺乏必要的饥饿经历有关。）]

（三）、**多食皆有害。**（记住，所有食品皆有害：a. 本身天然含毒；b. 生产制备过程加毒；c. 代谢中间产物有毒，如游离基等；故，不要对任何一种食品过于着迷，亦勿过量。实验证明饥鼠长寿而少病。）

◆ **"金字塔阶梯型的果蔬主义"**原则。（果蔬谷、量递减；肉蛋奶、各少许；多生食、忌油烹；低调料、半饥饱；此乃食物搭配的合理序列。此外，少食多餐、偶或辟谷，一如原始先民饭无定时、饥无定量那样。附谈：四种味觉与饮食结构的关系。酸甜苦咸，甜咸位于舌尖、酸感位于两侧、苦感位于舌根。对甜的敏锐和喜好表达了对果蔬中低度能量的需求；儿童之天性尤然，故儿童食品全是甜食；成人不改，故世上只有"甜食店"没有"酸食店"。咸食酸食之好源于灵长目植食不足而不得不杂食化的需要，如日本猕猴能吃草、芽、叶、果、根茎、树皮等116种植食，外加蚂蚁、蜘蛛、甲虫、鸟蛋等。）

◆ **烹饪选料底层化原则。**[即原始反文明原则：粮要原粮，磨要石磨；菜要无化肥农药除草剂者；果以野果为优；肉蛋源以放养为上品；尽量不用工业化成品或半成品；越高档的餐馆越不进（首选自家餐、次选家常饭中小餐馆）；越新奇的食品越不吃（不尝新花样）；越复杂的烹饪方法越不用（如红楼梦茄子之类）；越晚近的替代品越弃离（饮料不如白水、发酵粉不如面酵子、精配盐不如粗原盐、等）。原始为优，朴素为优，简单为优，自然为优。]

◆ 做到如上，难乎其难！这正是文明病不可杜绝之内因，但求"原则靠拢"而已。

◆ 寿命问题专论

◆ **"寿命"是什么？**[分别讨论"生物学寿命"、"储备寿命"以及"现实寿命"的关系。所谓"生物学寿命"，是指站在DNA和生物史的立场上看，任何物种的个体寿命仅限于繁殖后代的必要期限，也就是说，亲代超过繁殖旺盛期或子代成熟期就必须死亡，否则即相当于无效消耗生存资源，亦即相当于竞夺后代的生存资源，势将引发该物种的灭绝淘汰。在文明化以前，全球人类的平均寿命一般都被限定于39岁左右（黑猩猩37岁），故有"人活七十古来稀"之说。长于此者属生理储备之一种（一切生物及其器官均有"功能储备"），可称之为"寿命储备"，倘若对此进行群体性的过度调动，则不免危及种群延续。今日人类的"现实寿命"（亦可谓之"科技寿命"）普遍延长，实属一大凶兆，它的扩张幅度直接标定着人类失离于自然的险恶程度（常见有人为此而庆幸，实在愚不可及）。最后谈人类现实寿命延长的因素与后果，"因素"涉及：人造生存资源不乏、育后时段和难度递增、弱化呵护的社会学必要、等；"后果"涉及：子代负担加重、社会危机加深、个体寿延抵销群体寿限等。]

◆ 也就是说，"寿命"以种群延续为指归，超越这个需要的寿命都是对死亡的嘲弄。而"死亡"是一番清理，更是一种维护，其所维护的正是生命本身。故，嘲弄死亡就是嘲弄生命，而嘲弄生命必致生存颠覆。[可以说，高寿缺乏生理依据（目前流行的各种"老年性疾病"原本属于正常的生理性退化），长寿缺乏生物道德（人为拔高的超额寿期无异于剥夺了子孙后代的长远生机）。死亡既造成恐惧也带来快感（恐惧为"趋利避害"的生理机制而设；快感为"苦乐均衡"的无聊解脱而设）；请回顾一下老子的"顺乎自然"、庄子的"鼓盆而歌"和伊壁鸠鲁的死亡笑谈："死亡与我没有任何关系。因为，当我存在时，死亡不存在；当死亡存在时，我不存在。"]

◆ "天然寿命"的决定因素。[此处所谓的"天然寿命"是指"生物学寿命"与"储备寿命"的自然压制或调动状态。其决定因素涉及如下两方面：从大处说，首先是"物种的存续特质"（性成熟期、繁殖方式、繁育周期、子嗣保存率、等。乌龟长寿与其慢动作和子代低存活率相匹配；若自古规定全人类50岁后生育则可延寿）；从小处说，则与"个体的生存特质"有关（包括先天特质和后天运气，如家族遗传史、家庭出身、生活方式、个人履历、外伤、战争、甚至配偶的贤愚柔悍、等等）；常听人说"人类的天然寿命应在120～200岁之间或之上"，纯属一派胡言。]

◆ 人类个体的天然寿命不因科技发展而延长，惟因科技发展而调动——所调动的无非是本不该随便调动的天然储备寿命而已。[根据可比较的资料发现，进入科学时代的数百年里，人的最高寿限一直徘徊在115岁或稍多，迄未改变。现代研究发现，10～12岁之间死亡率最低，约为千分之0.2；30岁时为千分之1.35；大约平均每八年增加一倍；70岁以上超过百人，即平均死亡率在10%以上；100岁老人再活一年的几率只有1/3；死亡率曲线随年龄而陡升；比较于20世纪初，曲线形态变化不大，仅表现出从幼年到中老年的死亡率曲线下移，但至高龄，曲线走势倾向重合。（资料援引〈美〉尼斯与威廉斯合著的《我们为什么会生病——达尔文医学的新科学》。下同）]

◆ 康富特发现，野生动物一般不死于衰老，故，衰老的基因不被选择淘汰。[衰老基因可能都是"多向基因"，即在青年期具有别样正常生长作用，故无"负选择"效应。反过来，又有某些看似病态的因素利于延寿，如导致痛风的尿酸盐是有害活性氧的清除剂，这表明尿酸随年龄而增高是一种代谢保护机制（这里再度提示，所谓"老年性疾病"，要么属于生命周期的自然退化机制，要么还是储备寿命的调动维护机制）。]

◆ 此外，衰老过程不可抗拒的原因很多。（如：辐射损伤DNA、正常免疫化学反应损伤组织细胞、饮食代谢副产物堆积等等。譬如自由基与年龄呈正相关、阻挡自由基强氧化损害的氧化物歧化酶〈SOD〉与年龄呈负相关、等等。）

◆ "科技寿命"的调动与构成：首先是由于农业文明、工业文明和科技发展造成的生存资源相对充裕；其次才是：夭亡率降低；体力劳动强度降低、养尊处优的生活方式；老年期社会保障和医疗维护；濒死施救或限寿器官施救；等。[如前所述，此乃个人的福音，却并非人类的福音。我并不反对人们努力延长寿命，但至少应该明白它的自然学深层含义。再者，对于现在到处兜售的滋补品和延年益寿药品，还是提高警惕为宜，例如听来格外诱人的"拟幼延寿法"（即幼儿期激素回补法，所谓"脑白金"之类，如此花哨的商业名称就像特别花哨的毒菇毒虫一样危险，属松果腺之MT，CT扫描10～19岁钙化5.4%、20～29岁钙化37.4%、60岁以上钙化67.7%；老年期服用可能导致相关靶器官受损、以及高血压、高血糖等过度调动危害）。我的忠告：不要轻信任何补品，更不相信任何补药，听凭自然，拒绝人为，则所获乃天地之大补。]

◆ **个体寿命延长并不表示健康指数攀升，相反，它倒是文明态种系戕害的重要指标之一；当然，它也是"自戕欣快感"和"自戕障眼法"的主要源泉之一。**（所谓"自戕欣快感"是指，对于眼下已经习惯的新近有害生活方式持以好评，对于沿此畏途继续运行的未来劣化生活方式抱以期待，非但欣然沉溺于自戕之境而不自知，反而想当然的或学理推究式的认为，此前偏于原始低级、偏于悠闲宁静的生存情状一定是令人难以忍受的。殊不知心理上的苦乐悲喜感受本来是一个均衡的等值，倒是现实中的焦躁烦恼要素从来是一个动态的增量。这个"殊不知"的历史局限和心境屏蔽——或者那个纯属个人经验场域之外的"认为"——就构成了"自戕障眼法"的认识论黑洞。）

◆ 锻炼问题专论

◆ **锻炼的必要性和度的把握。**[原始人类或古人一般体力支出过度，所谓"锻炼"（当时大约还没有这般自虐的词项）仅指膂力与技艺练习，故，现代奥林匹克运动与古希腊的初衷有差别也有延续:大众化与精英化之差别、业余性与职业性之差别、质朴态与商业态之差别、平常心与功利心之差别、示美与伤身之差别、玩乐与苦练之差别、等等；所延续者，仅剩竞技和争强的形式还在轰轰烈烈的进行。现代之专业式"锻炼"，确如铁匠铺里的"锻打火炼"，不把一个病快快的面条人折腾成火辣辣的畸形兽似乎断然不肯罢休。不过，现代人整日价"坐以待毙"，也只好咬牙坚持玩玩这一类"西西弗斯滚石"游戏了，但，务必提请不靠体育吃饭的非专业界人士注意，"适度"和"悠然"才是强身健体的要诀。须知过度运动有害，运动员不健康，运动器官使用有生理定数，养尊处优之利首先在于不过劳。]

◆ **心肺锻炼**。（即增加每搏出量、每分搏出量和肺活量等。对中老年人还有促进冠状动脉建立侧支循环的作用。晨练慢跑或快步行走最佳，按中年、老年、暮年分级，以心率不超过160、120、100次/分为宜。）

◆ **舒展筋骨**。（人类维持直立体姿依靠骨架系统和肌肉张力，肌张力是弱项，随年龄递减，故有老年腰腿痛之顽症，常被误诊为椎间盘膨出或脱出，其实绝大多数是由于肌肉萎缩和肌腱僵化所致，骤然牵动，易致拉伤，随之肌肉痉挛，造成继发损伤。建议多做伸展运动，如体操、太极拳、瑜伽等。）

◆ **游泳**、**登山**、**跑步**、**走路**、**跳跃**。[38亿年的水生生物史，直到人类胚胎期仍在水中（羊水），故，游泳可列为首选（不过现代城市泳池，人挤如过江之鲫，消毒如药液浸尸，令人望而生畏、嗅而闭气，且江河湖海之戏水，又难免腐臭污染之驱离，是以反倒未若如下各项）；4亿年的陆生生物史，建立起与之相适应的人体运动系统，以及与之相适应的人体运动方式（也就是人类原始生理缔造期的走兽态天然活动方式），所以，继游泳之后（或除游泳之外）、登山、跑步、走路、跳跃，自属最佳之原生态运动方式，建议平日以步当车，而且务求户外运动，同时建议登山多用手杖，以免伤膝。骑自行车略逊一筹，压迫前列腺，易伤膝关节。室内器械运动慎用，可列为最劣选择。]

◆ **忠告：适当锻炼，户外运动，原始方法，量力而行。**

◆ **更重要的是：保持心理健康，减缓现代文明生活方式带来的紧张、压抑和焦虑。**[奥斯特研究发现，乔治亚海边一个小岛上的鼬（又名"负鼠"）寿命偏长，原因是该岛无天敌，鼬竟在地洞外睡觉，不避人捉。足见心理松弛因素之重要。]

◆ **"健康"与"保健"前瞻**

◆ 由于文明进程导致"健康——亚健康——失健康"之趋势，"保健"要求必定愈来愈强烈。此乃不良指标，却又不得不为之。

◆ 健康损失越大，保健强度越高，"药物保健"和"医疗保健"正呈上升势头，这又是一项不良指标，目前尚可加以抵制。

◆ 城市化以及旅游商业化等，导致自然态户外运动逐步消失或变形，成人运动龟缩于健身房，甚至儿童游戏亦多在室内或网上，这当然更是一项不良指标，目前已经较难解决。

◆ 饮食质量急速变糟，饮食保健问题迫在眉睫，但完全回归果蔬主义状态早已不可能，即便部分回归还要面临种植污染、违季催熟、农药残留、甚至转基因作物等诸多威胁，这更是一项危险指标，必将引发全面危机。

◆ 因此，可以预想，人类未来不得不迈入"苛性保健"的境界，它的表现形态必须结合"文明病前瞻"和"医源病前瞻"来加以考量，如"基因工程人"、"器官克隆人"或"生物芯片人"的修复性保健。到那时,今日看来十分恶劣的"医药保健"大概已被看作最温和、也最低效的儿戏了吧。

◆ 就医问题专论

◆ 以"少去医院"为第一原则。

◆ 由于知识爆炸和专业分化,再加上文明发展与疾病增添,从趋势上讲,人们只会越来越频繁地走进医院,这是人类命运倾向倒霉的必然,但也因此,我们就不能不竭力抵制这个霉运,尽量减少它的危害,这就是"少进医院"的基础理由。(当然,我后面会专门讨论就医原则)

◆ 建立"四不原则":

1、无病不检查。[按照目前人类的文明体质和现代医院的检查手段,中年以上很少有人能完全健康,故定期体检只会引出"恐吓诅咒"的不良暗示效应。故,除非有明显不适,否则一般不去查体。当然,有必要强调两个前提:1、遵行前述保健原则;2、无明显不适或不良体征(后面谈)。另外,40岁以上者应常备自检包家验血压与尿糖。]

2、微病不用药。(一般轻微不适不要乱用药,人体自会调节。甚至严重不适或明确病态,只要是可用可不用的药物,应取不用原则。如多发性感冒、3次/日以内的无脓血腹泻、无剧咳无脓痰的急性支气管炎、非急腹症性质的轻微腹痛、一般性的关节软组织损伤和疼痛、等等。)

3、小病不就医。[一般常见病,尽量自行调养和休息,或少量用药,不必去医院,以免被医家摆弄,终至于闹成身不由己大折腾的局面。如上述各病,谈如何自治(从略)。]

4、大病不大治。（就算得了大病，不得不进医院诊治，也应尽量取保守疗法，甚至姑息疗法，如甲乙型肝炎、无剧痛胆囊炎或胆石症、脂肪肝、高脂血症、一般冠心病、多数中晚期癌症等。除非万不得已，拒绝大检查大治疗。只有如急性阑尾炎等个别病况，可酌情采用一劳永逸的疗法。）

◆ 否则，要么为下一轮患病做好了铺垫，要么不免弄成人财两空的局面。

◆ 小病自医的基本原则：[常见病、多发病，均属小病（各病分述从略）。包括常见慢性病，所谓"慢性病"的本意就是治不了也死不了的病，因此，对待它当然以调养为主。如：慢性咽炎、胃炎、肠炎、胆囊炎、肝炎、胰腺炎、盆腔炎、附件炎、关节炎等，以及其他种种非炎性、结缔性、退化性、老年性疾病。（说明慢性炎症的组织学特征，从略。）]

（一）、原则上以调养为主。辅助治疗仅限于：*a.* 临时消除痛苦；*b.* 遏制急性发作；*c.* 短阵缓药调理。（包括各种和缓的中药西药，间隔用药以利排出。要相信所有疾病均可通过改变生活方式而减轻或痊愈。）

（二）、原则上以自治为主。注意事项：*a.* 先要搞清病情；*b.* 获得专业咨询意见；*c.* 自学有关方面的知识。（中国传统文人无不深谙医道，现代知识人更应如此。要知道，掌握具有针对性的医学知识并不特别困难。）

（三）、在上述基础上，关注小病的转化问题和鉴别诊断问题。（其中包括：*a.* 不可误诊，如感冒与出血热；*b.* 防范并发症，如慢性胆囊炎急性发作导致胆囊穿孔；*c.* 防范继发症，如肥胖病与心脏病以及视网膜剥离症、慢性支气管炎与肺气肿以及肺心病、慢性肾盂肾炎与尿毒症、等。）

◆ 可见，小病自医的关键，在于学习必要的医学常识和已罹病种的专业知识。

◆ 再则，凡拿不准或判别困难时，应该首先找自己熟悉的医生咨询。

◆ 下列情况应当及时就医：

1、婴幼儿疾病以及耄耋老者突发性不适。（因病情变化极快，须立即就医。）

2、调养无效或不具备改变生活方式条件者。（如高血压，发病后平均寿命13年、长期甚至终生用药能有效控制、时停时用血压波动损害更大。但着力改变生活方式，如低盐低脂低蛋白饮食、戒烟、戒躁、减体重、改作息、户外锻炼等，久之有望逐渐减量以至停药。长期用药会造成钠水储留和肝硬化。）

3、病情已发展至中晚期，单靠改变生活方式难以奏效者。如糖尿病失控者；冠心病者心绞痛频发、心衰或心律失常；甲低替代疗法等。（即使用药也必须改变生活方式，改变得越彻底，越有可能减缓或痊愈。）

4、癌前病变，如息肉、粘膜白斑、黑痣色素异变、等。（这类情况，若能尽早提前处理，可能有根治之效。）

5、特殊症状或体征一旦出现，必须立即检查。[如无痛性出血（含无痛性血尿、血便、血痰等癌性破溃待排除）、腹股沟或肩胛上无痛性包块（威尔肖氏结节）、视野渐进性变化（颅内占位性病变）、背部剧痛（急性胰腺炎）、心前区或左肩部剧痛（心绞痛或心肌梗塞先兆）、急性心律失常（偶有猝死危险）等。]

6、各科各类的急症急诊。[如外科的急性阑尾炎（右下腹剧痛）、急性胆囊炎（右胁下剧痛）、肠绞窄（肠梗阻症状）等；妇产科的先兆流产、宫外孕、产褥热等；眼科的急性角膜炎、视网膜剥离等。]

7、只能借助手术根治者。（如严重的先天性心脏病、巨大卵巢囊肿等）

8、狗咬伤、蛇咬伤、破伤风感染可疑等临机预防性治疗。（像狂犬病这样的特种感染症，一旦发病则无可救药。）

9、寿限器官施救或濒死施救。（如：心脏起搏器；冠状动脉搭桥；冠状动脉支架；等。但须严格把握适用指征。）

◆ **总之，你身体出了问题却又心中无底之际，就是你活该进医院之时。**（权衡的准则：治疗与不治疗何者损害更剧？预后有多大不同？依我之见，倘若治疗性遗祸尤烈，或者，治疗与不治疗之预后无大差别，则我宁可在家调养，或在云游山泉间等死，也不肯把自身交付给充斥着血腥、痛楚、惊惧和羞辱的医院去瞎摆弄。）

◆ **末了，简述如何判断医院与医生的优劣：**

一、好医院至少要不以营利为主要目标，做到这一点几乎不可能，所以现在世界上没有好医院，只有少许不太坏的医院。（设备和技术的高下决不能成为评价医院优劣的指标，因为越高级的医院可能使坏越深入。）

二、所以，你有病应先到社区医院，由于医患之间建立了长期关系，这样才稍有一点制约性，同时医生也才能掌握个例并把握因人而异的病情。（就像西方人所谓的"私人医生"和"私人律师"一样。不过，这样也不算十分牢靠，还需做出具体判别。）

三、好医生自应有好医德与好医技，但你无从判断。看如下指标即可明瞭：（1）是否危言耸听〈如是者劣〉；（2）是否依赖检验〈如是者劣〉；（3）是否仔细问诊和检查体征〈如是者优〉；（4）是否开列大处方〈如是者劣〉；（5）是开新药贵药还是开老药便宜药〈前者劣而后者优〉；（6）在建议你手术诊疗时是否慎重〈慎重者优〉；（7）是竭力把你扣在医院还是给你更多回家保养的忠告〈前者劣而后者优〉；（8）对一般咨询是话多还是药多〈话多者优、药多者劣〉；（9）对不治之症的病人家属是如实相告还是临终再敲你一把〈不言而喻、前者为优〉。

◆ 但愿能建立一套较完善的医保制衡体系，这就是"以毒攻毒"的医疗监督体制或商业牵制系统。（社保机构联合保险公司雇佣医学专业人员在医疗体系外与医院抗衡，解决医患之间的信息和力量不对称问题。但，谁能保证他们之间不暗中勾结而另辟逐利之蹊径？须知西方各国就是循着这条道路先行走向医疗深渊的。）

◆ 用药问题专论

◆ 前提仍然是，能不用的药尽量不用，因为伤害所及，无人尽知。（即使说明书公示洋洋洒洒，也不完全。记住：公示只为回避法律责任，大量的隐性和远期损害难以举证，药物实验耗资费时，当然只能点到为止。例如，治疗妊娠反应的"反应停"，上世纪初开始研发，二战后用于临床，仅从1957至1962年，即导致全世界九千多例畸形儿出生，如无脑儿等。一般来说，任何新药从药物实验、到临床使用、再到发现严重毒副作用，均需历时30年以上，而药研过程中的"急毒慢毒实验"和"致畸致癌实验"等大多不超过三、五年时间。）

◆ **首选老药，慎用新药。**[牢记：越老旧的东西距离自然越近，越高新的东西距离朴拙越远。退烧止痛推荐百年老药阿斯匹林（新止痛药多致肾乳头坏死）；止咳化痰推荐复方甘草片；止泻推荐盐酸黄连素片；腹胀助消化推荐干酵母片（吗丁啉刺激乳腺增生）；抗菌推荐最早发现的青霉素；快速型心率失常推荐心得安或心律平；等。价廉而低毒，可惜商家倾向停产。]

◆ **首选缓药，慎用烈药。**（如：失眠首选安神中药或安定片，间断偶用以打破生物钟惯性为限，常服小心成瘾；非剧咳不用可待因，虽然它也是老药；早期结核病仍应先用链霉素与异烟肼，尽管医生老拿耐药菌株问题吓唬你。当然，特殊情况自须特殊对待。）

◆ **首选口服，慎用点滴。**（静脉输液原只用于急救和危重病人，故除通道不同外，用药量也不同，意外情况颇多。肌肉注射可列为次选，若感染严重，又能在家自理，且已知口服用药长时短效，偶可列为首选。）

◆ **最后，短期或间断用药是基本原则。**（西药、中药、补药皆然。因为所有药物都有一个药代动力学上的解毒排泄周期问题，经常造成体内隐性蓄积中毒的后患。）

◆ 最后的总结与忠告

（一）、遵行良好的生活方式，这样有可能终生无大病。

（二）、朝文明的后向回望，这是衡量生活方式是否良好的唯一可靠指标。

（三）、学习必要的医学常识，就像开车族必须学习交通规则和机械常识一样，这才叫"与现代文明相适应"，或者换一个更准确的说法，这样才能"与酷虐文明相适应"。

（四）、在上述基础上，实行小病自医和谨慎用药的原则。

（五）、不要把正常的老年退行性生理变化当作疾病治疗。

（六）、不要让小报文章或医药广告把你搞得晕头转向。

（七）、不要轻信任何别出心裁的保健医疗、保健药品和保健器械。

（八）、不要迷信现代科学技术和现代医疗体系，不要"无事自登医宝店"。

（九）、同时应当明白，文明大势从无退路，人间疾病必趋繁华，因此，有不适而不能自处时，请及时去医院。

（十）、先去自己熟悉的社区医院，先找熟悉自己的"私人医生"，只有这样，才不至迷失于"医门深似海"的汪洋里。

附：中西医问题别论

◆ 中医的起源：前科学时代的产物

- ◆ 它甚至是前神学时代的产物。严格说来，中医是发端于人文初始阶段的最古老的生存探索科目之一，可与新石器时代的采猎活动以及农牧业文明之原始启动同日而语。

- ◆ 从当前有关中医的争论说起，分述"科学、非科学、伪科学"的区别。（按西方以"环地中海文明"为肇始的视野来看，可将人类思想史划分为三个阶段：神学阶段→哲学阶段→科学阶段。然而，东亚中原文化即"华夏文明"的基本形态却无疑是典型的前神学文化的遗存，中医系统就是从那样一种生存格局里延伸出来的思想脉络，它因此当然与"科学"无缘，但这恰恰是它的优势所在。要知道，"非科学"历来是人类文化的主体部分，而且是最稳定而温和的文化基层，反倒是科学体系显得飘摇而蛮横。故，中医正可为其属于"非科学"而骄傲，何必要装出一付科学的丑态来自取其辱。——可见，把中医弄成"伪科学"的人，正是那些愚蠢的科学盲兼科学崇拜狂之流。）

◆ **中医的素质与中国传统思想文化的"古儒学、准神学、亚哲学"之特质相吻合。**["天人合一"思想是一切前神学文化的基本特征，如原始"图腾崇拜"里所包含的"物格创生"而非"神格创世"的理念。试看《易经·序卦传》之所云："有天地，然后有万物；有万物，然后有男女；有男女，然后有夫妇；有夫妇，然后有父子；有父子，然后有君臣；有君臣然后有上下，有上下然后礼义有所错"。此种"从天地到人伦"的一脉陈述，中间没有被异样分化的人格神所阻断，这就是"天人合一"的"前神学"或"准神学"的基本特征，所谓"准神学"，是指将祖先之真人崇拜为神明的那样一种原始信仰方式。其更准确的一系表述应该是"天地崇拜、祖先敬仰、人伦关注"，此种精神状态恰与"古儒学、准神学、亚哲学"的原始人文特质逐一对应。（详论可参考我的《国学大体》讲座或其讲演录）]

◆ **中医的妙处，正在于它的原始性和幼稚性，或者说，正在于它的自然朴拙性。**["自然朴拙"正是人体生理建构的环境状态和久远基础，因此可以说，中医（或其他一切古老医术）与人体之间具有天然合拍的适配关系。有必要讨论一下"前位分化基点的根本性"问题：即，简单前体是繁复后项的潜涵态和生发点，故，低端状态所涉及的问题正是最具决定性的基础问题，此所以一切远古思绪必然兼具"浑沌未开的蒙昧"和"包罗万象的深刻"之双重特点。理清这个原委，方知"幼稚"并不是困扰，反而格外清明；"原始"并不是低劣，反而别有洞天；固守着自身本原态的中医就处在这样的位点上，它恰恰与人类远古生活的朴拙态相吻合，就像"幼态持续"内涵着增长因子，问题在于它是否增长或何以不增长。不增长才长久，但也终于难免落伍之尴尬。]

◆ **古希腊医学或"西方医学之父"也从这里起步。**[古希腊名医希波克拉底也持有天人合一观念，在其《论风、水和地方》一书中说："寄希望于自然"，要求看病先看生活环境和当地习俗；他的"自然观"〈继承恩培多克勒的水、气、火、土〉和"体液学说"（血液、粘液、黄胆汁、黑胆汁）均类似于"四行说"（比较中医的"五行说"：金、木、水、火、土），认为不同的配属就是不同的体质（后来盖伦借多血质、粘液质、胆汁质、抑郁质划分气质）；而且实践上也用草药甚至针砭〈古罗马医学家盖伦在其药物学著作里载录植物药540种、动物药180种、矿物药100种，与早期中药颇为雷同〉。可见世界各地的古老医学之中皆含有人类原始文明发育的共通痕迹。]

◆ 守护原生态：以防病、养生和调摄为主

◆ 西方人把类似于中医的治疗方法叫做"自然疗法"，其实主要是与当时的"自然活法"相适应。

◆ 古人疾病极少，就像野生动物几无疾病一样，即便得病也来势不凶，不过"伤寒、温病、四时不调"而已，故，和缓而笼统的中医中药恰好维护了这种原生态的衍存格局。

◆ 有"神农尝百草"之史传，这个过程未必不是寻食过程或农业文明的栽培探索过程，故，中药虽然远比西方草药丰富，但理论上仍有"药食不分"、"膳如药疗"之说。

◆ 这种"生态"决定"病态"的现实与观念，造就了中医"天人合一"、"注重整合"的理论素质，也铸就了中医以防病、养生和调理为主的行医方式。（还包括：不可重复性和不可批量化，故同一病案却百医百方，即"辨证施治"者然。但这正像中餐里同一菜肴因厨师不同而美味各异那样，是其优点而非缺点，虽然它与当前疾病泛滥成灾的形势下只好采用的流水线批量化之行医方式格格不入。）

◆ 不过，必须承认，时代生态之变迁，必致中医特色尽失："家学渊源"变成"中医学院"，几等于消灭中医；"民间郎中"变成"注册医师"，结果是劣币驱逐良币。可叹"诗不过唐"！（古之"乡党互知"，医家优劣，瞒不过民间舆论；今之"学历包装"，官方鉴证，终演成滥竽充数；这还不算当代商业化社会里到处孳生的假医假药之乱象。更重要的是，文明生态推进到今日这个地步，人间疫病也就发展到了某个全新的高度，此刻即便是华佗再世，只怕也照样回天乏术，这才是中医中药风光不再、气运衰微的根本原因。）

◆ 中医的利弊由此注定：你若身不由己地进入了凶狠恶毒的高级文明状态，她就不免显得柔弱而幼稚；你若回过神来又想从面目狰狞的现代文明生态与现代医疗体系中逃脱，她就悄然焕发出温良而含蓄的魅力和效力。

◆ 概括言之，中医的效能，取决于你的生活方式和生病级别，而不取决于你对她是否爱恨交加或对她作出何种评价。

◆滞留完善型：原始理论封闭自洽化

◆ 中医的"幼态停滞"和"幼态老化"情状，与中国传统文化的整体停滞状态和低级完善格局相一致。[讨论：东亚文

化与环地中海文化的差别及其形成原因。（从略；请参考《国学大体》讲座）]

◆ **中医的技术经验模型与现代的科学逻辑模型，自有很大差异。**["技术经验模型"的特点是，实践操作在前，理论总结在后；"科学逻辑模型"的特点是，逻辑推论在前，实践检验在后；两者最终都能够达成理论的自洽与封闭，但相互之间却难以融通。例如，站在西医科学理论的角度看，中医传统理论所谓的"肝主谋虑，胆主决断，脾主运化"，似乎全与解剖生理学搭不上界，然而单从中医方面看，则见其语词相沿、理数相袭。再如，"怒伤肝，喜伤心，思伤胃，忧伤肺，恐伤骨"，乍一听，颇合理，譬如怒则胁下痛，善思如孔子者便得了胃下垂（鲁迅推论），林黛玉多愁善感而患肺结核等，其实似是而非。]

◆ **再者，西方有研究认为，针灸技术带有很强的安慰剂作用，换言之，它的疗效很可能来自心理暗示或神经干扰。**（比如德国2005年曾组织一项耗资数千万欧元的大型针灸临床试验，结论之一则是："在一部分试验中，专家分别在病人的有效穴位和非有效穴位上进行针灸，结果发现两种情况对部分疼痛症的效果相当"。此外，迄今也没有发现有关经络和穴位的解剖学或生理学基础，或至少未见公认的、能够经得起重复实验检测的可靠证据。但，在轻度不适的亚健康状态下，暗示或安慰性治疗又何尝不是一种恰当的处置方式呢？）

◆ **中医在理论上的"过时"，并不妨碍它在实践上的效用。**（时至今日，中医已经失去了"话语权"，如章太炎和胡适所言：中医不擅言辞，却能治病，西医说起来头头是道，治起病来却颠三倒四。例如，"脾湿生痰论"之虚构，无碍于桔梗、

贝母、杏仁、前胡等作用于支气管病灶；"肺合皮毛论"之
遐想，无碍于发表之剂如银花、连翘、麻黄、柴胡等治好你
的感冒发烧；"肾生骨髓论"之滑稽，无碍于补肾壮阳之药
继续让你青春焕发。）

◆ 所以，从理论上讲，中医不"正确"，因为"正确"本来就
   只是一个阶段性概念；但从实践上看，中医难"灭亡"，反
   倒是西医西药的各种新名堂正在快速地消灭着自己的前身。
   ["正确"不是"真理"，人类的所有知识或学说均与"真理"
   无缘，中医、西医、非科学、科学等皆不例外。"正确"仅指
   某种主观意识与其客观生存形势相匹配，由于生存形势必然
   发生流变，所以"正确"也不免终于沦为"谬误"，而且由于
   递变加速度的原因，前期的"谬误"总比后来的"正确"具有
   更长的时效和更广泛的基础用途，这就是中医迄今僵而不死，
   反见西医的各种理论与疗法不断地乱翻筋斗，不断地自我否
   定，即不断地表演着"推翻——重建——再推翻"的摇摆舞。
   （诸此认识论问题请参阅我的其他哲学著述）]

◆ 严格说来，最好不要再用"中西医"这样的说法。因为从医
   学史上看，世界各民族都经由同一条道路走过来，情形大同
   小异；从目前的生存状态上看，东西方人又大抵都处在同一
   种不太美妙的境遇之中，医药方针也只好与时趋同。

◆ **鲁迅诋毁辩：现代应用的利弊**

◆ 首先要注意鲁迅所处的救亡时代，以及他对中国传统文化
   和中医等国粹加以批判的合理性。（中国文化多属善道，可
   惜抵挡不住人类文明必趋恶化的大潮；反过来看，中国文化
   中也确有令人不敢恭维的地方，譬如鲁迅所竭力抨击的女人

的三寸金莲、男人的辫子、父权的蛮横以及君权的霸道等等；从这两方面论，鲁迅都不为错。）

◆ **鲁迅嘲弄骗人的中医，一旦疗病无方，就会给你开出一些踏破铁鞋无觅处的离奇的药引子，譬如"原配的蟋蟀"之类。尖酸之状令人捧腹。**（我看此事绝非鲁迅的杜撰。中医之堕落，一如人文之衰丧，早已同步呈现出江河日下的局面。今日医疗界弥漫的虚骄铜臭之气，中医药界亦未能免，个中阴损花招，不暇揭示，以下所谈，万不及一。）

◆ **"望闻问切"变成"病家不用开口"的招摇撞骗。**[中医喜好故弄玄虚，是骨子里带出来的病根。现实中千奇百怪的名目姑且不说，只看《红楼梦》里薛宝钗的"冷香丸"就颇多玄机，请验药方：白牡丹、白荷花、白芙蓉、白梅花的花蕊各十二两研末，并用同年小雨节令的雨、白露节令的露、霜降节令的霜、小雪节令的雪（能否一并得来就看个人的造化了）各十二两参合配制而成。虽说医书无此方，想必曹雪芹另有别样深意，但偏偏选择中医来玩弄这等把戏，不能不说其来有自。]

◆ **临床失误亦多有发生。**（如麻疹之避光封闭和忌口，致儿童角膜云翳等。）

◆ **此外，中药缺乏毒性试验，古时或用药时间短暂，或中毒而不自知。**（中医深明其药中毒性，并非一片茫茫然，故良医用药，历来谨慎，然慢性蓄积之危象，大抵无从查考；也许古人未受环境污染之害，稍许摄毒，无伤大体。但今日患者，多病入膏肓，加之从医者唯恐你吃药不能车载斗量，于是酿成诸多惨祸。）

◆ **譬如，（1）、龙胆泻肝丸导致肾功能衰竭和尿毒症**（内中之木通含马兜铃酸，服用10克以上引起肾单位损害，并致癌。木通不足改用关木通，情况似更严重）。（2）、2005年国家药监局发布第9期《药品不良反应信息通报》，用于治疗白癜风的白蚀丸可引起肝损害（由补骨脂、制首乌、灵芝、丹参、黄药子等组方）。（3）、2005年9月6日，北京药监局发布，板蓝根、鱼腥草等抗病毒中药引发不良反应（当然，这与其过于猛烈的现代制剂方式不无关系）。

◆ 再如，2006年英国药品与卫生制品监督署宣布发现有5种中药能引起严重的毒副作用，其中"复方芦荟胶囊"含汞量竟高达11 ~ 13％，超过该国标准的11.7万倍（如此骇人的报告，其中可能另有隐情）；何首乌被发现引发肝炎和黄疸等不良反应。（实际上，还有许多药典记载无毒或微毒的中草药也被发现能导致肾衰竭、癌症、重金属中毒等。如我们所熟悉的益母草，如使用不当可致下肢瘫痪、孕妇流产、大汗虚脱等严重后果，当然，这属于中医界的常识。）

◆ 更重要的是，原本用于维护原始生存态的中医药，在面对日益恶化的文明病时，其温和迟缓之效已显软弱无力。这种情形早有苗头，如周瑜的肝硬化合并食道静脉曲张、顺治帝与其董爱妃的天花感染、林黛玉的百药用尽却迁延无期的肺结核等。再看现代愈发猖獗的各类疾病，中医能妥善应对者几何？（大凡西医无能为力的病症，中医也照例束手无策。至于现在喊遍天下自夸能治愈癌块、心脏病、肝肾疾患等疑难重症者，你最好保持头脑清醒，须知这其中涉及许多悬念：误诊率问题、样本数大小、低概率自愈巧合、以及其他自觉或不自觉弄虚作假的种种机关和暗算。）

◆ **比较西医发展史：与近现代文明的发展趋势一致**

◆ 诊断精细化，以与文明态的病种递增相适应。（古时病痛花样有限，现时疾病成倍递增，诊断不细，何以应对？）

◆ 治疗综合化，以与对疾病的干预增多相适应。（古时小病小治，现时大病大治，"道高一尺，魔高一丈"而已。）

◆ 药品化学化，以与病情发展的猛烈化相适应。（古时微恙微调，现时重症猛药，水来土掩，兵来将挡，岂不相宜？）

◆ 观念无菌化，以与手术下的人体开放相适应。（古时医家心慈手软，现时医院剖腹开膛，如此迥异其趣，细菌自成大敌。）

◆ 抗菌广谱化，以与耐药菌的复合感染相适应。（古时与菌共生，现时与菌为敌，双方军备竞赛，看谁还敢松懈？）

◆ 消毒扩大化，以与脆弱化的人为生态相适应。（人口稠密化、食品加工化、居室幽闭化、疾病流行化，于是只好处处消毒。）

◆ 药物日常化，以与现代化的营养失调相适应。（古人遍尝百草，今人食品精微，内含元素量变，安能不予维生？）

◆ 医疗系统化，以与全社会的健康沦丧相适应。（过去是"游方郎中"，找不见几许病人；现在是"患者游行"，走不出医院迷宫。）

◆ 总之，既然制造出种种疾病，当然就需要制造出相应的医疗措施；就像你若不停地制造出敌人，当然你便可以不断地大喊"狼来了"一样。

◆ 选择中西医治疗的原则与注意事项

◆ 既不要迷信中医，因为你早已远离了无病无灾的原生态或轻病少灾的文明初态；也不要迷信西医，因为它在保护你的同时很可能正在进一步加害你。

◆ 我的建议如下：

（一）、恢复自然朴素的生活方式，尽量远离任何形式的医药，不管它说得多么天花乱坠。

（二）、得了急重症，先找西医看，免得被耽误，须知这类疾病大多原本就是西方文明的产物，可谓"解铃还须系铃人"。

（三）、西医确定能治的病，先找西医看，如结核病、外科病等。中医说起来什么病都能治，但也因此说不清它到底能治什么病。

（四）、小病微恙，不适难耐，找中医看，因为它原本就属于中医的关照范围，用其温和调理、安慰过渡之效。

（五）、凡西医不能治而又非治不可的慢性病，可以找中医看看，这才是中医的拿手戏，但必须兼以质朴生活方式的配合才会有效。

（六）、西医宣判为不治之症的绝症，不妨找中医试试，反正横竖都是一个结果，也许还能碰个运气。

◆ 不过，要我说，与其找医生碰运气，不如找自己换气运：不背包袱，愉快生活，户外运动，果蔬饮食，这样才会真出奇迹。

结语：善待自己　好自为之

◆ 站在自然全局之大观或天人合一的高度来看，"人生的良辰美景"纯粹是一个带有诱惑性质的虚假命题。（非此你如何肯痛苦地活下去、嚣张地闹起来、顽固地愚到底，以便让天地之道能够继续贯彻、万物之序能够继续蜿蜒，而不至于戛然中断？）

◆ 或者可以这样说："人类之存在或生存的意义"就在于它是**宇宙物质演化的阶段性残弱载体**。（换以生动之言，可如是说：人类无非不过是为宇宙物演之大戏充当终场替身的倒霉蛋、苦命儿和病秧子罢了。）

◆ 是故，保持物种存续，或保持身心康健，无疑是人类或个人最重大的事体，当然也就具有最深刻的"意义"。（把"人生意义"还原到如此低俗的境界，正表明它的深刻性。中国自古"重养生、轻人文"，如老子的"长生久视"；杨朱的"全生保真"；庄子的"曳尾于涂"；嵇康的"隐世养生"；这其中就包含着剥去表层迷彩、直见内核本原的人生哲理。）

◆ 古今之问候语都是："别来无恙？"、"你好吗？"等，可见健康问题历来是人生的第一关注点。

◆ 但，人类无论在社会、文明、科技、医疗各方面，都面临着两难选择：依赖与否两难，前进与倒退两难。

◆ 因此，请注意，我在细节上的表述都应该随着外部情况的变动而有所调整，但我的基本原则是铁定的：

◆ 宁可信赖自然之无为，不可信赖人世之造作；除非够不着自然。

◆ 宁可倾向往昔之雾霭，不可陷于眼下之泥淖；除非退不回往昔。

◆ 记住：

◆ 你的活法决定你的健康！是谓"善待自己"。

◆ 你的身体就是你的医生！是谓"好自为之"。

临末，让我用一篇被遗忘了的调侃性随笔，来为苦涩的上文作一个轻松的了结：

纪念盲肠

在人身上，盲肠已经退化为阑尾了。从5～6米长的肥硕而粗壮的盲肠，缩巴成只剩下几厘米的瘿小阑尾，标志着人类走完了一段渐趋艰辛的物种进化路程。它是人类文明化的一个解剖学印记，也是我们远离了植食性哺乳类动物的一个直接体征。不过，纪念一下它，可能有助于我们理解自身"文明"与"进步"的意义和实质。

盲肠的生理作用很别致。在它里面寄居着许许多多的共生菌，别小看这些不起眼的细菌，它所发挥的功能，正是我们今天要为之遗憾的事情。当然，下述的那些作用，必须有盲肠这个美好的生理结构作为温床，倘若某些细菌今天又跑到那可怜的阑尾里，你一定痛苦的龇牙咧嘴，弄不好，还得赶紧跑到医院去，把那个仅剩的原始遗存也连根切除。但在盲肠里，这些细菌能够把植物中的长链纤维素，逐步分解为最好的生化能源——葡萄糖，所以，一切草食反刍动物，只要往风吹草低的绿野上一逛荡，就足以饱食终日。而你呢，纵然某日饿毙在即，无奈只好去啃树皮草根，也只能吃成个绿脸僵尸，尽管你吞进去的东西里面的确含有大量的糖分也无济于事。平日里，我们吃菜（相当于吃草），只能汲取其中的少许维生素和微量元素，剩下的大量高能纤维素，全拿它充作涮洗肠子的粪便去了。

如此美妙的盲肠，我们为什么保留不住它呢？如果有它，岂不是可以免除我们的全部耕耘之苦？如果有它，那"野火烧不尽，春风吹又生"的天然荒原岂不是全都成了我们的饭碗？说起来，这要怪我们太有智慧，或者说，这要怪我们生出了过于庞然的大脑皮层。大脑仅占人体重量的1～2%，却必须消耗人体供氧量和血流量的12～20%，而且，它还特别挑剔，只能使用葡萄单糖作为它的能量代谢资源。为此，必须排挤其他脏器的生存空间，排挤谁好呢？总不能剪除了心脏、肺脏，把人弄成个没心没肺的东西吧？于是只好挤压肠管。但肠管恰恰是葡萄糖的供应之所，压缩了它，拿什么来补偿糖源呢？——拿你的智慧和辛劳！从此你只好去苦苦寻觅富含糖分的植物种籽和果实，如果天然现成的不够用，你还得春种秋播、夏收冬藏，这就是农业文明的起源，也就是人类文明史的开端。说来荒唐，我们如此聪明，如此辛劳，到头来，图了个什么呢？——图了个混饱肚子而已！兜了一大圈，我们终于还是返回到最初那个盲肠功能的起点上，真是何苦来哉。

难怪《圣经》中说，上帝原本告诫亚当和夏娃，不可吃那罪恶树上的智慧果，但亚氏二人终于抵挡不住蛇魔的诱惑，偷食禁果，原罪附身，有智有识，知羞知耻，结果被上帝赶出了伊甸乐园，从此必须终生劳瘁，方得温饱。什么是伊甸乐园呢？——那就是自然天成的生存方式，就是用盲肠去消化野草中的葡萄糖。人类今天又想重返自然了，可带着那么个成事不足、败事有余的阑尾，你还能返回去吗？

有鉴于此，你说，我们该不该纪念一下那个又粗又蠢的盲肠呢？

2009年5月13日于西北大学桃园校区寓所

《物演通论》导读

西方哲学史的发展大体上经历了这样一个过程：

起初是率然追问身外的世界，即"存在的本体"，如古希腊的自然哲学时期；尽管随之也发现了所欲追问的世界总不免折射出追问者自身的精神痕迹，或"理念的背景"，如毕达哥拉斯学派、爱利亚学派、尤其是柏拉图；但终究未曾想到或未曾证明："对自然本体的设问本身"（即"本体论"）直接就关联着"对精神本体的设问"。

直至公元十七世纪，笛卡尔敏锐地意识到，所谓"外部世界的存在"总须被统摄在精神之中才成为可以指谓的"存在"，从而提出，只有"我思"是唯一可以证明的存在，由此开创了近代"认识论"的先河。不过，从直觉上，笛卡尔又不能否认外部世界的存在，于是，著名的"二元论"就此诞生了。

然而，一系列问题也由此发生：既然"心灵实体"是唯一可以确证的存在，那么，怎么能够又说"物质实体"存在或不存在呢？这岂不是明摆着要为自己认定不能证明的东西予以证明吗？显然，笛卡尔从"怀疑"出发却走入"独断"，合理的推论应该是：精神以外的东西到底存在不存在一概不可知。这便顺理成章地造就了休谟。

　　既然"不可知",何以又会"有所知"?"知性"——哪怕是"纯粹知性"——这时总该探讨一下了吧,否则,说什么"可知"或"不可知"不是照例也属于一种新的"独断"吗?康德就为此思索到老,并成为继亚里士多德之后着意拷问"知的规定性"的近代第一人,诚然,他的这番努力不可谓业绩不著,但终于还是未能澄清"知的规定性"如何与"在的规定性"统一,反倒更弄出一大堆"二律背反"的麻烦。

　　至此,必须有人出来收拾这个残局:他既不能又跑到"精神"以外去独断地大发议论,亦不能全然置精神认知的"对象"于不顾,同时,他还得设法消解康德及其前人所提出的知性或理性中的种种矛盾和混乱。这可不是一件容易的事情,因此,即便他运用某种穿凿附会的方法,只要能够一举解决如此复杂的一揽子问题就值得给以大大的喝彩。于是,黑格尔那"辩证的绝对的理念"之光辉一时把人照得眼花缭乱也就不足为怪了。

　　此后的哲人就是依据这样一部思想史而叹息"哲学终结了"。

　　显然,在这里,原本没有"唯物"或"唯心"的问题,或至少没有二者之间如何斗争的问题,因为最初那些追问本体的人尚未意识到另有一个"心"与"本体"对立;而后来那些追问心灵的人又不允许假设一个"心外的物"存在;前者的单纯不言而喻,但后者的明澈——明澈在深知精神本身也有它的"物性"或曰"客观规定性"存在——更另人钦佩。也就是说,"唯心主义"原是"唯物地"探询"物的存在"时必然引出的后续问题,或者说,是人类认识进程走向深入的一个阶段性必然,须知"精神存在"本身也同样是一种"客观存在",而且是"你没有它自身以外的其他手段来把握它"的那样一种存在。逻辑实证主义正是基于这一点而认定"形而上学"问题"无意义"或"不成立",这并不表明这个问题业已得到解决,只能证明逻辑实证主义以及分析哲学自身的技术化品格的局限性。由此可见，那些决意要与"唯心主义"（或本原意义上的"形而上学"）展开一场堂·吉诃德式的战斗的人，要么是全然没有搞清对方那架大风车究竟是在干什么就雄赳赳地冲了上去，要么则索性采用"在逻辑上否认对方可以言说"的方式宣告自己不战而胜。

看来，有一点是各方面都可以接受的结论，那就是：整个经典哲学史——亦即整个人类思想史——迄今既未能解决"世界如何存在"的本体论问题，也未能澄清"精神如何存在"的认识论问题。

再往深看一步，哲学史的历程是这样一个艰难的思想分化进程：它起初只有一束外向的眼光，宛若一个光秃秃的树干；随后在笛卡尔处分成两元或两枝，但却立即在"物质"与"精神"之间发生迷乱；结果，为了超越这种迷乱，从十九世纪后半叶到二十世纪，各个学派如雨后春芽，分别在这两枝主干上疯长。然而这些新发的枝芽全都呈现出在细微末节上繁蔓纠缠的特色，即进一步表达着"哲学终结了"的衰败气象，是为"后现代主义"只能"解构"而无能"建树"的自身原因和自我写照。

那么，还有没有一条从根本上阐释和化解上述全部悬疑的出路呢？即是问，还能不能越过"末节"、抵达"元初"、且最终又足以贯通从"元"到"末"的全局呢？

纵然有这条出路，它也一定是一条关隘重重的险径，而且它必须具备全新的探察视角并进而建立全新的逻辑系统，因为下述那些人类认识史上业已揭示出来的种种问题是不容回避的：

a. 它必须继续追问存在，且不能像费尔巴哈那样闭目绕过"精神存在"对"外物存在"的覆盖乃至变塑，反而要一开始就坦率承认凡是可以言说的"存在"均是已被接纳到精神中的"存在"；

b. 它必须继续追问精神，但不能像黑格尔那样仅仅通过在精神思辨中设置对象就断然勾销对象在精神外的存在，倒是黑格尔的辩证逻辑本身何以能够成为一种客观的逻辑存在方式尚需探源；

c. 它追问存在，却不能像海德格尔那样束手无策地打算重返古希腊，因为正是由于古希腊的"存在论"才导致了"存在的迷失"，也又一次导致海氏本人从"存在的本体"滑入"人本的存在"；

d. 它追问精神，却从某种"实证"出发，以免被维特根斯坦的逻辑分析归结为是脱失于"原子事实"及其"真值函项"的"无意思命题"，尽管维氏那"真值"的"真"和"事实"的"实"其实均未给出证明，亦即尚待另行证明。

e. 它面对一切存在来"整合"存在，而不是"后现代"式的"解构"存在，因为世界从来没有一味地"解构"自身，反而一直在不间断地"结构"自体，所以它不能不建立一个相应的、完整的哲学体系。

f. 它所面对的"一切存在"中自须囊括"社会存在"，固然除孔德以外的既往所有哲学家都将"社会存在"分别为"异样的另外一系存在"，而且孔德本人也终于未能阐明社会存在何以成为自然存在的继续。

为此，当今的哲学必须能够循序阐明和求证如下各项基本论题：

Ⅰ."存在"——姑不论它是在观念之内还是在观念之外——何以会存在？如何存在？而且为什么不能不以这种特定的自然演化方式存在？是什么因素使之得以存在？又是什么原因使之

处于不断的流逝和嬗变之中？这个态势如何使存在物从僵化走向活化、从自在趋于自为、从而得以自"无精神或亚精神境界"登上"精神境界"？以及，那活化乃至精神化了的存在物何以必然陷入结构化亦即社会化的制约存境之中？基于此一追溯，"精神"有了渊源；"社会"有了出处；"自然"终于统一。是乃本书《卷一 自然哲学论》之主旨，或可视其为"总论"。

Ⅱ．既往的哲学历来未曾找到"精神存在"的源头，而找不到源头的江河自会呈现为流向不明的天河。精神一旦有了渊源也就有了自身存在的根据，这存在的根据决定着它的存在方式和衍存前途，于是，"知"有了"物性的奠基"——"唯物论"这才得以在"心的统摄"底层崭露头角；也有了"观念的动态"——"唯心论"这才得以在"物的照应"之间舒展铺张；更有了自身奔赴"真理"的向量规定——"不可知论"终于可望从"此岸"调谐"彼岸"。而且，诸如感性、知性、理性的逻辑演化序列如何随存在序列的发展而发展？为什么说亚里士多德的所谓"形式逻辑"乃是"知性逻辑"？为什么说黑格尔的"辩证逻辑"其实只是"从知性到理性的逻辑过渡"？然则理性逻辑的相应规定是什么？以及"意志"与"意识"的等位关系、"心理和情绪"的感应基础、乃至"美"的由来等等有关"认识论"的千古疑难均可在与前述"存在论"的统一衔接上得到清晰的解答和阐发。是乃本书《卷二 精神哲学论》之概要，或可视其为"续论"。

Ⅲ．倘若"人的存在"是"自然存在"的产物，则"社会存在"也就没有理由不是"自然存在"的赓续。"人"源于"生物进化"之中，"社会"自亦增长于"生物种群"之内。社会达尔文主义之所以错了，是由于达尔文的进化论一开始就没有深向发掘"进化的底蕴"，亦即没有追询"自然存在的存在因"，而这项追询原属于哲学的使命，故而怨不得身为科学家的达尔文。于是，"社会"的概念必须从头建立，"社会的规定"必须从"自然的规定"中抽绎，而"社会的运动及其归宿"也就必然被"自然的演动律令"所支配。基于此，才可以解答如下问题："自然人"何以必须生存于"生物社会结构"之中？"生物社会"与"人类社会"的关系是什么？"人类社会"如何演成"生物社会"的完善、甚至演成"自然存在"的极致？以及，相应地，必须另行诠释诸如"政治"、"经济"、"文化"、"自由"、"民主"、"道德"、乃至"国家"和"大同"等等人文社会概念的深层涵义，从而使人类得以真正明白自身衍存的自然位置。是乃本书《卷三 社会哲学论》之纲略，或可视其为"结论"。

如此巨大的思想工程简直不啻于是要重建人类的世界观，它的凭借是什么呢？

说来可笑，任何哲学，不管是"外向于物质"的，抑或是"内向于精神"的，其立论自觉或不自觉地都得建筑在当时的科学认知基础之上。譬如，古希腊的哲学以当时尚未分化的博物学为基础；笛卡尔则陷于机械论；康德着重于天文学；黑格尔特别偏好于化学；……而科学（这里指广义的科学）却偏偏从来不问哲学那样的怪诞问题，这不是由于科学比哲学高深，恰恰相反，这正是哲学比科学深刻的原因。因为科学只需停留在"直观"和"直思"（指"直接展开逻辑思维"）的层面上已经足以解决它所拟解决的问题，而哲学却要去追究超直观的"形而上"层面，即反思那思"何以必须运思"、以及"如何展开为思"等等，从而企图在更根本的深层开掘包括科学活动在内的一切现象的终极原因。也正是由于这个缘故，与其说科学是哲学的"基础"，毋宁说科学是哲学的"对象"——即以当时科学的认知结果作为哲学研究的现实思想"素材"，而"对象"或"素材"当然会在某种程度上影响"面对这些对象和素材的思"，这便造成科学与哲学之间扑朔迷离的响应互动关系。

于是，当代的哲思最好能够以相对论、量子力学、宇宙演化论、粒子物理学、原子物理学、物理化学、生物化学、分子生物学、细胞生物学、社会生物学、人类学以及种种社会学理论等先进的现代科学系统为背景，即以各学科边缘相互融合的自然知识与人文学科乃至哲学思考再融合，庶几有望拓展一层更大尺度的新视野，开创一系更为宏阔的新思境。

本书就是在上述一系列哲学史和科学观的认识基础上发生再认识的产物。

如果本书使"真、善、美"的固有概念发生了曲折，那么，应该谅解，这不是笔者有意要搅扰人们的梦幻，而是人的主观理念在某个历史阶段必然要被人的客观衍存形势所矫正。

如果本书翻转了"进化"、"发展"等词项的骄人涵义，那么，它不是要告诫人们"应该止步不前"，而是要告诉人们那"应该前进"的趋势是怎样一种身不由己的自然规定。

如果本书所展示的世界图景为人类的生存敲响了警钟，那么，这恐怕正是目前人类的逻辑倾向、行为方式及其由此产生的现实危机的一种反映，而且大抵是其最深刻的基础理论。

临末，说几句题外话。哲学是极深沉的"务虚"，然只有精于务虚的民族才有望找准"务实"的方向，须知人类就是以"智质虚存"主导"体质实存"的衍存物，所以，哲学的兴衰似乎一直与文明的兴衰密切相关。西方哲学思潮的涨落与西方历史气运的起伏完全吻合，中国亦然，只是由于中国自古缺乏多向求索的宽松氛围，因而也缺乏广博缜密的哲学体系，文明的张力到底弱一些。

近代以降，中国的哲人多以介绍西哲为己任，这固然是一项不可或缺的重要工作，也是国人因祸得福的一项优势，但这优势必须通过东西方思想的汇集交融才能显现出来，倘若因此反倒荒芜了自家的园地，湮没了独到的思脉，岂非自甘菲薄？

何况，西方的哲学目前也实在需要注入一缕新风。

梁漱溟先生曾经说，西方文化表达着人类青少年阶段的勃勃生机和轻浮躁动；中国文化有可能表达人类进入中壮年阶段的沉沉忧患和成熟老到；而印度文化终将表达出人类步入暮年阶段的虚空思境和宿命意识。且不谈梁先生的整体看法是否确当，至少，他说人类既往的文明进程属于一种偏于幼稚的状态，则大抵应该是不为错的。若然，如果人类现在开始重新解读自己的人性本质及其自然位置，就像中年人不得不严肃地面对自身承载的重重生存压力，岂不是一项恰如其分的必要举措吗？

更何况，以西方思绪为主导的人类现代文明动势，眼下早已流露出某种难以为继或进退维谷的尴尬窘态了。

一九九八年四月于户县草堂啸吟园

哲学史与《物演通论》述略

要谈"哲学史",首先就得谈"哲学"的概念或定义。古希腊的哲学指向(philosophy)原本只是"爱智慧"而已,它的内涵要从它的弦外之音来界定:即凡属切近而实用的问题均应交给常人或匠人们去解决,真正的哲人所关心的纯粹是发自智慧深处的疑难。这类思考自然远离日常生活与直观层面,其与国人"学以致用"的治学原则适成水火。当然,不同的思想方式必由不同的生存境遇所促成,这是另外一个话题,我们姑且不予置评。但由此形成的所谓"西方哲学"(其实就是古代非主流的"地中海开放型复合文化"之特称)与"东方思想"(其实就是古代主流的"地缘封闭型农耕文化"之总称)的分野却是一望而知的。前者的特征是:

一、追究终极(追问自然万物"为何存在"以及"如何存在"的终极原因);

二、逻辑反思(运用缜密的逻辑来论证逻辑本身的特性,或者说让思想反过来拷问思想);

三、科学前瞻(其结果是造成了科学之前身的博物学、提出了未来科学的基本问题如"原子论"等、并铸就了未来科学的思想方法如"数论"与"形论"等）。

后者的特征是：

一、述而不作（叙述或论述前人的东西而不敢妄加创作与创新，此由孔子发端，之后终成传统）；

二、微言大义（运用言简意赅的语言叙事而杜绝繁琐的逻辑推导，此出于原始象形符号系统的直观表意与直觉思维之制约）；

三、社稷关怀（集中全力以关注极端紧张的人伦关系与社群冲突，此乃中纬度高密人口与其有限农耕资源的生存格局使然）。

这是两种全然不同的"人类原初思维模式"，将它们统称为"哲学"亦无不可，然多少显得有些逢迎附会的意味，须知它们势将引出全然不同的问题、思路和语境系统，也势将引出全然不同的人文生存后果。

鉴于此，从根源上探求东西方思想的异趣与交融，恐怕正是应对双方文明各自走向末路或畏途的唯一选择。

一、中国思想史上的贤哲与显圣

老子：堪称中国思想史上唯一的哲人（**表现出"追究终极"的思想苗头而中止于"社稷关怀"的大体意绪**），且恰恰处于中国思想史的源头（**信史时代之"古儒"或"古儒学"的代表**）。在当时，老子作为周王朝守藏史（**几乎就是国家文化的载体**），应可直接看见两种社会生态截然不同的区别：即局限于中原一隅的文明进步社会之纷乱、血腥、扰攘和动荡的现状，以及遍布于中原周边的原始氏族社会之有序、安宁、清静和稳定的故态（第八十章："小国寡民"、"结绳而用"、"邻国相望，鸡犬之声相闻，民至老死不相往来。"）。加上他对自然现象的粗略观察，因而在其《老子》一书中（汉魏之后衍纂为《道德经》八十一章传世通行本），最早表达了对"天之道"的"柔弱"演动的猜测（是为"道"），以及对"人之道"的"无为"应和的劝诫（是为"德"），前者隐约而不自觉地影射了"递弱演化"的自然趋势（第四十章："弱者道之用"；第四十三章："**天下之至柔，驰骋天下之至坚**"等等，《道德经》直接论及"柔弱"凡十一处之多），后者朦胧而天真地提倡对"属性代偿"的人文反动（**第三十七章："道常无为而无不为"；第三十八章："上德无为而无以为"**等等，《道德经》直接论及"无为"凡十次之多），由此造成理论上的巨大成就与巨大失误，也由此造成后继之中国文化和中国社会压抑而保守的基本素质。

其巨大成就在于：

（一）、他试图建立一个足以规约一切人文现象的宇宙观，并首次混沌地提出了"弱者道之用"（《道德经》第四十章）的天演理论，这个说法暗含着"弱化现象是'道'的展开和实现"之意蕴，尽管他本人及其后学都未能透彻地证明与阐发此一最重要的"道论"思想，甚至一直将它曲解为不着边际的纷纭误谈。

（二）、他相当连贯地论述了"天人合一"的东方理念，并首次含混地提出了"无为而无不为"（《道德经》第四十八章）的德行准则，这个说法暗含着"以'有为'为表征的文明趋势是灾祸之源"的意蕴，即老子所谓的"无为"旨在排斥一切"文明化的作为"乃至"人文化的产物"（**而非朱熹所云之"全无事事"或媚俗之谈如"有所为有所不为"**等等），尽管他本人及其后学都未能意识到"'有为'正是'弱演之道'的属性指标"之"德论"要义，甚至一直将它曲解为权谋治术的行政策略。

其巨大失误在于：

（一）、老子的"道"与"德"指"万物尊道而贵德"（《道德经》第五十一章），然而他却将一切人文现象视为"失道"和"失德"（《道德经》第三十八章）的表现，排除在"天道"与"物德"之外，故而提出"绝圣弃智"、"绝学无忧"（《道德经》第十九章）等"复归其根"（《道德经》第十六章）的主张，以借此达至"返回自然（道）"的目的，殊不知"人类文明的恶性增进过程"恰恰是"道"的后衍产物与"德"的厉行方式。

（二）、正是基于上述错误，老子才提倡退回到类似于生物亲缘群落的原始氏族社会中去，即所谓"小国寡民"、"结绳用事"（《道德经》第八十章）的最高理想境界，这种格外彻底的"反文明"与"反文化"情结举世罕见，却无疑是老子学说符合逻辑的必然结论，只可惜，世间万物的演化程序仅有一条单向度的运动轨迹，丝毫也不给人留下两端跳跃的任何余地。

（三）、上面所说的"符合逻辑"与"两端跳跃"，乃是指贯彻于老子思想之始终的"辩证逻辑"，即所谓"反者道之动"（《道德经》第四十章）的"反动"思维范式，要知道，辩证法原不过是理性逻辑的初始过渡形态（参阅《物演通论》第九十七章），人类早期的思想家一般都无法摆脱这种局限，然而，学术界通常总是把这一部分看作是老子思想的核心及价值所在，可见其误读与偏失之严重。

再补充说明一点：特别被人们推崇的"无为而治"的政治实践（如汉初文景时期等）以及"谋略权术"的引申之意（如"内用黄老，外示儒术"），虽然不能说不是老子的原意，但肯定不是老子的深意。因为老子的主张不是"大国一统"或"繁华盛世"，也不是"有所作为"或"玩弄智巧"，而是"国更小，人更愚，事更简，物更朴"，总之，老子认为，只有"一无所为"（即如《道德经》第六十三章所言："为无为，事无事，味无味"）地退回到"动物亲缘社会"或曰"原始氏族社会"中去，才能解决人类面临的忧患和危机。毋庸讳言，这其中既包含着深刻的见地，也暴露出思想的混乱。但，非此则不足以理解老子思想的原旨与主线。

所以，应该说，老子的学说仅仅处于直觉的和猜想的初级阶段，他尚无法使其思绪形成系统（或者说还只是一个断裂的扭曲的系统雏形），更无法对其朦胧的猜想提出证明（或者说无论其"逻辑证"与"经验证"都还只是一种萌动）。但必须承认，在整个东西方思想史上，老子显然是第一个对弱演代偿现象略有触及的哲学家。（老子学说，歧义纷呈，此乃一切古老思绪所处的原始分化位相使然，故而颇可细细玩味，未尽之处，另文拾遗。又，顺便一提，我本人在着手写作《物演通论》和形成思想提纲之前，并没有真正看透老子，写至中途，陡有所感，于是重阅《道德经》以及帛书、楚简等相关考本，才恍然悟出老子含混文字下面的精意，故在拙著中专辟第十五章简要提及。但毫无疑问，我的思想倾向和哲学内涵具有潜移默化的东方色彩，尽管其逻辑方法和推论形式是西哲式的。）

孔子：首先是一个实务家（他以无背景的平民身份，成功地创办了中国历史上第一个大规模的民营"丧仪技校"或"丧葬公司"，且运作状况良好；他以无提携的布衣身份，成功地创办了中国历史上第一个极具凝聚力的"政治社团组织"或"在野党"，且借此势力而步入政坛；他身兼"从教、从商、从政"于一体，且一石三鸟，处处得手，无不达到极致，可谓是一个身手不凡的社会活动家），其次才能算作是一个文化人（他在五十五岁左右罢黜于政界之后，又奔波游说诸侯列国达十三年之久而不见用，直至临近古稀之年才静下心来，得以"删诗书、定礼乐、赞易象、修春秋"，然此类文事迄今仍未可确证，其唯一可靠的传世思想文本仅有后世弟子们纪纂的语录体《论语》）。孔子在"礼崩乐坏"的春秋末期，依然耿耿于恢复初周之际周公旦"制礼作乐"的所谓"亲亲（亲近有亲缘关系者）、尊尊（尊重有社会尊位者）"之政治制度，可见其心志之所向或心智之所系（《论语·八佾》：子曰："周监于二代，郁郁乎文哉！吾从周"）。因此，与其将他的学说视之为"哲学"，毋宁视之为"实学"更恰当。孔子虽为老子的流水弟子，但终其一生并没有完全搞懂老子的思想，故曾叹曰："朝闻道，夕死可矣"（《论语·里仁》）。然而，孔子多少还是看出了老子学说不切人间之实际的弊端，因而一反老子"无为而无不为"的消极主张，偏偏践行以"知其不可而为之"的积极态势（从某种意义上讲，他们之间的师承关系存在着连贯而错落的历史特点，即，老子是直接表彰生物自然社会或原始氏族社会的；孔子是间接承传动物社会法则并进而将其文理化的；二者共同刻画了人类尚处于文明源头时的迟疑和忧虑），由此实现将老子之"务虚"变为孔子之"务实"的学术转换，也由此造成孔门儒学居然成为国之显学的历史渊源（国人倾向于将"人事"当作"格物"、将"实务"视为"学问"，这正反映了原始文明的切近眼光和农耕社会的文化诉求）。姑不论孔子的思想如何浅薄而实用，他毕竟做出了如下四项重要的贡献：

（一）、不自觉地发扬了从动物亲缘社会中增长出来的人文社会之理性规范；（如维持血缘族群的"孝悌纲常"；防止乱伦危害的"男女大防"；以及促进智质发育的"有教无类"、"学而不厌，诲人不倦"等）

（二）、亦即不自觉地顺应了农业文明之社会演进代偿的历史要求；（如维系联盟社会的"君臣纲常"；防止阶级冲突的"宗法等级"；以及促进群体合作的"诚意修身"、"见贤思齐，见不贤而内自省"等）

（三）、而且，他所提倡的"仁"（"仁者爱人"）之思想核心，恰恰表征为对"弱化人性"的关照；（《论语·颜渊》：樊迟问仁，子曰："爱人"。《论语·乡党》：厩焚。子退朝，曰："伤人乎？"不问马。《论语·里仁》：子曰："苟志于仁矣，无恶也。"）

（四）、他所整饬的"礼"（"齐之以礼"）之政治制约，恰恰表征为对"自然社会结构化趋势"的遵从；（《论语·为政》："道之以德，齐之以礼，有耻且格"。《论语·颜渊》："非礼勿视，非礼勿听，非礼勿言，非礼勿动"。《论语·为政》："为政以德，譬如北辰居其所而众星共之。"）

此外，孔子还有一个卓越的见识（五四运动以来也被不无道理地斥之为短见和罪过），即他那超现实的胸怀和理想："一日克己复礼，天下归仁焉"（见《论语·颜渊》。"克己"是指"克制文明化所带来的人欲膨胀和私心骚动"；"复礼"是指"恢复眼前可供参照的西周文明之初的礼制规约"；"天下归仁"是指"惟有如此方能回归于人性淳厚、仁爱通行的美好社会情境之中"）。质言之，他要竭力守护"人文初生态"（老子是守望"人世原生态"，两者间的"深、浅、虚、实"之差别一目了然），借"礼"、"仁"、"恕"之说教及操作，抗拒和修正"文明化进程"必然带来的生存紊乱后果（就这一点看，又可以讲，孔子虽然有所变通，却深得老子思虑之要领，不愧为老聃最有出息的"得意"门生）。这使得他的学说大约也为如下史实提供了某种不可或缺的助力：护持古国文明，孑然独立于世，历数千载之磨难而竟坚韧未可折。

凡此种种，都是孔子思想终于能够绵延不绝的根本原因。（参阅《物演通论》修订版第一百六十三章等）

关于中国思想史上的其他诸子，暂且略而不论。再则，关于"精神哲学",在中国思想史上几成遗漏和缺失,故亦不详论,以下仅作点滴说明。

别墨:墨家之后学,着重于墨子"名辩"思绪,史称"别墨",《韩非子·显学篇》说过"墨离为三",其中即当有此流派。胡适按晋人鲁胜之注本将其著述特称为《墨辩》,以与《墨经》之全书相区分。别墨者辈可谓中国先秦名家之滥觞,似就下列领域略曾涉猎:

(一)、认识论:谈"知"。逐次及于"认知"三层:官能、感觉和知觉。进而涉及"久"(即**"宙"**,时间)、"宇"(空间)、"止"(即**"志"**,记忆)。如《经下》:"知而不以五路,说在久"("五路"指**"五官"**,说**"不以当下之感官获知,即借以前时间的经验记忆使然"**)。并将知识来源分为三类:闻(**传闻**)、说(**推论**)、亲(**经验**)等。

(二)、名实论:谈"概念"。《经说下》:"所以谓,名也;所谓,实也"。这已涉及主语和谓语的关系问题。《经上》:"名:达、类、私"。即按抽象程度将概念分为三级:共相、类别、殊相。

(三)、是非论:谈"论辩"。《经说下》:"辩也者,或谓之是,或谓之非,当者胜也"。其推导方式与希腊三段论和印度因明论相近似。并将推论前因分为"小故"(**部分因**)与"大故"(**完全因**),如《说》:"小故,有之不必然,无之必不然;……大故,有之必然,无之必不然"。

(四)、逻辑论:谈到"辩的七法",即逻辑方法。分为:"或"(**或然**)、"假"(**虚拟**)、"效"(**演绎论证**)、"辟"(**譬,实例类比**)、"侔"(**词项类比**)、"援"(**类推**)、"推"(**归纳论证**)等等。

(五)、科学论:粗浅涉及算学(**数学**)、形学(**几何**)、光学、力学、心理学、经济学以及政治学等等。

别墨之思路格外别致，后成绝学，自有缘故。从韩非子《显学》到司马迁《史记》仅150年，竟至墨子"列传"阙如，足见此一思脉的细微缥缈，亦足见其不容于传统主流国学的历史命运。再则，墨家名辩的目的仍在于察问是非、审议治乱、处置利害与决断嫌疑等，基本以实用为指归而终究不够实用，此所谓"空灵之学不空灵"，故必灭之。

换句话说，别墨的知识论和逻辑论是最初步的，是自经验层面刚刚发动并服务于经验的，从后继名家的疏浅与混乱就可看出它们总体上的幼稚性。幼稚原本是一种增长的力量或潜能，然而它与滋生它的土壤太不相合，因而它只能在国思源流中湮灭。

名家：主要代表人物有惠施和公孙龙。

关于惠子的思想与辩题，多以《庄子·天下篇》之记叙为据："惠施多方，其书五车，其道舛驳，其言也不中。历物之意曰：'至大无外，谓之大一。至小无内，谓之小一。无厚，不可积也，其大千里。天与地卑，山与泽平。日方中方睨，物方生方死。大同而与小同异，此之谓小同异；万物毕同毕异，此之谓大同异。南方无穷而有穷。今日适越而昔来。连环可解也。我知天下之中央，燕之北，越之南是也。泛爱万物，天地一体也'。惠施以此为大观于天下而晓辩者，天下之辩者相与乐之"。

惠子所谓的"大一"合于老子"道"之本体观，超越了空间和时间的范畴，"天地比（**卑**）"、"山渊（**泽**）平"、"齐、秦袭"等，皆属此类。惠子所谓的"小一"合于老子"道"之物极观，郭沫若视其为"原子论"的异说，然不同之处在于，前者重寓言之比附，后者追物序之终极，意蕴相类而论证相远也。总之，惠子"合同异"的名学一开始就着意于模糊和涣化概念的内涵与外延，虽有老子思想源头上的混沌与深刻，却不见后续逻辑流脉上的分化与开展。

公孙龙似有遗篇，《坚白论》曰："物白焉不定其所白，物坚焉不定其所坚；不定者兼，恶乎其石也？……于石，一也；坚白，二也；而在于石。……离也者天下故独而正。"《通变论》曰："谓'鸡足'，一；数足，二；二而一，故三。谓'牛羊足'，一；数足，四；四而一，故五。"《白马论》曰："马者，所以命形也；白者，所以命色也；命色者非命形也，故曰白马非马"。择其要者，无非"离坚白"之论辩，一望而知是将共相与殊相混淆、将抽象与具象并立。他还有许多高见，如"飞鸟之景，未尝动也"、"镞矢之疾，而有不行不止之时"、"一尺之棰，日取其半，万世不竭"等等，所谈近似于古希腊爱利亚学派的芝诺，本应对空间与时间、运动与静止等重大问题有引申之议，却戛然而止，无所发挥。尤为不同凡响的是竟有如此一言："指不至，至不绝。"细察之，"指"乃属性，"至"于本体。若加以深究，可望引出本体论与认识论的所有问题，可惜意长而论短。

不难看出，名家太缺乏缜密运用逻辑推导的功夫。虽说《惠子》、《公孙龙子》文本佚散，但偏偏此类不留，自乃国情使然；我看纵有所藏，亦未必能见补缺。犹如荀卿之讥评："好治怪说，玩琦辞，甚察而不惠，辩而无用，多事而寡功，不可以为治纲纪。"（《非十二子》）由此一往，名家那绝无仅有且细若游丝的一缕诡辩思绪，自不免沦为后世不登大雅之堂的茶余酒后之笑谈。

宋明理学与心学：西方思想史历经"神学——哲学——科学"之三大演进阶段或三大逻辑范式（**此乃地中海开放型交流态之地理**

和文化的自发延展产物），但中国思想史或国学系统显然处于"古儒学、准神学、亚哲学"的更前期阶段或前神学阶段（个中原委与现代智人迁徙于东亚的迟到定居等因素有关），其基本特征表现为"天地崇拜、祖先敬仰、人伦关注"的物、人、神之未分化状态（是为"天人合一"的思想渊源），并停滞于这个阶段达数千年之久，最终使之雕琢化、完善化和僵老化（个中原委与黄土地质特别适宜于粗放农耕、以及故国地缘之西绝嶂、东汪洋、南崇岭、北冻土的相对封闭等因素有关）。从哲学的角度看，中国思想史有如华夏地势所造成的水系布局一般，俨然呈现出江河日下的独特形势：从老子深邃的"哲学"巅峰（或"亚哲学"巅峰），滑向孔儒与墨家的"实学"陡坡（即韩非子所谓的"显学"），再一路滑向战国时代之诸子百家恣肆横流的中游，至此，"国学"之大体基本完成。早在战国后期，国中之"悠思"则已全然被紧迫的"治学"所取代，至西汉武帝时代，董仲舒的所谓"独尊儒术"其实不过是儒家的政纲、法家的术势与阴阳家的穿凿之大杂烩而已。此后，虽有佛教传入，"因明"略张，然国学收束之势未改，宛若下游入海，汇为静潭，只有表面上的涟漪波翻，却不见决定去留的深层涌动。演至宋明以降，竟成"国学死而国粹生，学术死而技术生"的别样局面（此处之"国粹"特指"民间技艺的总和"而言）。从二程到朱熹的"理学"，只是移借佛学"理一分殊"的逻辑方法，重新将杂糅化了的儒学道论弄成更为僵硬也更为局促的名教体系，其"存天理，灭人欲"的基调（《朱子语类》卷十三），以及"张之为三纲，纪之为五常，宇宙之间，一理而已"（《朱文公全集·读大记》）的滥调，绝难看到一丝一毫哲思纵深的生气与生机。从陆象山到王阳明的"心学"，表面上看似乎略具主观唯心论的思绪（如九渊之"宇宙吾心，吾心宇宙"），实质上却是在寻求儒教"修身"与"治世"的另外法门，其"格竹顿悟"、"心照花色"、"山贼心贼"以及"心外无理"、"知行合一"、"良知良能"等等，大抵全是孔孟旧说的铺张或翻版（谓之"圣人之道，吾性自足"），而且立论浮薄、议叙零散，任何人都无法从中引动新的逻辑枝节。果然，明清以还的中国学思，再未见有能够光大王氏心论的流派问世。

不过，话说回来，恰恰是由于哲学逻辑（以及作为其思想后果的科学逻辑）之不展，才使中国文化和中国社会得以"滞而不夭"，最终成为世界诸多文明古国中仅存的孤本和孑遗，也成为西方文明危势发展之下当今人类唯一可供借鉴的"稳态文明参照系"。此乃另一话题，于兹不赘。（有关中国思想史的历史特征和形成条件，以及我对传统文化或"国故"系统的研究和评价，请参考我的国学著述或专题讲座。）

（再者，为了摆脱狭义"哲学"或"哲学家"的概念混淆与纠缠，我看还是将"东西方哲人"统称为"思想家"为妥。所谓"思想家"辈，非具独到之一见也，乃立创世之构思者。它的涵盖范围可以包括：前神学时代的老子与孔子等；神学时代的释迦、耶稣与穆罕默德等；哲学时代的柏拉图、亚里士多德、笛卡尔与康德等；以及科学时代的哥白尼、牛顿、达尔文与爱因斯坦等。有关"思想家"的这种跨时代转换现象，正好勾勒出人类理性逻辑及其文明社会演动的分化扩张态势<参阅《物演通论》卷一第十六章、第三十四章及第五十一章，卷二第九十五章至第一百零三章，卷三第一百四十六章至第一百五十七章等>；同时，我们还可以借此看出，越原始、越低端的思绪，其有效覆盖面越大，稳定通行期越长<参阅《物演通论》第十三章与第四十一章等>；它表明，这份难得被保留下来的"东方思想"之张本，尽管乍一看显得分外粗糙而零落，其中却可能珍藏着某种更深刻、也更带有普遍性的天地人间之玄机。）

（以下仅在上述"思想家"定义的高度上简谈西方哲学和若干哲学家。）

二、西方哲学史概略

泰勒斯：留一言而成圣哲始祖："水为万物之原"。其意义如下：

（一）、暗含了"万物同源"的思绪；（探讨对象的"逻辑极点"）

（二）、暗含了"万物同质"的思绪；（追究"终极的质料因"）

（三）、暗含了"万物一系"的思绪；（开创"超直观的自然哲学"）

（四）、暗含了"万物演化"的思绪；（启动"物演理论"之初萌）

随后的米利都学派皆循此而进，如阿那克西曼德的"无限"；阿那克西美尼的"气"；以及赫拉克利特的"火"；阿那克萨哥拉的"种子"和恩培多克勒的"四根"等等。

这是理性化的"自然哲学"的开端，也是最原始的"本体论"的粗糙逻辑模型。（**参看我在《物演通论》自然哲学第一卷第十二章及其之後文论中所提供的"精致本体论模型"，其精致程度可用第三十四章的数学模型表示之。**）

这种具象化的探讨万物之源的方式，乍一看似乎不如老子抽象的"道"高明，然而，它却给出了一个比较清晰的逻辑推求原点，其近期后果是必然引出认识论问题，如恩培多克勒的"反映论"，以及毕达哥拉斯以数论逻辑为起点的"唯理论"；其远期后果就是从留基伯与德谟克利特的"原子论"引出近现代之原子物理学和粒子物理学的理论系统。（**哲学历来是科学的前导，除"原子论"外，还有毕达哥拉斯的"数学"、欧几里得的"几何学"、芝诺对"时间与空间"和"运动与静止"的逻辑探问、以及阿波罗尼对"圆锥曲线"的研究等等，不再一一列述。我的"递弱代偿原理"及其相应的本体论模型，将来也可能成为某种更精密的确定性学科的先声。**）

毕达哥拉斯：其基本哲论为：世界是数，或万物皆数。

毕达哥拉斯是数学上的鼻祖，其数论研究已经比较系统化，甚至近乎揭示了整个音律的数学关系。但关键在于，他的数学并非像今天这样是一门应用科学，而纯粹是一种哲学性的宇宙观。换言之，他是第一个"把逻辑系统看作是世界系统之本原"的人物，尽管他当时未必能够明确地划分"主观逻辑系统与客观世界系统的二元关系"。他的重大贡献是奠定了"唯理论"（或曰"唯心论"）的基石，柏拉图的"理念论"就是在毕达哥拉斯学说的基础上展开的，所以柏拉图所创办的亚加德米学园（Academy）门口就刻写着一条"校规"：不懂数学者不得入内。

这种无视应用而一味追究终极的情形，在古希腊很普遍，譬如后来作为几何学（"形论"）鼻祖的欧几里得，他著述《几何原本》的目的也不在于具体实用，而是为了给柏拉图的"理念论"提供证明，证明现实中并不存在的抽象的点、线、面才是解析"世界图景"（指"主观世界图景"或"理念世界体系"）的根据。

毕达哥拉斯学说的缺陷在于，他的数理逻辑本身直接就是万物的"本体"，而不是追索"本体"的逻辑形式。也就是说，毕达哥拉斯尚没有意识到"数论形式只不过是先验逻辑的格式规定"，更不可能意识到"精神存在"只不过是"自然存在"的代偿属性，由此造成他图解世界系统的粗疏和偏差。（关于数学和几何学的效用原理，可参阅《物演通论》第二卷第一百零二章倒数第二段等相关论述）

巴门尼德：是第一个将主观与客观体系笼统归结为"存在"的人。但在他讨论"存在"与"非存在"的概念时（后人对这两个概念的注释分歧颇多），又似乎隐约发现了两者的区别，并引起严重的思想混乱（参阅《物演通论》第二卷第六十三章）。

"存在"的问题从此呈现为哲学史上最玄难的根本问题，它的难处在于：

（一）、"存在"是一切对象形式和主体形式最基本的属性或属性综合形态，因此它必然处于最易涉猎而又最难发掘的表层或底层；

（二）、"存在"的设问者凭借什么来追索"存在"？

（三）、设问者所追索到的"存在"究竟是"主观化了的存在"还是"客体存在"本身？

（四）、这样的两重甚至多重"存在"（很少有哲人意识到"社会存在"也是一种"自然实体存在系统"或"自然结构存在阶段"）到底是什么关系？

自此以降，所有重量级的哲学家都困扰于其中而不能自拔，直到二十世纪的"存在主义"哲学仍然被弄得满头雾水。（我的《物演通论》之卷一"自然哲学论"和卷二"精神哲学论"，就是在系统地回答由巴门尼德提出并由其他哲学家不断追究的上述问题；卷三"社会哲学论"则是在继续连贯地探讨由"物质存在"和"精神存在"演进集成的"社会存在"之衍存原理。即，我的"存在论"必须与"知识论"共同建构方能达成，或者说，我的"本体论"必须与"认识论"一并讨论方能确立。换言之，我所给出的"存在论"模型总是与其"认知形态"或"主观属性"保持着某种不可分割的一体关系，或者反过来说也一样，我所给出的"认识论"模型总是与其"存在态势"或"本体构成"保持着某种表里相属的内在联系。而且，这个一体化的衍存系统并不以勾销"客体物质的超验决定性"或"精神主体的先验规定型"之任何一方为前提，也不以割裂物质、意识乃至社会等任何一种存续状态为代价，从而真正保持了巴门尼德所谓的"存在是一"的本原思境。）

苏格拉底：他是西方的社会关怀和伦理关怀之第一人；不能确定他是否也是认识论问题的首倡者之一。作为柏拉图的老师，柏拉图的著述中还有哪些思想要素属于他，很难明瞭。

站在现代的角度看，苏格拉底的社会话题更多地表达了雅典智者们的现实关切和散漫研讨，却很难被看作是一种系统的博物学或社会学理论。但，柏拉图借苏格拉底之口所集成的《理想国》，却无疑是人类思想史上的第一部试图用理性来设计或规约社会结构的理想模型（**东方的老子和孔子在其"社稷关怀"的学说领域只有批判而没有建树，或者说，他们的建树只是复古罢了，却几无理性逻辑的细密推求和系统设计**）。此后，无论是托马斯·莫尔的《乌托邦》、霍布斯的《利维坦》、孟德斯鸠的《论法的精神》或卢梭的《社会契约论》，以及康德的"实践理性"、黑格尔的"法哲学"、马克思的"历史唯物主义"学说及其"共产主义社会"构想等等，皆以此为发端，成为其"理性设计的社会蓝图"或曰"社会逻辑模型"的后学与翻版。这是苏格拉底和柏拉图的重大贡献之一。

直到十九世纪中叶，孔德提出了他的"实证社会学"，并认为"社会存在"是继"物理存在——化学存在——生物存在"之后所发生的另一重实体结构，"社会学"（Sociology）一词才作为一种"实体性称谓"开始沿用。然而，不管是孔德本人，抑或是其后的所有近现代社会学家，迄今仍然将"社会"概念限定在"人类——社会"的陈腐窠臼之内，丝毫没有意识到"社会结构其实是自然结构演化的终末代偿形态"。（**参阅《物演通论》第三卷第一百二十三章之前后各章节**）

严格说来，任何"社会理想"或"社会构思"都不过是"自然社会结构化进程"的某种主观反映。尽管从表面上看，人类社会的任何变动都必须依赖其社会成员的"个人意识"或"集体意志"

来实现，这种情形就像蚂蚁或蜜蜂社会的任何变动也必须依赖其社会成员的"个体意志"或"集体无意识"来实现一样，说到底，此类"个体或群体的主观意识或主观意志"本身就是一种被决定的因素。因此，任何人为设计的社会蓝图，即便它果然达成了对国体形态、政经制度或法律策划等的现实影响，那也不过是表达和顺应了社会运动的客观形势罢了。从根本上讲，它绝不可能改变社会运动的基本方向，从事实上看，它也断不可能完全实现其"理想设计"，除非这个主观设计恰好与社会演动的客观进程完全重叠，此种情形在人类文明史上还从无先例。这是由于"社会实体"或"社会结构"原本就不是人为的产物，或者说，"人为因素"只不过是被"自然社会结构化进程"所限定的"实体质料属性"或"感应结构内涵"罢了。（在《物演通论》第三卷中，我甚至不得不重新定义"社会"一词的基本概念，提出了"社会存在"的终极根据，并进而阐明"社会学"及"社会运动"的各项宏观定律和自然法则。这相当于对既往的所有社会学理论进行根源性批判和基础性重建。有关哲学史上"社会"问题的讨论，后文较少涉及，这是由于前人对这类课题的贡献和争议较少，并不表示它不重要。）

柏拉图：撇开社会领域不再赘述，柏拉图的哲学贡献是多方面的：

（一）、提出"理念论"，开"精神哲学"之先河；

（二）、倒置"精神存在"与"自然存在"的关系，引发后世有关"存在论"（即"本体论"）与"知识论"（即"认识论"）问题的思考和探索；（"本体论"与"存在论"之间后来发生了许多概念歧义，诸如此类的衍生问题，在此一概搁置不谈）

（三）、首先发现"感知的局限"（见其"洞穴困境"之论）和

"逻辑的局限"（苏格拉底式的逻辑辩驳），引发亚里士多德随后开创逻辑学；

（四）、首先提出"美的本质"问题，引发后世的美学研究。

但柏拉图的短处也十分明显：他的"理念论"只是对"精神本体"（即"精神存在"）的初步确认，此外别无阐发；他找不见精神存在的根据，反而让精神存在成为自然存在的根据；他对精神发育、认知过程和逻辑系统尚未进行任何终极性探讨或细致入微的研究；他提出了美学问题，却没有给出实质性的回答。尽管如此，柏拉图仍然不愧为是催生了精神哲学的元祖。（由于柏拉图所涉及的问题已被笛卡尔以降的古典哲学家们扩充和深化了，因此我在《物演通论》卷二"精神哲学论"中，虽然已经解决了他所提出的有关疑难，却并不显得是在与他对话。但，由他提出的"美学本质"问题，后世几乎无人可在如此深层上回应，故，我的美学议论为他而发：即仍然从存在论出发，证明"美的实质在于维系依存"。参考《物演通论》第二卷第一百一十二章至第一百一十五章等。）

亚里士多德：既像是哲学家，也像是博物学家、政治学家和伦理学家，更像是早期萌芽阶段的科学先师。由他分立的物理学、天文学和动物学等，使"分科之学"（即"科学"）初露端倪。他的科学见解很原始，尚处于博物学式的直观和猜想状态。他的哲学就是上述所有学术的总和与总称（**此乃早期博物学和科学所采取的表达形式，直到牛顿时代仍有余绪**），因此显得格外庞杂。从纯哲学的角度看，他的最大贡献在于对形而上学的阐释，尤其是对形式逻辑的整理：他对"逻辑"（Logic）词项给出了严格的定义，即"必然地导出"之意，从而将意境模糊而又主客无分的"逻各斯"（Logos）推演为确定的认知程式；他发现了形式逻辑的三定律，即同一律、排中律和不矛盾律；他将希腊法律用词的"范畴"概念哲学化，并将其规定为判断陈述中谓词的最一般而基本的类；他还把三段论细分为三个格，探讨了其中48种可能的前提组合，排除了34个无效式，确立了14个有效式，在这14个式中，他称第一格的4个式为完善的，分辨出其他两个格的10个式为不完善的。他由此创立了逻辑学，并将精神哲学和认识论的研究推向了一个新高度。（**亚里士多德在逻辑学上的贡献，奠定了后世逻辑学发展的基础，无论黑格尔的辩证逻辑还是所谓的现代逻辑或分析哲学，都离不开这个起点。然而，我将"逻辑"分解为"广义逻辑"和"狭义逻辑"，即在更终极的意义上探讨逻辑的素质，详见《物演通论》第二卷第九十四章。仅在"狭义逻辑"的范围内，我对"辩证逻辑"的"失位性"评价和对"理性逻辑"乃至"理想逻辑"诸定律的讨论，亦以亚氏的形式逻辑即"知性逻辑"为基础，详见《物演通论》卷二 第九十一章至第九十九章。**）

但亚里士多德的思维特点倾向于方法论和具体对象（**这些正是后来科学思维的特点**），他对终极问题的探究似乎有些力不从心和模棱两可。因此，他的思想体系就多少显得有点儿幼稚，还多少流露出某些一厢情愿的色彩，譬如，他提出了一个基础性概念叫做"隐德来希"（Entelechy），泛指一切事物演动的"目的"及其"潜能"的实现，他最终将之导入某种十分理想化的完善或"主善"方向，令人不知其根据何在。（**就这一点而言，亚里士多德远没有老子深刻，因为他把事物的出发点和归宿点全说错了。有关这个根本问题的讨论，请参阅《物演通论》第一卷第二十八、二十九章及其此前各章节。**）

（说明：以奥雷勒·奥古斯丁等人为代表的基督教哲学，和以托马斯·阿奎那等人为代表的经院哲学，在欧洲历时约千年左右而无大建树，故不赘述。但有必要加以检讨的是，把这个思想的稳定期叫做"黑暗的中世纪"是否恰当。它的实质是前期神学稳定性的延续，以及它对后期哲学产生重大影响的必然；

就像再后来的科学，它的稳定性不免比哲学更差，而作为其前体思想形态的哲学，又必然会对科学产生重大的影响一样。此乃递弱演历的规定，并非"思想的堕落"或"历史的迷失"所致。理论原理可参考《物演通论》修订版卷一第四十一章。）

笛卡尔：是一个哲学与科学并重的天才（这正是那个哲学与科学发生交替的时代的禀赋）。他在哲学上的主要贡献如下：

（一）、笛卡尔是将"物质实体"与"心灵实体"明确地予以区分并予以追究的第一人，由以引发了近代哲学对"知与在的关系"进行"二元横向探问"的思潮。（所谓"二元横向探问"，是指对象与主体似乎只存在认知性的联系，却忽视了认知过程与认知主体的"一元纵向求存关系"，这使得"物质存在"与"精神存在"双双失去了自身的根据，从而也连累"在是什么"这样一个古老的问题被弄得愈发扑朔迷离，最终导致后继哲学于"知"与"在"这两大领域都分别陷入分歧和混乱，此乃二十世纪"存在主义"哲学要求重新寻找和回望"存在"的主要原因。我在《物演通论》卷一的"自然哲学论"里所要解决的核心问题之一，就是"在如何衍生和决定了知"；接着在卷二的"精神哲学论"里所要解决的核心问题之一，就是"知如何维护和成全了在"；也就是系统的解决有关"知"与"在"或"认识论"与"存在论"的"一元纵向求存关系"。）

（二）、以笛卡尔为标志，"认识论"问题在主流上取代了"本体论"问题，成为古典哲学划时代的中心议题。（但也因此造成了"存在论"与"知识论"的分裂，即造成所谓"唯物论"、"唯心论"以及"不可知论"之间的无休止的争论，这表明哲人们连"知是什么"这样一个最基本的问题都无法说清，此乃"二元横向探问"方式必然引出的结果。我的哲学原理的价值之一，就在于有效地阐明和化解了这类问题，详见《物演通论》卷二第七十章、第七十六至第七十九章、以及第一百章等。）

（三）、笛卡尔的"我思故我在"命题及其"天赋观念"的提法，首次使"在"（即**本体论**）和"思"（即**认识论**）都成为必须加以论证的实体或问题，而且还成为几乎无法加以论证的虚体或玄难，结果不免造成"独断论"的困局。（也就是说，有关"存在"和"认知"的问题，从此变成必须在另一个缺乏相互关照的非实证层面上加以研究和论证的问题，由以引出了其后的莱布尼茨、贝克莱、休谟、康德以及黑格尔等人的哲思序列。不过，限于当时的知识或信息量，即使是他们的某些比较有成就的论证，也显得颇为笨拙和缥缈，由此造成二十世纪的分析哲学及其语言论转向，以及维特根斯坦认定形而上学问题是伪命题和语言病的结局。有关这层问题的剖析和解决，请参阅《物演通论》卷二之开卷第六十章至第七十章。）

以上是对笛卡尔哲学问题及其影响的简要概括。

莱布尼茨：他与笛卡尔相似，博学而深具科学造诣。他的哲学就是为解决笛卡尔及其学派所引出的问题而发的。

（一）、他的"无窗单子"论是对笛卡尔独断的二元存在的修正，使世界一元化为精神性的存在。（他的"单子论"颇像是"精神性的原子论"。可以认为，他是第一个意识到"感知的封闭性"的人，我将其称之为"形而上学的禁闭"，即人类没有感知以外的其他通道足以直接抵达外物，所以，凡属人能指谓的外物其实全都是主观化了的东西，有此发现足见其明睿之至。而后贝克莱把这个问题推到了极致。但由此也可以看出，他全然不能理解"感知禁闭"的原因，所以也就难免会把"精神的本原"彻底搞错了。这个问题的解决，必须建立在"感知求存而非求真"以及"感应属性耦合原理"与"感应属性增益原理"的基础上，才是唯一的出路。详见《物演通论》卷二第六十章、第七十一至第七十九章等。）

（二）、他首次提出"预定和谐论"，旨在回答"不同质的单子之间"以及"不同层次的知觉之间"如何可能和谐一致的问题。（这个问题对莱布尼茨而言，是一个单一的精神系统内自发或主宰和谐的简单问题，可参考《物演通论》卷二第九十一章。但若针对"失真之知的有效性"而言，则的确是一个严重的问题，笛卡尔和康德的"心灵"或"知识"与其"物质实体"或"自在之物"之间，到底是一种怎样的相关关系，他们都无从给出回答。要解决这个问题，必须深刻地理解"递弱"与"代偿"的对应互动关系、"存在阈"对认知主体的规定，以及"广义逻辑自洽"和感应耦合中的"条件诱导属性"等，可参考《物演通论》卷一第三十八章、第三十九章和第五十一章；卷二第八十六章、第九十一章、第九十四章和第一百章等。）

（三）、一般认为，莱布尼茨提出的"充足理由律"是对亚里士多德之形式逻辑三定律的补充。但我认为它是从"知性逻辑"到"理性逻辑"的过渡形态或过渡格律。（这里的关键是，必须对"知性逻辑"与"理性逻辑"在概念上严格把握，并了解二者无间断的演进关系，这又涉及"广义逻辑"的新意。可以说，此前从未有人缜密地讨论过这个问题，尽管在康德前后，像"感性"、"知性"和"理性"这类专用术语已经被广泛使用。请参考《物演通论》卷二第八十九章、第九十六章及其中间各章节。）

莱布尼茨的哲学还涉及其他许多方面，从略不谈。

贝克莱：受牛顿光学和洛克感觉论的影响，提出"非物质假设"。有下列三句名言："物是观念的集合"、"存在就是被感知"、"对象和感觉原是一种东西"。在哲学上启发了几个重要问题：

（一）、牛顿的科学观和洛克的唯物论，反而成为贝克莱提出"非物质假设"的根据，表明在笛卡尔时代以后，大凡想越过对精神层面的剖析而直达外物的哲学思考，均已成为荒诞之举。（洛克的早期存在尚有道理，因为笛卡尔的"二元论"毕竟还留出了"物质实体"之一元待考，而且其"心灵实体"的性质问题当时也的确尚属空白；然至休谟和康德以降，再借横向并立的物质来为感知作证，则已不免堕入无知，此乃我说费尔巴哈在某种程度上已沦为哲学外行的原因。）

（二）、贝克莱的哲论虽然很极端，却借此挑明了一个认识论上的重大悬疑，即感知和理智的终极无效性问题。而且，也正是基于这一点启示，休谟才不得不重新探讨经验本身的有效限度，从而揭开了康德及其后学深入研究感知方式、逻辑自律乃至精神本质的新篇章。（可以说，贝克莱是在用极端的谬误振聋发聩，他的"唯我论"结局使其学说不攻自破。然而，谁又能拿出"主观感知以外的证据"来证明"纯粹的客体"呢？这就是唯心主义的合理立脚点之所在，尽管它显然也不能证明"纯粹的客体"绝对不存在，这又是唯物主义的合理立脚点之所在。康德哲学的雄厚品格就表现在这种脚踩两只船的狡黠布局之中，但"知"与"在"各自的本质及其相互关系等问题依旧没能彻底解决。全部的问题在于，为什么需要"心"来照应"物"？"精神"从何而来？又为何而生？"认知能力"与"信息量"——总称"认知动量"——为什么会渐次增大或日益膨胀？诸如此类的问题只有借助于"递弱代偿原理"才能给以透彻地诠释。参阅《物演通论》卷二 第七十章等。）

这就是看似荒诞的贝克莱哲学体系不能被妄加轻视的缘故。

休谟：受贝克莱哲学的触动，对经验和知觉的限度加以研究。

（一）、休谟的最大贡献，在于提出"从特称判断不能导出全称判断"，也就是说，从个别经验不能导出一般的、普遍的结论和知识，从而否定了"归纳法"的可靠性，也否定了逻辑上因果联系的客观性，认为因果关系只不过是对知觉印象在时空上重复伴随出现的误判，这就相当于把人类的所有知识系统或认知外源从根本上加以否证。（单从经验论层面出发，休谟的这一看法无疑是正确的。它深深的触动了康德，使康德觉得必须重新探讨人类知识的来源，相应地，也必须探讨经验以先的纯粹知性的内在规定性，由此明确地启动了对"主观认知属性"——即我所谓的"感应属性"及其后衍代偿产物"感知属性"——这一哲学大课题的认真对待和深入研究。实际上，如前所述，这个课题早在古希腊时期的毕达哥拉斯、柏拉图和亚里士多德那里就已萌发，但真正给出系统性和终极性的初步拷问者，当以康德为里程碑。这就是休谟哲学重大的启发意义所在。）

（二）、休谟甚至对"空间"和"时间"这种最基本的感知形式都提出异议，他说空间或广延只不过是可感觉的对象顺序分布的产物，而时间总是被相继觉察的可变对象揭示出来的，由此对时空观念的客观性提出质疑。（休谟真可以算作是一个彻底的怀疑论者，他对于一般人最不可能发生疑惑的空间与时间都不予确认，结果造成不可估量的深远影响。康德后来对先验直观形式的论证就借助于主观时空形式而展开，再往后，直到爱因斯坦创立狭义相对论，休谟的时空疑思也对其产生了重要的启迪作用。有关这个问题的进一步的哲学阐述，请参阅《物演通论》第五十四章及卷一全部。）

（三）、休谟由此开启了"不可知论"的闸门，成为哲学史上继"唯物论"和"唯心论"之后最重要的支脉。（他承传并发展着自笛卡尔以来的怀疑论和独断论的风韵。但这也表明，休谟及其"不可知论"的后继者们，尚未明白"知的意义"或"知的限度的意义"所在。诸此问题的阐明，譬如"经验的限度"、"逻辑的限度"、"独断或武断的不可克服性"以及"知的求存意义及其上下限规定"等等，请参阅《物演通论》卷一第三十章、卷二第六十五章至第七十章等。）

休谟思想还引发了十九世纪以后的实证论哲学派系等，不再谈。

康德：受休谟哲学的启发，创立其批判哲学体系，奠定了近代知识论的基础。由于前面已多处提到他，故以下仅作不显重复的点评：

（一）、首开"先验"的"纯粹知性"的研究，意图揭示"在经验发生以先"之"人类理智能力或感知属性"的主观规定性。在"先验感觉论"中，他借用时间和空间形式，提出和讨论了"先天直观形式"如何整合经验素材；在"先验逻辑论"中，他借用数学和物理学形式，提出和讨论了"先天综合判断"如何导出具有普遍必然性的知识扩展，用以回应和解决上节所述的"休谟问题"。在当时条件下，我们姑且不论他在细节上是否完全无误，仅是能够发现和证明"感知系统的内在格律先于感知过程而存在"，就已属相当富有洞察力了。（换言之，康德第一个明确提出了"先验感知属性系统"规约和扭曲"客体对象"的问题，从而一方面建立了通过"先天综合演绎法"获得普遍知识的逻辑根据，另一方面却让"自在之物"游离于彼岸。于是留下了一系列疑问有待解决：(1)、既然所知非真，其中当然包括"全称命题"的所谓"普遍性知识或规律"，那么，"知识的有效性"从何而来？或者要问，知识的效用怎样实现？这是康德有意无意地回避了的一个大问题，即"所知"与"主体存在"或"主客体依存"的关系是如何达成的？（2）、既然"自在之物"失离，那么，"客体存在"与"主体存在"究竟是一种什么关系？更重要的疑问是，主体的"先验感知能力"或"先天综合判断能力"由何而来？它们得以发生和发展的根据是什么？这又是康德有意无意地回避了的一个大问题，亦即"能知"与"自在之物"或"主客体依存"的关系是如何达成的？（3）、最终，我们把它转换或归结为一个基本问题，那就是"知与在的关系"到底是什么？"认识论"与"本体论"的关系到底是什么？这都是康德哲学无力填补的空白。有关这些问题的答案，请参阅《物演通论》卷一第十六章至第三十四章；卷二第六十六章、第七十章、第七十三章、第八十二章、第八十三章和第八十四章等多处相关章节。）

（二）、康德对"纯粹理性"的批判和怀疑，包括他对"先验辩证逻辑"的揭短（虽然提出"先验幻象"或"二律背反"的方式尚属幼稚），都显示了他的精明和深刻（从某种程度上讲黑格尔有所倒退）。这一点已被当代的分析哲学、现代逻辑和哥德尔定理所证实。（即是说，康德是最早明确发现"理性的不可靠"或"理性的失稳定"的人，这一点他比理性主义者笛卡尔、斯宾诺莎或莱布尼茨等人都要高明。然而，由于康德并不清楚感知、理智或精神全体的起源，更不清楚精神系统在其自然发育过程中的递弱代偿动势，因此他对理性的批判是含混而矛盾的，而且完全没有切准脉搏：（1）、"理性"较之"知性"和"感性"固然越来越倾向于紊乱、失稳乃至失效，但那失效的原因却并不与康德所谓的"超验对象"如自在物、上帝或灵魂相干，反倒是理性的发展必然越来越倾向于感官和经验所不及的"超验对象"如粒子物理学、量子力学或分子生物学等等。显然，康德批评理性的出发点完全搞错了，或者说，康德根本没有找见批判理性的确切根据。（2）、理性固然倾向于失稳，但理性化的自发趋势却是不可逆转的，从理化物质的感应、到低等动物的感性、再到脊椎动物的知性和灵长人类的理性，这个进程势必还将继续贯彻下去，直到最终全面危及人类这个至弱物种以及社会这个至弱结构的存在为止。也就是说，人类的"理性逻辑系统"还将进一步地扩大化、缜密化、繁琐化和失稳化，而不像康德所希冀的那样可以人为地加以把握和限制。这也是目前风靡一时的"非理性"或"反逻各斯中心主义"的所谓"后现代主义哲学"的无知和轻薄之处所在。有关这些问题的答案，请参阅

《物演通论》卷一第二十五章至第二十九章、第四十一章、第五十一章，以及卷二第七十章、第八十七章以及第八十九章至第一百零三章等。）

康德的学说体系丰富而庞大，此处只就认识论方面即《纯粹理性批判》所涉及的有关问题扼要简谈。他在关于伦理学的《实践理性批判》一书中的观点，大抵只具有当时德意志社会的时代特征以及基督教文化的启蒙特征；他在《判断力批判》一书中对美学的研究虽然不乏高论，但在我看来仍没有切中"美的本质"之要害，故不予置评。

黑格尔：他的哲学系统主要是为了回应康德哲学所提出的一系列问题（详见《物演通论》卷二第六十四章、第九十七章和第九十八章的评述）。此处仅作几点补充说明：

（一）、黑格尔哲学的主要目的是将自笛卡尔至康德以来的"二元存在论"归为一元。但由于他全然搞不清"精神"的渊源和本性，所以他关于"绝对理念"或"绝对精神"的设定，虽有明察"形而上学的禁闭"之深刻，却从根本上颠倒了"存在的本原"。

（二）、黑格尔的确是把"辩证逻辑系统"阐释和发挥到极致的人，这个贡献不容否认。但出于对逻辑发生过程和逻辑运动方式的无知，他把辩证逻辑抬高到了荒谬的程度，实际上，辩证逻辑仅仅是理性逻辑的初始阶段或初始状态而已。它的有效性之所以比更高级的"理想逻辑"（定义见《物演通论》卷二 第九十八章）要显得普泛和适用，恰恰是由于它的原始性使然，即由于"越低级的东西其稳定性越高"这一弱演法则使然。这也就难怪擅长研究现代数理逻辑的罗素先生会对他的哲学体系作出如此恶评："黑格尔的学说几乎全部是错误的"（见《西方哲学史》）。

（三）、黑格尔对"理性逻辑"的过高评价与他对辩证逻辑的过高评价同出一源。他居然丝毫没有发现"越高级越复杂的逻辑形态其紊乱度势必越高"这一显著现象，这使得他从意欲纠正康德哲学弊端的高点一下子滑落到康德哲学的低线之下。总体看来，他的哲学研究远没有康德来得深入，所解决的哲学基本问题也远比康德为少。

基于上述三点，应该说，黑格尔哲学的总体价值有限。

马克思：他深受黑格尔与费尔巴哈影响，却疏于究诘近代哲学的基础问题系统。话说回来，他所关心的原本也不是纯哲学问题，他几无任何哲学论文或专著，他对世界的影响与哲学无关。不过，他作为一位颇有见地的学者和革命家，在哲学和社会学方面也时常流露出耀眼的火花，令后人无法视而不见，故作如下两点评论：

（一）、马克思在自然观与认知哲学上的"唯物反映论"，没有进行"物质存在"和"精神存在"两方面的逻辑证明，更没有对"感知过程"作过任何细致的研究和论证。非证明的论说只能算作援引，即便是多方面的援引也不能替代系统性的学术论证。他曾说他的实践哲学不在于"认识世界"而在于"改造世界"，也从另一个侧面表明了他的非专业研究的援用品格。但他提出"存在决定意识"，实属哲学史上最为挺拔的高见之一，只可惜他并没有将这条至理名言深入发掘，也没有使之真正展开，而且这句话的深层意蕴恰恰与"反映论"相抵触（**详论请参阅《物演通论》第七十章以及第二卷全部**）。

（二）、马克思在社会观或社会哲学上的"历史唯物论"，基本上形成了一个完整的理论体系。其主要贡献在于：这个学说在切近的人类文明史上大略划出了一条社会结构演进的轨迹（但小尺度、近距离的标杆势必造成测量系统的歪曲和远方目标的偏失）；并且他竭力想证明社会运动是"不以人的意志为转移"的客观进程（尽管实际上"人的意志"恰恰可能是客观社会运动的主观媒介）；他还试图把社会发展的动因放在人类求存的物质基点上（问题是这个"物质基点"应该被搁置在哪一个层级上才真正牢靠）；凡此种种，都足以将他抬举到既往社会哲学领域的某一相当高度。然而，他当时不可能将其社会学视野放宽到人类以外的更大尺度上去，这需要相当程度的自然科学修养。更重要的是，他的"历史唯物观"所观照的"物"仅仅是人为行动结果的"经济产物"，却不是"人类"这个"自然产物"本身。问题在于，"社会"作为一个庞大的自然实体结构系统，其"经济子系统"与"文化子系统"、"政治子系统"，或者分得更细的其他诸多子系统一起，至多只具有同一层次的平行反馈关系，而不可能具有单独决定其他各个子系统的垂直作用力。也就是说，这些子系统的有机运转一定还有一个更深层的决定性动源——这个动源就是"引发属性和结构代偿进程的弱演自然力"。正是由于这种时代局限性，或者说是由于某种可以理解也令人同情的时代变革思潮，导致马克思的历史唯物论成为一个浅显而诱人的社会学误判，尤其成为一种具有特定阶级利益倾向的社会实务说教，也导致马克思对于人类社会发展前程的乐观预言终于成为一场盲目的空欢喜（详论请参考《物演通论》第三卷之全部）。

有人批评我对马克思学说只有笼统的驳斥，却没有从正面回答我所批判的那些问题。对此我只能简复如左：（1）、我之著述《物演通论》，全然是为了对"递弱代偿原理"作出系统证明，因而对所有相关哲学家的相关观点都一概只予点评，而不予详论，并且基本上也都是批判性地落墨的；（2）、凡我批评马克思之处而又未能当即作出回应性说明者，必乃此前或此后的各个章节甚至全卷文字所讨论的内容均可视为是对该批评的题解，而且也只有这种系统性的论证才能够成为真正有效的答复，何况我对所点评的其他哲人也一律如此待遇，并未厚此薄彼。

有关马克思主义的其他具体论题，我亦偶或参酌，点滴之议，不足复述。

叔本华：临末，谈一下叔本华。我们可以把叔本华作为一个特例来看待，叔本华的"意志论"哲学总体上看不免略显突兀和偏颇，但有两处可圈可点：

（一）、在其《作为意志和表象的世界》一书中，叔本华紧紧围绕着两句话展开了他的精神哲学体系及其世界系统，一句是："世界是我的表象"；另一句是："世界是我的意志"。有趣的是，这两句话刚好对应着"感应属性"的"感"与"应"两个方面。另外，他把"表象"归为主体意识，把"意志"归为客体本身，尽管这样一来不免搅混了"自在之物"或"物之本性"与"自为代偿"或"物之属性"的本质区别，也搅混了"精神"概念的内涵与外延，却又一次恰好切中了"表象"偏向于主体一面、"意志"偏向于客体一面的基本特征。不仅如此，他还把"生存意志"的属性返还给客体化的世间万物，使其成为一切事物与现象的潜质和根源，并使其展现为逐级增大的无数级别，这种观点恰恰再一次把握住了精神运动的"感应属性增益趋势"。凡此均表明，叔本华是近代西方哲学家中难得能够隐约觉察到"代偿求存"现象的极少数人之一（**值得一提的还有胡塞尔的现象学，参阅**《物演通论》第一百零六章），尽管他的表述还很模糊，思虑也不够划一，但在当时能达到这个境界已属不易。（**参阅《物演通论》卷一第五十六章、卷二第一百零四章及其后有关章节。**）

（二）、在我的著述中，美学问题和心理动量是在研究"意志向量"的范畴内展开的，因为"美"的发生与"应"的失离关系密切。而美学问题又恰好是叔本华哲学的重点之一，且颇为精彩，尽管他尚未能企及"美"的基层。为此，我在美学和心理波动问题的讨论中多次借鉴他的高论，也就不足为奇了。（**参阅《物演通论》卷二第一百零八章至第一百一十章、以及第一百一十三章前后有关章节。**）

另外，不妨多说一句，关于叔本华哲学的悲观意绪及其寂灭倾向，恐怕最好还是应该从他的哲理推论序列之中去寻求根据，也就是要理解他把"求存意志"定性为"盲动的本体"或"盲目的物性"使然，要知道他的悲观情结与他的逻辑导向基本吻合。那种将其悲凉思境完全归咎于时代的沮丧或履历的伤怀之谈，在我看来大抵是读不懂他的深刻与深沉的闲言碎语。

三、西方现代哲学简评

坦率地讲，我对现代西方哲学的总体评价很低。但它所表征的三项基本特点从某种意义上讲却又是必然的：（1）、浅薄与浮躁，它所表征的是自然演化律的失稳倾向；（2）、琐碎而褊狭，它所表征的是自然分化律的失位倾向；（3）、低能无建树，它所表征的是自然代偿律的失效倾向。或者，换一个视角，从思想史的大势上看，哲学的发展过程原本就呈现为抑扬起伏的阶梯状，缺乏创造与成就的平移时期动辄持续数百年也不算稀奇，西方现代哲学大约恰恰就处在这样一个比较苍白的特定阶段，它那离乱而喧嚣的"热闹"情景，正是由于一旦无所建树则难免陷入琐碎争论的时代尴尬，如果我们不说它同时也是整个西方文明体系业已趋于穷途末路的思想症候的话。

以下仅就其梗概予以简评：

浮躁的开端：克尔凯郭尔基于其失恋和自杀的情绪波荡所建立的零碎思绪，纯粹是一种个人的、主观的肤浅感触和激烈发泄，它根本不涉及存在论的基本问题，却居然也能在整个西方焕发起一轮所谓的"存在主义"哲学，不能不令人浩叹西方哲学的没落。

再看尼采神经质的癫狂状态及其蜻蜓点水般的诗哲呓语，他从不讨论哲学上的本体论或认识论上的任何问题，其"强力意志"说及其对"超人"的呼唤，仅仅流露出现代人类"外强中干的生存窘态"以及"企求过度代偿的失存紧张"罢了。

现代西方哲学以此二人为发端，应该说是西方哲学思绪的必然产物，它的日趋浮浅化和狂躁化之思想现象本身，正深刻地预示了由西方文明所主导的人类现代精神生活、社会生活以及整个自然生存形势的全面危机。（**参阅《物演通论》第二十八章、第五十六章、第五十七章和第一百零三章等**）

存在主义：以海德格尔、萨特和加缪为代表，他们提出"存在无定义"、"存在先于本质"以及"存在的荒谬感"等等，所反映的都是西方哲学史对"存在"之探究的进一步迷失，总结起来，主要有如下三大问题：

（一）、海德格尔提出要返回古希腊去追寻"存在"，殊不知正是古希腊的哲思方式，必然导致"存在系统"逐步陷于从"对象化"（自然哲学）到"精神化"（认知哲学）的雾障之中；

（二）、无论是克尔凯郭尔的"存在的个人既是无限的也是有限的"，抑或是萨特的"世界从本质上说是我的世界"，还是海德格尔从人本角度提出的"此在"概念，说到底，他们都缺失了对"人"、"个人"以及"人的意识或精神状态"之渊源的最起码的追问，结果导致"此在的主体"及其"被赋予的本质"全都成了无源之水和无本之木。

（三）、海德格尔对"烦与畏"的论述、萨特所谓的"他人即地狱"以及加缪的"生存荒谬感"等等，虽然都真切的描述了现代人类的生存困惑，却没有深入发掘造成这种"生存困惑或困境"的存在论之原因，所以，他们都更像是轻飘飘的诗人、剧作家或文学家。

海德格尔本人曾经一心想要创建一个哲学体系而未成，于是转而诋毁一切哲学体系，并把这个毛病遗传给了二十世纪的西哲后继者，这就造成一种"失系统的轻浮与零散"。即便如此，对于他们的思考及其所提出的问题，我也直接或间接地稍微给予了些许回应，只是在多数情况下他们并不作为对话的主要对象罢了。（参阅《物演通论》第一章、第七章、第二十七章、第三十一章、第四十章以及第一百四十四章等）

现象学运动：胡塞尔、海德格尔、包括伽达默尔的解释学在内。现象学所主张的"回到事物本身"的口号，必然把胡塞尔所说的"现象"从"先验自我"领域引入海德格尔的"人的存在"领域，结果成为存在主义哲学的理论根据地，这个结果本身就标示了现象学的平庸和低能。

胡塞尔的现象学，是对经典"认识论"哲学所进行的一场"缺乏新意的改造"运动，他的"纯粹的"、"先验的"所谓"现象学还原"或"悬搁"，实际上是对康德和布伦坦诺的哲学思想的狭义化修正，其间并未进一步解决任何真正重大的哲学疑问或传统课题。

唯有对"意识意向性"的研究，隐约表达了他对"感应属性"之"应"的规定性略有领悟，可惜领悟得极其模糊，也表述得极其拙劣，最终自然很难造成任何实质性的理论突破。(**参阅《物演通论》第一百零六章**)

分析哲学：以弗雷格、罗素和维特根斯坦为代表。他们是二十世纪里不多见的具有实质性创见的学术支派。其创见主要表现在单纯逻辑学领域，即借助数理逻辑来框范日常语言逻辑(**莱布尼茨早就发现了这种语体与哲学思境的冲突**)的精确性和致密性。但这一点又恰恰是它脱离了哲学思境而转向科学化的某一技术分支的表现，譬如，当弗雷格表述"命题函项"的"真值"问题时，其意境完全是科学状态的，其间丝毫不涉及哲学上的"真知"与"假相"的认识论纠察。也就是说，分析哲学被当代科学思潮的分化趋势所驱动，使之有可能成为未来"人工智能"之类的科技课题的理论基础之一部分，却同时彻底封闭了自身的哲学前途，维特根斯坦的《逻辑哲学论》就是这扇封闭之门的关键。

撇开纯逻辑学问题不谈，分析哲学对传统经典哲学所提出的问题多少显得有些茫然，这也是维特根斯坦一味地确认科学逻辑的可靠性，却将形而上学问题视为"伪问题"的原因之一。分析哲学显然无力回应如下问题：

（一）、为什么恰恰是西方传统的哲学思路导出了近现代的科学思路？即是问，"伪问题"怎么会成为"真学问"的前导？

（二）、一般的哲学进展及其相关问题，通常总是由古时的博物学观察或近现代的科学发现所引动，也就是说，"真学问"何以总是会引出"伪问题"？

（三）、当代的科学思维方法为何会越来越倾向于纯"思辨"的类哲学形式？这一点爱因斯坦本人有深刻感受并有详细论述。那么，试问这些最先进的科学问题是否也应被划归于"伪问题"之列呢？

（四）、维特根斯坦的"图式论"本身就是一个形而上学体系，然则不访问一句：他的逻辑哲学问题及其有关答案究竟是"伪问题"还是"真命题"呢？

还有一个话题也很有必要加以澄清，那就是由分析哲学所引发的所谓"语言论转向"事件。现在有许多人鹦鹉学舌，盲目地认从"语言论转向是哲学史发展的第三阶段"之论调，即"本体论——认识论——语义论"的进化线路，并且还把它说成是什么"元哲学"、"元研究"或"哲学的哲学"等等。对此，我只想发表三点评议：

其一、把本体论问题归结为认识论问题有一定的道理，因为在"指认本体的过程之前"首先有一个"指认本身具备何种规定性"的问题存在；同样的，把认知逻辑上的问题归结为语义学问题也有一定的道理，因为语言是思维逻辑的现象形态或载体，首先澄清语义结构当然有助于了解逻辑结构的大体状态。

其二、但这里马上凸显出一个相反的问题：要想弄明白有关"认知规定性"的"认识论"或"逻辑学"问题，你又必须首先探讨"认知主体的本体性质"即"本体论"或"存在论"问题，否则有关"认知规定性"的问题就成了无本之木；同样的，要想弄明白"语言学"或"语义结构"问题，你也必须首先探讨"由自然本体生成的主体认知逻辑的求存规定性"，即内涵着本体存在论制约的认识论或逻辑学问题，否则有关"语言论"的问题就成了无源之水。

其三、哲学史早已证明：从"本体论"或"存在论"滑向"认识论"，其结果是丢失了深层的"存在"，这才引出了贝克莱极端主观的"唯我论"、康德扔在彼岸的"自在之物"、以及存在主义哲学重新追寻"存在"的迷失；同样，从"认识论"或"逻辑学"滑向"语言论"，势必又会丢掉对"认知规定性的深层追究"，尽管它可能把逻辑学的研究进一步细化了。就是说，西方哲学的发展进程倾向于越来越浮浅、也越来越琐屑，它日益远离了"探究终极"的哲学本性或哲学思境，与其说它是在进展，毋宁说它是在消亡——这个过程所体现的就是科学逻辑时代对哲学逻辑时代的覆盖和取代。

一言以蔽之，分析哲学充斥着现代科学分化大潮的技术品格，却正在引领着西方哲学走向浅薄和衰败。（**参阅《物演通论》第六十七章、第一百六十一章和第一百六十二章等**）

其他现代哲学派别：我在这里先谈其他分门别类的新生哲学支脉，最后评议所谓的"后现代哲学"：

实用主义哲学：它产生于美国这样一个科学化与工业化的现代新型国家，不能不说是一种必然。依我看，说它是"哲学"，还不如说它是"实学"，或者是"实学的思想铺垫与短浅阶梯"，它的问世标志着"哲学的失身"——失身于科学时代的急功近利和生存紧张。近现代中国的哲学启蒙，以胡适引介这一脉哲思为肇始，此乃造成国人迄今不知哲学为何物的近因之一。

生命哲学：其典型代表是柏格森。他的"生命之流"和"绵延"说，在某种程度上表达了现代生命科学对思想界的影响。他说："对有意识的存在者来说，事物不是存在，存在的只是活动"（《创造进化论》）；"宇宙不是被造成，而是正在被不断的造成"；

"没有自我保存状态，只有正在变化的状态"（《形而上学导论》）等等，着实可以算作是浮光掠影的真知灼见。他对"直觉与理智"（即所谓的"直觉主义"）的讨论也着实赶不上古典哲学的水准，尽管他的表述方式迷倒了不少当代读者。他显然局限于生物演化运动和人类意识活动的狭隘范围，因此他的"生命哲学"不可能形成一个真正完整的体系。上述情形正是现代西方哲学的整体特征，即它们从各自不同的角度都发现了传统经典哲学的种种弊病，也都零敲碎打地提出了加以修正或变革的点滴见解，却到底未能造成具有时代意义的系统性突破。（参阅《物演通论》第二十四章与第九十一章等）

科学哲学：以波普尔和库恩为代表。波普尔的"证伪主义"理论至少还触及了科学的哲学层面或认识论层面，但若仅限于科学思想阶段，这个问题显然是说不透的。从大尺度上看，任何认知形态或逻辑模型都具有"伪"的本质，而且它们的"证伪"步伐一定倾向于越来越加快，这是广义逻辑代偿的弱化法则使然，并非仅仅是科学的特征（参阅《物演通论》第一百章）。波普尔的失误就在于他只达到了哲学认识论的传统层面，譬如对"休谟问题"与"康德问题"的探讨，却没有达到哲学存在论的深层（参阅《物演通论》第六十六章及其后有关章节）。而库恩的思路则完全漂浮在社会历史学的浅层，他几乎不知道科学问题的哲学含义是什么，更不知道科学作为一种"逻辑分化的晚近失稳形态"其存在论意义上的哲学基点何在。库恩与波普尔的承继关系，倒象是现代西方哲学日益走向浅薄的人格化体现。

法兰克福学派及其他政治哲学：在我看来，这类哲学完全就是现代社会学与政治学的变种，如果这些东西也能叫做"社会哲学"的话，则应该说真正的"社会哲学"尚未诞生。实际上，法兰克福学派所关心的大多是时髦的政治话语和时尚的社会潮流，同时他们也能挑起某一阵子短暂的思想波动或社会骚动，此外别无要紧的学术贡献可言。至于波普尔的"乌托邦工程批判"、罗尔斯的"正义原则证明"和诺齐克的"最小政府理论"等等，则更像是对既往社会运动和当前社会问题的批判与思考，却不是对有关"社会存在"、"社会构成"以及"社会演化的动能与动量"等根本问题的基础性研究。从西方思想史上看，也许只有孔德、斯宾塞和马克思曾经对这类真正属于"社会哲学"的问题有过加以深究的意向，这个刚刚着手开垦的哲学处女地眼下反而日渐荒芜，其间只生长出了稀稀拉拉的衰草残花，几乎令人目不忍睹。（参阅《物演通论》第三卷）

后现代主义哲学：在此之前，还出现了符号学和结构主义等等思潮，它们继续表达着零碎的和具体的关注，只求从一个侧面达成突进，此外一概不论（**这里包含着不易为使用象形字的国人所理解的"表音语言符号系统之逻辑强迫症"问题，即所谓的"语音中心主义"和"逻各斯中心主义"等问题**）。上述种种思绪都是所谓的"后现代"的先声，而后现代思潮只不过是把这种无所建树的破除冲动推向极致而已。琐碎浅陋的文化反叛是后现代作者的典型特征，譬如福柯对"知识型"的僵硬分类，对"癫狂"、"性史"以及"监狱与惩罚"等冷僻话题耸人听闻的论述（**他一边说"历史被谋杀了"一边又血淋淋的亲自下手谋杀历史**）；再如德里达对"语音"、"字符"和"文本"的另类诠释，对"写作无意识"以及"语言之外再无他物"等乖张议题别样手笔的挥洒（**此种"非逻辑假设"很象是贝克莱"非物质假设"的拙劣翻版**）；他们所继承的，是海德格尔的所谓"语言是存在的寓所"之表层涂抹，是维特根斯坦的"不要想，只要看"的哲学反抗，还有卡西尔的"隐喻先于逻辑"之类的反理性情绪。美国学者哈桑曾把后现代的特点概括为：不确定性、模糊、间断、散漫、差异、多元、反叛、变形、分解、解构、消解中心等等。总之，他们全都反对"逻辑的专制"，殊不知还有"比逻辑更专制的东西"存在。我在某一点上欣赏他们，是由于他们的确反映了"现代文明形态高度分化与高度动荡"的现状，也预感到"未来文明阶段倾向于更加失代偿"的前景，这一切都很有些象是"文明的衰败与失存"之前的回光返照。换言之，他们的"解构"诉求以及反对"逻各斯中心主义"的散乱议论，至多可以看成是对不可逆转的"自然分化构合趋势"以及"人文理性逻辑化趋势"的边际反动，就像面对不可逆转的"恶性文明化趋势"所必然引发的"返璞归真"的反向诉求一样，其共同特点是：苍白、虚弱而又显得有些歇斯底里，只流落为种种无奈的打趣和空洞的宣泄，然后眼睁睁地看着自己被所抗拒的汹涌浪潮淹没。唯有我那落伍的哲学，虽然恰好属于他们所非议的"理性主义"的"宏大叙事"，而且"结构完整"，却足以说明"理性如何趋向没落"、"结构如何陷于动荡"以及"人类文明的宏大事态如何奔赴嚣闹的落幕"。(**参阅《物演通论》卷一第五十五章至第六十章、卷二 第一百章至第一百零三章以及第一百一十八章至第一百二十章、卷三 第一百六十一章、第一百六十四章至第一百八十章等等。**)

四、《物演通论》提要

先做一个简略的总结，然后再以卷章提纲的方式摘要之。

所谓"哲学"或一切"哲学性的追询"，归根结底是要为"人的本质"或"人性的本质"这一核心问题提供答案。然而，这个答案实在太高深、也太遥远，它必须先有一系列的台阶铺垫或峭崖攀越才可望企及，于是就有了哲学史上数千年的不懈探问——这个探问过程同时就是人类文明史的摸索前行进程，因而它在某种程度上决定着人类的阶段性文明方式和终极性生存命运——由此导致我对这个问题的回答，不得不循序展开为对如下一系列问题的回答：

一、发现和论证了"递弱代偿原理"，并借以构建了一个完整的哲学体系和全新的"物演"（即"宇宙观"或"进化论"）模型。

二、把"认识论"问题与"本体论"问题表述为同一个衍存系统，证明了"认知过程不在于求真而在于求存"这一重要论断，从根本上解决"知与在的关系"问题。

三、把"社会存在"与"自然存在"、"精神存在"表述为同一个存续系统，证明了"社会系统不是人为的产物而是物态结构演化或生物生机重组的自发序列"这一重要论断，从根本上阐释"社会与人的关系"问题。

四、运用西方哲学的逻辑推论方法，为东方哲思之"天人合一"理念作出了一脉缜密的现代注解和系统证明，也就是将东方与西方大相径庭的原初思想体系梳理成一个内在统一的世界观。

五、重新界定了"人类（或人文现象）在自然界的位置"，为人类文明的现代危机和总体趋势提供了一个基础理论，也就是为人类文明的未来发展提供了一个亟待检讨的新路标。

卷一 自然哲学论：提出和论证了"递弱代偿衍存原理"

（一）、以此原理为基础，重新建构了一个与二十世纪自然科学的系统发展相吻合的"本体论"或"存在论"体系，其精确程度可用数学模型表达和演示。（回应和解决自泰勒斯以来的哲人们所

提出的"万物同质"与"万物一系"的问题。参阅《物演通论》第八章至第四十一章）

（二）、这个"存在论"模型设定了一个"非时空的有限衍存区间"，展示了一个"单向度的线性演化趋势"，它足以涵盖一切物质属性和实体结构，即足以将既往分立的"精神存在"与"社会存在"统一整合在"自然存在"体系之中，并最终阐明"精神"与"社会"贯彻于"惟求存在"以及"维系存在"的趋势和意义。（回应和解决巴门尼德及其后哲人所追究的总体性"存在"问题。参阅《物演通论》第十二章、第二十四章与第三十四章等）

（三）、提出"存在效价"和"存在度"的概念，证明了物演进程的弱化效应，给进化理论提供了一个具有深层决定意义的全新的运动向量，并将"能量运动系统的熵增定律"与"质量物态系统的衍存定律"在哲学上表述为一个连贯系统。（回应和解答赫拉克利特与柏拉图所提出的"何以存在者不能恒常永存"的问题，以及亚里士多德所提出的质料因、形式因、动力因和目的因等"四因"问题。参阅《物演通论》第八章与第三十四章、第二十二章与第四十三章以及我的另一篇论文《递弱演化的自然律纲要》）

（四）、提出"代偿效价"和"代偿度"的概念，证明了物质属性的增益效应，由以寻绎出载体"感应属性"得以生成和发展的渊源，从而揭示了"精神发生（学）"的根本源头和"精神现象（学）"的基本规定。（回应和解决柏拉图与黑格尔的终极"理念论"问题。参阅《物演通论》第十六章至第二十八章、第五十一章等）

（五）、论证了"弱化即分化"的物演基本方式，揭示了"存在即依存"的实体结构发生原理，从而为最终论证"社会实体"或"社会结构"乃是"自然结构序列的终末代偿形态"奠定了基础，可视为"社会发生（学）"和"社会演化（论）"的基本原理。

（回应和解决自苏格拉底以来到孔德提出"社会实证论"的一系列基础理论问题。参阅《物演通论》第十七章与第五十三章等）

（六）、提出"存在基准"和"存在阈"的概念，证明了"存在度"与"代偿度"反比互动的常量关系，揭示了万物衍存的"类"与"度"的内在关系，以及物态演变和进化的根本原因。（回应和解答自古希腊自然哲学期以来一直追问的"为什么存在会以这种方式存在下去"的问题，亦即"为何存在"与"如何存在"的问题，也就是黑格尔哲学所提出的"质"与"态"、"质"与"度"等问题。参阅《物演通论》第十四章、第十九章、第三十一章至第四十章、第四十七章等）

（七）、重新排布了"万物演化的格局与趋势"，确立了"人类生存"的自然位置，为"人类文明化发展的前途"提供了一个严峻的参照系，也就是为"人类现代文明所引发的总体危机态势"提供了一个基础理论。（回应和解答老子以及近现代哲人不断提出的"返朴归真"之可能性问题。参阅《物演通论》第四十八章至第六十章等）

卷二 精神哲学论：提出和论证了"感应属性增益原理"

（八）、依据递弱代偿原理，证明人类的"精神现象"和"感知能力"归根结底就是"自然物质感应属性代偿增益"的产物，这是有关"精神存在"和"认识论"问题的总纲。（第一次明确指出了"精神"的自然源头，回答了自笛卡尔以来始终存在的"物质实体"与"心灵实体"的关系问题，即彻底清理了"知"与"在"的终极关系问题，将"认识论"问题从"横向二元并立关系"转变为"纵向一元衍存关系"，也就是将既往哲学所争论不休的"认识什么和如何认识"的纯主观问题，归结或还原为"认识的本性在于如何维系其载

体存在"的存在论问题。参阅《物演通论》第六十一章至第六十四章、第六十九章和第七十章等）

（九）、通过分析感知方式，证明无论是"感性"或"理性"的运用都不能获得"对象的本真"，从而确认"形而上学的禁闭"或"认知的武断性"，即通过逻辑证明来再度确认"认识的本质不在于求真而在于求存"这一认识论的核心问题。(这样就消解了康德和黑格尔等人反复争论的"独断论"问题，也消解了哲学史上有关"唯物"与"唯心"这个伪问题，同时还消解了"不可知论"的问题基础。参阅《物演通论》第六十五章至第六十九章等)

（十）、提出"存在效价"（即"存在度"）与"感应函量"（即"感应度"）的反比代偿关系，由以确定"知的上限与下限规定"，也就是要从根本上阐明"存在决定意识"的自然机制和贯彻方式。(于是彻底纠正和深化了马克思提出的这一重要哲学论断。参阅《物演通论》第七十章)

（十一）、提出"感应属性耦合原理"，证明认识过程就是主体的"感应属性"与客体的"可感属性"的对应性耦合过程，从而揭示"对象"与"客体"的差别以及"对象"与"依存条件"的关系；此外，还诠释了认识方式的"最小作用原理"在于以最小代价获得"有效识辨"，从而进一步证明"感知失真"恰恰是对主体衍存的维护。(这样就彻底消解了"感知求真的必要性和可能性"问题，同时还解答了休谟与康德所悬置的"感知失真与感知效用的关系"问题；另外也回答了"奥卡姆剃刀"即马赫的"思维经济原则"的实质。参阅《物演通论》第七十一章至第八十一章等)

（十二）、提出"失稳"和"失位"概念，以说明人类认知能力的提高是一项不良指标；提出"伪在"和"危在"概念，以说明人类认知能力的提高为何反而不利于人类的总体生存。

（一反人们历来对知识能力提高的赞扬态度；系统证明了自亚里士多德和笛卡尔以来西方哲学和科学关于"追求真理"、"追求知识"和"追求进步"的认识论之失误。参阅《物演通论》第二十一章、第八十二章、第二十七章与第二十八章等）

（十三）、提出"位相"和"盲存"概念，以说明人类与一般存在物的共通关系；将"主体"还原到"客体"系列之中，澄清主体与客体的"原始可换位状态"与"后衍不可换位状态"，并提出"感应效能的非对称性"与"依存向度"的关系新说。（参阅《物演通论》第八十三章至第八十七章，解决哲学史上始终将主体与客体分裂的问题。）

（十四）、提出对"现象与本质"的新答案，证明"本质"不过是主体与客体之间由于演化速率差异导致"位相错动"或"感应关系错落"的产物，由此造成的信息增量和逻辑模型重塑就是所谓的"本质"。（参阅《物演通论》第四十三章、第四十四章和第八十八章，解答了哲学史上争论了数千年的"本质"空洞问题。）

（十五）、提出"属性耦合"必然导致"抽象先于具象"的结论，也就是说，"简单抽象要素的进行性分化组合"才是"复杂的具象化表象"得以形成的原因。（参阅《物演通论》第八十九章，解决自柏拉图以来关于"共相"与"殊象"总被混淆或倒置的问题。）

（十六）、提出"感性"、"知性"与"理性"的发生阶段及其域界覆盖关系，证明它们的递进层次就是主体失位和感知失稳的精神演运特征。（一反哲学史上历来将"感性"、"知性"与"理性"仅仅划归于人类的狭隘观点，第一次提出了它们的自然发生阶段；重新界定了"知性"判断的概念边界；并首次对它们的演进层级和各自状态提出了与众不同的负面评价。参阅《物演通论》第八十九章至第九十三章）

（十七）、提出"广义逻辑"概念，揭示"广义逻辑融洽"与"广义逻辑失洽"的动态内涵，把逻辑史和逻辑进位与自然物演进程贯通，证明"狭义逻辑"之前的低端感知方式也存在着潜意识或潜结构的生理整顿程序，这样才能阐明逻辑的渊源和逻辑序列的代偿效能。（非此不足以澄清唯心主义认识论的合理性，也不足以梳理形而上学禁闭的系统性，更不足以阐明感知代偿增益的总趋势。而且，这个"知识论"模型已经得到并将继续得到生物学、心理学和神经生理学等自然科学研究成果的支持。参阅《物演通论》第六十五章和第六十六章、第九十四章和第九十五章、以及第一百章和第一百一十八章等。）

（十八）、在"狭义逻辑"范畴内，提出"形式逻辑"的原始起点在动物"知性"阶段；提出"辩证逻辑"是理性逻辑的初始阶段；提出理性逻辑的高级阶段是"理想逻辑"；提出"理想逻辑"四定律；并就"理想逻辑"的性质、状态及其失对应性可能对其载体或主体带来的负面作用提出证明。（这些都是全新的观点，是从哲学存在论的高度首次对理性逻辑的高级阶段给出总结性论证；附带也可以佐证康德对理性的持疑和波普尔对科学的界定。参阅《物演通论》第九十六章至第一百零三章）

（十九）、从超越经验性"试错法"的高度，在"感知无不失真"的认识论前提下，提出了有关检验任一逻辑模型或理论体系是否"正确"的标准，即"逻辑三洽定理"。（这是康德以后的所谓"唯心认识论"必须回答的问题，它是从另一个更具体的侧面继续回应"感知失真与感知效用的关系"问题。参阅《物演通论》第一百章）

（二十）、提出"意志"在感应属性或精神系统中的确切定位，建立"意志"与"感知"的对应构成关系；诠释"情绪"性心理感受和心理波动的客观动势与主观效应；阐明"逻辑"与"意志"

的统一感应代偿作用。（这些研究在某种程度上填补了"意志论"哲学的空白；同时有助于理解叔本华哲学的精义与失误。参阅《物演通论》第一百零四章至第一百二十章）

（二十一）、提出对"美的本质"的全新阐释，说明"自然美"与"艺术美"各自得以发生的特质，证明"美"与"审美"对载体生存或主客体依存的维护效应，首次把美学问题奠定在哲学存在论的基础上。（从终极意义上的"存在"基底部出发，解开了柏拉图关于"美是难的"这样一道千古难题。参阅《物演通论》第一百一十二章至第一百一十五章）

卷三 社会哲学论：提出和论证了"生存性状耦合原理"

（二十二）、依据递弱代偿原理，证明"人类社会"或"社会结构"归根结底就是"自然实体结构属性代偿延续"以及"生物社会演化"的产物，这是有关"社会存在"和"社会哲学"问题的总纲。（第一次明确指出了"社会"的自然源头，打破了思想史上历来坚守的"人类——社会"的局限概念，建立了"粒子结构→原子结构→分子结构→细胞结构→机体结构→社会结构"这样一系"自然实体结构化代偿"的完整序列，即重新界定了"社会存在"的终极性哲学概念，彻底清理了"人为创造"的社会幻象，将"社会论"问题从"人类生产关系与交往关系"的纯主观思境，归结或还原为"生物属性分化与自然终末结构"的存在论问题。参阅《物演通论》第一百二十一章至第一百二十五章等）

（二十三）、论证任何自然实体结构都是其前体物相的"存境"或"属境"，从而阐明了生物或人类的主观属性与客观社会结构的内在联动关系，也贯通了人类的精神存在与社会存在的一体派生关系。（这样也就贯通了全书三卷之间的理论联系。参阅

《物演通论》卷三第一百二十四章以及卷二第一百一十九章和第一百二十章等）

（二十四）、提出"存在度"或"生存度"与"结构度"或"社会度"的反比代偿关系，由以确定"社会演化的自然规律"，并揭示了社会结构倾向于脆弱化以及社会生物倾向于残弱化的总体发展趋势。（**这是"社会存在"和"社会演动"的基础理论模型。参阅《物演通论》第一百二十五章**）

（二十五）、划分了生物社会发展和演化的三个阶段，即：以单细胞生物为主体的"初级亚结构社会形态"、以多细胞动物为主体的"中级低度结构化社会形态"和以智人为主体的"晚级高度结构化社会形态"。（**表明人类社会是从生物社会中增长出来的。参阅《物演通论》第一百二十九章**）

（二十六）、提出了"生物属性分化"与"社会结构代偿"的五条相关律，论证了有关社会结构演动的十二条定理。它们既适用于初级社会形态，也适用于中级和晚级社会形态。（**参阅《物演通论》第一百三十四章以及第一百四十六章至第一百五十七章等**）

（二十七）、论证了生物体外分化的表征即是"生存性状"残化，界定了"体质性状"与"智质性状"的分别，此乃生物社会结构得以达成的嵌合面，由此阐明中级生物社会和晚级人类社会之所以能够发生结构化演变的原因，也由此厘清了中级动物社会何以必须通过物种变异才能发展而晚级人类社会却能够不断变构发展的原因。（**参阅《物演通论》第一百四十五章**）

（二十八）、阐述了"智质性状"的演化机制，划分了智质性状之异变或重塑与晚级社会形态变迁的相互关系，也由此沟通了卷二"精神哲学"（属性增益）与卷三"社会哲学"（结构叠续）之间的内在人文学联系或统一存在论关系。（**参考《物演通论》第一百五十九章至第一百六十四章**）

（二十九）、分述了人类晚级社会各个子系统或各个社会范畴的自然代偿概念。也就是把惯用的人文学表述方式置换成存在论的自然哲学表述方式，譬如，把"文化"表述为"智质的性状化表达"；把"自由"表述为"失位性衍存者的特定依存状态"等等。预言了"追求平等和正义"的反向社会效果；预言了"阶级消亡"和"大同境界"是整个生物社会结构弱化动荡的失存临界点等等。（**参阅《物演通论》第一百六十五章至第一百七十七章**）

（三十）、对中国古代哲思中有关"天人合一"的理念给出了一个全新的系统证明和现代注解。尤其重要的是，对人类现行的文明生存方式和社会发展动势提出了全面的警告，引出了深远的疑思。而且，从既定的逻辑导向上讲，也无法给人类提供任何超自然或反自然的劝告。因此，对人类在未来面临更加汹涌的社会危机大潮时，是否还有其他非代偿性的别样选择表示悲凉的关切。（**参阅《物演通论》第一百七十九章和第一百八十章**）

最后，谈一点并非全然无关题旨的闲话。经常听到一种批评的声音，说我的哲学是"决定论"的，对此我并不否认。我所需要特别说明的是：

（一）、我的递弱分化代偿学说最有效地揭示了"自由质态"和"偶然存态"得以发生的原因（**参阅《物演通论》第十七章、第五十章至第五十二章、第九十一章、第一百一十六章和第一百一十七章等**），也就是说，我能够精确地阐明"非决定论"的幻觉得以形成的渊源和基础。再说，用"非决定论"的观点看待一切其实也是一种变相的"决定论"，即无非是把一切现象都"决定"在表浅而混乱的偶发层面上而已。

（二）、我的"决定论"是一种自然态，它非但不排斥任何"自由意志"和"偶然事态"，反而一再强调它们正是不可抗拒的自发趋势。因此，我的哲学并不为人们预设任何潜含着某种社会价值观的人生意义或目标，甚至也并不给人们提供任何暗藏着某种现实操作性的指导意见或忠告（**参阅《物演通论》第五十七章、第一百八十章等**）。这一点，恐怕是那些所谓的"非决定论者"也未必能够做得到的吧。

人们对"决定论"的反感，受累于它对"人文发展取向"多次历史性的误判和误导，这一点可以理解。然而，某种确定的自然态势或自发事态并不会由于你的反感而消除。如果我的学说冷峻地揭示了"人类文明的自然运行机制与自发潜行危机"，则无论人情的好恶或人性的倾向如何偏执，大家最好还是重新审视一下我们现行的文明素质和生存方式，检讨一下可能变通的微薄机会和狭小余地。我所担心的，倒是当你还在情绪化地争辩"决定论"或"非决定论"孰优孰劣之时，你和你的同类们的命运却早已被某种"偶然因素的总和"或"几率事件的集合"决定了。

再则，倘若一定要问，我的哲学体系还有什么遗漏或遗憾的话，我只能陈述下列三条：

第一、我所提出的"递弱代偿原理"，以及我在哲学上推导出来的各项有关结论，说到底都不是什么"真理"或"客观规律"，而仅仅是一个有可能显得"正确"、即暂时符合"逻辑三洽定理"的理论逻辑模型。这是我的逻辑系统若要保持自洽所必须承认的一个论点，也是我所可以告慰于人类的唯一喜讯。

第二、相应的，这里马上就发生了一个悖论。倘若人类果然如我的哲学原理所预言的那样加速罹难了，则证明我的哲学理论既是一条"客观真理"，又是一项"主观谬误"：因为它以人类认知史上最彻底的终极形式兑现了，所以它是真理；因为它居然变成了原本认为不可能出现的真理，所以它是谬误。

第三、我不知道人们究竟应该把它当作一个玩笑，还是应该认真对待它？如果把它当作一个玩笑，则因正确的理论通常会有某种程度的实现而未免显得过于冒险；如果认真对待它，则因它已经显出是一个悖论而很有可能是虚惊一场和白费气力。无论如何，这可是一局事关人类生死存亡的极限赌博。

——请读者想一想，我们该怎么办？

这个麻烦的逻辑圈套，不是我故意设下的，而是从人类思想史传承下来的哲学逻辑本身必然带出的；或者更准确地说，是由久远的哲学探问所揭示出来的人类理性自身的有限性与局限性必然引发的。这就是我的哲学遗漏或遗憾，但也因此不能算作是我的哲学遗漏或遗憾。（明眼人应该可以看出，上述这个所谓的"悖论"，在我的哲学系统中其实是不存在的，或者是已经解决了的。只不过，"解决的程度"如何，大抵是一个永远无从测度的问题。因为，我所说的"正确"，就是指其"可实现效应"或曰"属性代偿的依存效应"，而凡此"失真态依存"，恰恰只能借由"感应属性耦合"的进行性漂移或"广义逻辑虚拟"的渐远性隔膜来实现，故，一切代偿终究归于无效或趋于失效。）

2007年8月21日凌晨于西北大学桃园校区寓所

后记

有人问我：你写下如此令人沮丧和消沉的东西，是何居心？意欲何为？——我无言以对，实在拿不出任何冠冕堂皇的自夸之词来搪塞，过后暗忖，自知绝非出于什么"忧世忧民"的古道热肠，而纯粹是某种天然人格或天然思绪的流淌而已。

为此，我似乎应该向读者致歉才行，下面就算是我的歉言吧。

首先，我得说明，这个世界不会因为你的忧患而改变，也不会因为你的糊涂而自安，它该如何运行，全不与你个人的情致或情操相干，正如老子所说："天地不仁，以万物为刍狗；圣人不仁，以百姓为刍狗"。说到底，个人甚至圣人都不过是宇宙苍穹之下的一介昏眼朦胧的过客或看客，哪有资格来杞人忧天？倒不如索性将渺渺人生视为一路景观，将纷纷哲思视为一抹霞光，然后怡然独醉或独醒，悠游之余，或者还会像庄子那样生出别一番"御风而行，顺道沉浮"的逍遥之乐也未可知。

其次，我也奉劝诸位，千万不要生出什么"救民于水火"之类的责任心，历史证明，这类瞎操心大多只能给本来就不平和的世界添乱罢了。依我看，大家还是去学学那位麻木不仁的杨朱为妥，他仅有一句名言传世："拔一毛而利天下，不为也"。孟子听不明白，斥其自私"为我"，却被列子作了深刻的注解："损一毫利天下而不与也，悉天下奉一身不取也。人人不损一毫，人人不利天下，天下治矣"。须知这世道就是让那些忧国忧民的圣贤或匹夫们给弄糟了，他们还动不动就立誓要去慷慨牺牲，结果终于连这世界仅存的少许安宁也随他们一起葬送了。

最后，万一你的悲情总是无法打消，我看也未必全是坏事，因为，乐观使人轻飘，悲观使人深沉。而且，只有在相对偏于沉郁的心境下，人的理智和决策状态才会发挥至最佳境界，据说——这可是心理学家深入研究后的有据之说——悲观者的决策正确率较之乐观者高出70%以上，是谓"抑郁型现实主义"。另外，还有一层更重要的意义，那就是，悲观本身表明你已经对自身的处境有了某种程度的理解，而这种理解是大有益处的，正如斯宾格勒援引古希腊某哲人之所言："愿意的人，命运领着他走；不愿意的人，命运拖着他走"。

——我想，被拖着走总不会太舒坦吧，于是看来大抵还是偏向消沉和明智一点儿的好。

作者 2009.5.20.

www.ingramcontent.com/pod-product-compliance
Lightning Source LLC
Chambersburg PA
CBHW022045020426
42335CB00012B/545